Rechtskrafterstreckung im Personengesellschaftsrecht nach einem Passivprozess der Gesellschaft oder ihrer Gesellschafter

Europäische Hochschulschriften Recht

European University Studies in Law

Publications Universitaires Européennes de Droit

Band/Volume **6253**

Sergej Rast

Rechtskrafterstreckung im Personengesellschaftsrecht nach einem Passivprozess der Gesellschaft oder ihrer Gesellschafter

PETER LANG

Bibliografische Information der Deutschen Nationalbibliothek
Die Deutsche Nationalbibliothek verzeichnet diese Publikation in der Deutschen Nationalbibliografie; detaillierte bibliografische Daten sind im Internet über http://dnb.d-nb.de abrufbar.

Zugl.: Osnabrück, Univ., Diss., 2021

D 700
ISSN 0531-7312
ISBN 978-3-631-85133-3 (Print)
E-ISBN 978-3-631-85890-5 (E-PDF)
E-ISBN 978-3-631-85891-2 (EPUB)
E-ISBN 978-3-631-85892-9 (MOBI)
DOI 10.3726/b18625

Peter Lang – Berlin · Bern · Bruxelles · New York · Oxford · Warszawa · Wien

Diese Publikation wurde begutachtet.

www.peterlang.com

Für Lilli

Vorwort

Die vorliegende Arbeit entstand im Kern während meiner Tätigkeit als wissenschaftlicher Mitarbeiter am Lehrstuhl für Bürgerliches Recht und Zivilprozessrecht an der Universität Osnabrück (Oktober 2015 bis Oktober 2017). Nach einer längeren – berufsbedingten – Pause wurde sie im Zeitraum von Ende 2019 bis Juni 2020 (berufsbegleitend) fertiggestellt und im Dekanat des Fachbereichs Rechtswissenschaften der Universität Osnabrück eingereicht. Die Promotion wurde mit der mündlichen Prüfung (Disputation) am 27.01.2021 abgeschlossen.

Die Arbeit berücksichtigt den Stand der Rechtsprechung bis Juni 2020. Aus der Literatur konnten Auflagen, die bis Ende 2020 erschienen sind, grundsätzlich noch eingearbeitet werden.

Für mich war die Erstellung dieser Arbeit eine Herausforderung und spannende Erfahrung zugleich, die mich nicht nur in beruflicher, sondern vor allem auch in persönlicher Hinsicht geprägt hat. An dieser Stelle möchte ich allen danken, die mich bei der Anfertigung meiner Dissertation – auf unterschiedliche Art und Weise – unterstützt haben.

Mein besonderer Dank gilt zunächst meinem Betreuer, Herrn Prof. Dr. Foerste, für die Gelegenheit zur Promotion an seinem Lehrstuhl, für die vorsichtige Anregung, mich mit der Rechtsprechung zur bearbeiteten Thematik auseinanderzusetzen, sowie für weitere konstruktive Anregungen und Anmerkungen bei der Umsetzung der Arbeit. Außerdem möchte ich mich bei Herrn Prof. Dr. Leuschner für die Übernahme des Zweitgutachtens bedanken.

Ein herzlicher Dank gebührt Frau Petra Heidemeyer, die während meiner Zeit als wissenschaftlicher Mitarbeiter mit ihrer freundlichen, offenen und kommunikativen Art für alle dortigen Mitarbeiter und studentischen Hilfskräfte eine Wohlfühlatmosphäre geschaffen hat und mir stets mit Rat und Tat zur Seite stand.

Mein größter Dank gilt an dieser Stelle meiner Familie für die stetigen Ermutigungen und Zusprüche während der Arbeit an dieser Dissertation. Hervorheben möchte ich dabei meine Mutter Lilia und meine Frau Lilli (ja, ich weiß…).

Meiner Mutter danke ich von Herzen, dass sie mir diese Ausbildung ermöglicht und mich auf meinem bisherigen Lebensweg vorbehaltlos unterstützt hat, wodurch sie mir die Basis für meine persönliche und berufliche Entwicklung ermöglichte.

Meine Frau hat durch ihren bedingungslosen Rückhalt und ihre Liebe im wesentlichen Maße zum Gelingen der Arbeit beigetragen.

Ibbenbüren, im Februar 2021

Dr. Sergej Rast

Inhaltsverzeichnis

A. Einleitung

I. Problemdarstellung

Aus § 325 I ZPO ergibt sich der Grundsatz, dass ein Urteil nur zwischen den beiden Parteien des Rechtsstreits (*inter partes*) in Rechtskraft erwächst. Der Grund dieser Rechtskraftbeschränkung liegt darin, dass grundsätzlich niemand der Wirkung eines Prozesses unterworfen werden soll und kann, der an ihm nicht teilgenommen hat.[1] Ähnlich wie im materiellen Recht – keine Verträge zulasten eines Dritten ohne dessen Zustimmung – soll man auch nicht durch fremde Prozesse belastet werden.[2] Zugleich statuiert § 325 I ZPO aber auch die Ausnahme, dass das (objektiv) rechtskräftige Urteil auch für und gegen den Rechtsnachfolger einer Partei wirkt. Neben weiteren gesetzlichen Ausnahmen in den §§ 326 f. ZPO gibt es weitere anerkannte Einzelfälle der Rechtskrafterstreckung auf Dritte.[3] Darüber hinaus gab es im Schrifttum Versuche, ein allgemeines Prinzip der Rechtskrafterstreckung auf Dritte zu entwickeln, diese Lehren haben sich aber nicht durchsetzen können.[4] Einen der anerkannten Einzelfälle gibt es etwa im Personengesellschaftsrecht aufgrund des § 129 I HGB. Danach kann ein Gesellschafter, der wegen Gesellschaftsverbindlichkeiten in Anspruch genommen wird, Einwendungen, die nicht in seiner Person begründet sind, nur insoweit geltend machen, als sie von der Gesellschaft erhoben werden können. Mit dieser Norm wollte der Gesetzgeber – unter anderem – Folgendes zum Ausdruck bringen: Ein gegen die Gesellschaft ergangenes rechtskräftiges Urteil hat die Wirkung, dass die Gesellschaftsschuld als solche auch den Gesellschaftern gegenüber festgestellt ist.[5]

Der Anwendungsbereich des § 129 I HGB birgt viele Fragen. Es stellt sich etwa die Frage, was der Geltungsgrund für diese Rechtskrafterstreckung ist. Fraglich ist auch, ob bei der Anwendung des § 129 I HGB in gewissen Fällen – etwa gegenüber Kommanditisten – Einschränkungen erforderlich sind.

---

1 So bereits das Reichsgericht, vgl. RGZ 71, 199 (202): „Das Gesetz geht davon aus, dass nur die Personen gebunden werden sollen, die in der Lage sind, auf den Inhalt des Urteils einzuwirken".

2 *Bettermann*, Vollstreckung des Zivilurteils, S. 84.

3 Vgl. die Übersicht bei *Lüke*, Beteiligung Dritter, S. 98 ff.; *Vollkommer*, in: Zöller, ZPO Kommentar, § 325 Rn. 28 ff.

4 Dazu näher unter A. III. 2., Bl. 20 ff.

5 *Hahn/Mugdan*, Materialien zum HGB, S. 267.

Abweichungen können sich auch ergeben, wenn Gesellschafter ausscheiden bzw. neu hinzukommen.

Für eine neue Dynamik auch in diesen Problemkreisen hat zudem ein Grundsatzurteil des BGH[6] gesorgt, das die Außen-GbR für rechts- und parteifähig erklärt hat. Das Urteil warf zunächst Fragen hinsichtlich allgemeiner, haftungsrechtlicher und prozessrechtlicher Konsequenzen auf.[7] Verhältnismäßig wenig Beachtung hat dabei die Frage erfahren, welche Konsequenzen im Passivprozess der Gesellschaft oder der Gesellschafter – es wird nun auch bei der GbR zwischen Gesellschaftsprozess und Gesellschafterprozess unterschieden[8] – mit Blick auf eine etwaige Rechtskrafterstreckung hinsichtlich der Gesellschaftsschuld im Verhältnis der Gesellschaft zu ihren Gesellschaftern zu beachten sind.[9] Man könnte annehmen, dass für die GbR in dieser Hinsicht nun das Gleiche gilt wie für die Personenhandelsgesellschaften (OHG/KG). Es könnte aber – teilweise – auch eine unterschiedliche Behandlung geboten sein, je nachdem ob BGB-Gesellschafter, OHG-Gesellschafter (bzw. Komplementäre) oder Kommanditisten betroffen sind. Insbesondere bei der Beteiligung einer GbR im Rechtsverkehr tauchen nämlich Probleme auf, die zu einer abweichenden Behandlung im Einzelfall führen könnten, wie etwa die Vielgestaltigkeit der Erscheinungsformen und die fehlende Registerpublizität[10] sowie die umstrittene Fortgeltung des § 736 ZPO. Die durch das oben genannte Grundsatzurteil ausgelösten weiteren Rechtsprechungsänderungen und Diskussionen haben mittlerweile auch den Gesetzgeber auf den Plan gerufen: Der Koalitionsvertrag zwischen CDU, CSU und SPD zur 19. Legislaturperiode vom 12.03.2018 (Rz. 6162-6165) sieht vor, dass das Personengesellschaftsrecht reformiert und an die „Anforderungen eines modernen, vielfältigen Wirtschaftslebens“ angepasst werden soll.[11]

---

6 BGH NJW 2001, 1056.

7 Vgl. *Wertenbruch*, NJW 2002, 324; *Lutz*, GWR 2012, 30; *Morawietz*, GbR im Zivilprozess, S. 1 ff.; *Müther*, MDR 2002, 987, spricht davon, dass „die mit der Annahme einer Parteifähigkeit der Gesellschaft verbundenen Segnungen schwer erkauft“ seien, „weil die ZPO nach ihrer Grundkonzeption von einer fehlenden Parteifähigkeit der BGB-Gesellschaft ausgeht“.

8 *Morawietz*, GbR im Zivilprozess, S. 117.

9 Vgl. *Stangl*, NZG 2016, 568, der darauf hinweist, dass unter Juristen kaum mehr wahrgenommen werde, „welch exotische Blüten“ diese Konstruktion treibt.

10 Vgl. *Morawietz*, GbR im Zivilprozess, S. 26 ff., der diese Schwierigkeiten als „Achillesfersen“ der GbR bezeichnet.

11 Siehe zum infolge dieser Vereinbarung entstandenen sog. Mauracher Entwurf unter D. II., S. 169 ff.

Jedenfalls *de lege lata* bleibt jedoch fraglich, inwieweit ein Urteil gegen eine der genannten Personengesellschaften Rechtskraft auch gegenüber den einzelnen Gesellschaftern entfaltet bzw. inwieweit ein Urteil gegen einen, mehrere oder alle Gesellschafter Rechtskraft auch gegenüber der Personengesellschaft wirkt. Der Ausgangspunkt der Problematik liegt in der Rechtsfähigkeit der Personengesellschaften. Für die Personenhandelsgesellschaften – die OHG und die KG – ordnet das Gesetz in § 124 I (i.V.m. § 161 II) HGB deren Rechtsfähigkeit ausdrücklich an. Wie bereits erwähnt, hat der BGH die (Außen-) GbR durch Rechtsfortbildung[12] ebenfalls für rechts- und parteifähig erklärt. Die einzelnen Gesellschafter haften daneben nach § 128 (analog[13]) HGB persönlich und akzessorisch für die Gesellschaftsverbindlichkeiten als Gesamtschuldner. Wenn der Gesellschaftsgläubiger nun also entweder nur die Gesellschaft als solche oder nur die Gesellschafter verklagt, stellt sich die Frage, inwieweit das ergangene Urteil Rechtskraftwirkung gegenüber der nicht am Prozess beteiligten Partei entfalten kann; denn entweder war dann nur die Gesellschaft als solche Partei i.S.d. § 325 I ZPO oder der einzelne Gesellschafter bzw. mehrere Gesellschafter als Gesamtschuldner. Die ZPO sieht für diese Fälle – jedenfalls ausdrücklich[14] – keine Rechtskrafterstreckung vor; anders, wie schon erwähnt, das HGB, das in § 129 I HGB aber grundsätzlich[15] nur den Fall erfasst, dass die Gesellschaft zuerst verklagt wird.

Besonders problematisch ist aber zudem der umgekehrte Fall, wenn der Gesellschaftsgläubiger zuerst gegen die Gesellschafter und erst danach gegen die Gesellschaft als solche vorgeht. Beim Verfasser hat etwa ein – in der Literatur kaum beachtetes – Urteil des BGH[16] für Aufsehen gesorgt, in dem sich das Gericht mit der Frage auseinandersetzen musste, ob ein Gläubiger einen Zahlungsanspruch gegen eine BGB-Gesellschaft geltend machen kann, nachdem zuvor bereits eine von ihm erhobene Klage gegen die Gesellschafter der GbR aus ihrer persönlichen Haftung für die Gesellschaftsschuld, der derselbe Sachverhalt zugrunde lag, rechtskräftig abgewiesen worden ist.[17]

---

12 Vgl. nur *Wiedemann*, JZ 2001, 661 (664), der von „geglückter Rechtsfortbildung" spricht.

13 Vgl. für die GbR BGH NJW 2001, 1056 (1061).

14 Vgl. für die GbR aber unter C. I. 11. b), S. 126 ff. zu § 736 ZPO.

15 Vgl. zu einer etwaigen reziproken Anwendung der Vorschrift unter C. II. 2., S. 161 ff.

16 BGH NJW 2011, 2048.

17 Auch *Stangl*, NZG 2016, 568, zeigte sich überrascht, dass das Urteil „in Fachkreisen weithin unkommentiert" geblieben ist, was ihn dazu veranlasste, eine „späte Anmerkung" zu verfassen; eine tiefer gehende Anmerkung zu diesem Urteil gab es zuvor – soweit ersichtlich – nur von *Weller*, ZZP 2011 (124. Band), 491.

Der BGH hat sich in seinem Urteil gegen eine Rechtskrafterstreckung des ersten Urteils auf den zweiten Prozess ausgesprochen; dies sogar, obwohl sämtliche Gesellschafter der GbR am Vorprozess beteiligt waren. Laut BGH kann eine Rechtskrafterstreckung nach den von der Rechtsprechung anerkannten Grundsätzen über die subjektiven Grenzen der Rechtskraft nicht gerechtfertigt werden. Die Vorinstanz[18] hatte noch anders entschieden und aus prozessökonomischen Gründen eine Rechtskrafterstreckung jedenfalls dann angenommen, wenn im ersten Prozess sämtliche Gesellschafter einer Personengesellschaft verklagt worden sind. In der Tat mag auf den ersten Blick nicht einleuchten, warum der Gesellschaftsgläubiger hinsichtlich eines identischen Sachverhaltes zwei Prozesse führen können soll: zuerst unmittelbar gegen die Gesellschafter und im Anschluss daran gegen die Gesellschaft als solche, vertreten durch ebenjene Gesellschafter. Das Urteil des BGH gibt also erneut Anlass, über die objektiven und subjektiven Grenzen der Rechtskraft nachzudenken – speziell mit Blick auf eine Rechtskrafterstreckung bei Personengesellschaften im Verhältnis zu ihren Gesellschaftern.

II. Gang der Darstellung

Nachdem im einleitenden Teil zunächst noch der Begriff der Rechtskrafterstreckung für die nachfolgende Untersuchung definiert und von verwandten Begriffen abgegrenzt wird,[19] schließt die Einleitung mit einer kurzen Gegenstandsbegrenzung und einer Darstellung der Untersuchungsmethode. Der Hauptteil besteht im Wesentlichen aus zwei Kapiteln. Im ersten Kapitel[20] beginnt die Untersuchung mit Problemen der Rechtskrafterstreckung im (unmittelbaren) Anwendungsbereich des § 129 I HGB. Untersucht werden Fälle, in denen womöglich eine Einschränkung dieser Norm geboten ist. Von besonderer Bedeutung ist dabei der Geltungsgrund der Rechtskrafterstreckung. Wenn nämlich feststeht, wie eine Rechtskrafterstreckung im (unmittelbaren) Anwendungsbereich legitimiert werden kann, lassen sich auch die zu untersuchenden Grenzfälle klären. So insbesondere die Frage, ob eine teleologische Reduktion des § 129 I HGB bei fehlendem Einfluss eines Gesellschafters auf den Gesellschaftsprozess geboten ist und inwieweit Einschränkungen bei unredlicher

18 OLG Hamm vom 14.09.2009 – 22 U 43/09, BeckRS 2009, 26873.

19 Siehe unter A. III., S. 19 ff.

20 B., S. 29 ff.

Prozessführung der Gesellschaft erforderlich sind. Zudem wird untersucht, inwiefern sich der Austritt und der Eintritt eines Gesellschafters auf die Rechtskrafterstreckung auswirken.

Im zweiten Kapitel des Hauptteils[21] wird der umgekehrte Fall untersucht: Die Rechtskrafterstreckung auf die Gesellschaft nach vorheriger Klage gegen die Gesellschafter. Neben dem Umfang der objektiven Rechtskraft im Prozess gegen die BGB-Gesellschafter werden in diesem Zusammenhang insbesondere § 736 ZPO sowie die damit verbundenen Unterschiede zwischen GbR und Personenhandelsgesellschaften erörtert. Abschließend werden einige für die Beratungspraxis wichtige prozesstaktische Mittel dargestellt, um Nachteile, die eine fehlende Bindungswirkung im Verhältnis der Gesellschafter zu ihrer Gesellschaft mit sich bringen kann, zu vermeiden.

Die Untersuchung endet mit einer Zusammenfassung der wichtigsten Erkenntnisse sowie einem Fazit und Ausblick in die nähere Zukunft.[22]

III. Zum Begriff der Rechtskrafterstreckung

Wenn im Folgenden von einer „Rechtskrafterstreckung" die Rede ist, dann ist damit eine subjektive Rechtskrafterstreckung gemeint, also die Erstreckung von Rechtskraftwirkungen eines Urteils auf eine dritte, am Prozess nicht beteiligte Partei. Abzugrenzen ist die subjektive Rechtskrafterstreckung daher von der objektiven Rechtskrafterstreckung und der sog. Drittwirkung der Rechtskraft sowie der Lehre von der Rechtskrafterstreckung kraft zivilrechtlicher Abhängigkeit.

1. Abgrenzung zur objektiven Rechtskrafterstreckung

Fälle der objektiven Rechtskrafterstreckung wurden insbesondere von *Zeuner*[23] diskutiert. Der Hintergrund der Diskussion ist Folgender: Nach § 322 I ZPO ist prinzipiell anerkannt, dass den Gegenstand der Rechtskraft der Subsumtionsschluss als Ganzes bildet, und nicht etwa seine einzelnen Glieder;[24] durch diese enge Rechtskraftumgrenzung soll eine Überrumpelung der Parteien verhindert werden.[25] Rechtliche Vorfragen sollen durch Erhebung einer

21 C., S. 99 ff.

22 D., S. 167 ff.

23 Sinnzusammenhänge, S. 1 ff.; vgl. auch *Foerste*, ZZP 1995 (108. Band), 167 ff.; *Reischl*, Grenzen der Rechtskraft, S. 1 ff.

24 Siehe nur *Althammer*, in: Stein/Jonas, ZPO Kommentar, § 322 Rn. 71.

25 Vgl. *Hahn/Mugdan*, Materialien zur ZPO, S. 290 ff. und 607 ff.

Zwischenfeststellungsklage (§ 256 II ZPO) geklärt werden.[26] Trotz dieser grundsätzlich anerkannten objektiven Grenzen der Rechtskraft werden aber verschiedene Fälle diskutiert, in denen sich die Rechtskraft ausnahmsweise über den Subsumtionsschluss hinaus auch auf Vorfragen bzw. Entscheidungsgründe erstrecken soll.[27] Eine weitere Fallkonstellation – die Frage, ob bei einem Urteil gegen einen oder mehrere Gesellschafter auf akzessorische Haftung (vgl. § 128 HGB) auch das Vorliegen der Gesellschaftsverbindlichkeit rechtskräftig festgestellt wird – wird an späterer Stelle noch erörtert.[28]

2. Abgrenzung zu allgemeinen Lehren zur Rechtskrafterstreckung

Im Schrifttum gab es Versuche, ein allgemeines Prinzip der Rechtskrafterstreckung auf Dritte bzw. der Rechtskraftwirkung gegenüber Dritten zu entwickeln, das geeignet ist, sämtliche Fälle der subjektiven Rechtskrafterweiterung zu erfassen. Signifikant in diesem Sinne waren zum einen die Lehre von der Rechtskrafterstreckung kraft zivilrechtlicher Abhängigkeit und zum anderen die Lehre von der sog. Drittwirkung der Rechtskraft.

a) Rechtskrafterstreckung kraft zivilrechtlicher Abhängigkeit

Einigkeit besteht insoweit, dass grundlegende Voraussetzung für die Erstreckung der Urteilsrechtskraft auf einen Dritten ist, dass der Streitgegenstand präjudiziell, das heißt vorgreiflich für das Rechtsverhältnis des Dritten zu einer Partei ist.[29] Vorgreiflich ist der Streitgegenstand etwa für den Rechtsnachfolger (vgl. § 325 I ZPO) oder den akzessorisch Haftenden, wie z.B. den – hier natürlich besonders im Blickfeld stehenden – Gesellschafter einer Personengesellschaft. Um eine zu weite Ausdehnung der Rechtskraft zu verhindern, hat *Bettermann*[30] den Versuch unternommen, die Fälle der Rechtskrafterstreckung durch den Begriff der Abhängigkeit zu beschränken. In seinen Augen setzt eine Rechtskrafterstreckung auf Dritte voraus, dass der Streitgegenstand nicht nur vorgreiflich für

---

26 Vgl. *Hahn/Mugdan*, Materialien zur ZPO, S. 291 f.

27 Vgl. zu anerkannten Fällen von objektiver Rechtskrafterstreckung *Otte*, Streitentscheidung, S. 29 ff.

28 Siehe unter C. I. 11. a), S. 117 ff.

29 Vgl. nur *Vollkommer*, in: Zöller, ZPO Kommentar, 32. Aufl., § 325 Rn. 41 m.w.N. (keine vertiefte Darstellung mehr in der aktuellen 33. Aufl.).

30 Vollstreckung des Zivilurteils, S. 79 ff; ähnlich auch *Blomeyer*, Zivilprozeßrecht, S. 505 ff., 517 ff.

den Dritten, sondern dass die Rechtsstellung des Dritten zum Gegner darüber hinaus abhängig von der Rechtsstellung des Dritten zur Partei sei (Rechtskrafterstreckung kraft materiell-rechtlicher[31] Abhängigkeit). Laut *Bettermann* hat sich der Gesetzgeber mit der Anordnung der Rechtskrafterstreckung aufgrund von Rechtsnachfolge auch zum Grundsatz der Rechtskrafterstreckung aufgrund von Abhängigkeit bekannt.[32] Aus dem gesetzlich geregelten Fall eines abhängigen Rechts, der Rechtsnachfolge, müsse das allgemeine Prinzip abgeleitet werden, dass in allen Fällen abhängiger Berechtigung oder Verpflichtung im Ausmaß der Abhängigkeit Rechtskrafterstreckung eintrete. Eine Rechtskrafterstreckung sei daher immer dann geboten, wenn die Parteien auch durch Rechtsgeschäft eine entsprechende Wirkung für und gegen den Dritten herbeiführen können.[33] In diesem Ausmaß der Abhängigkeit sei die Rechtskrafterstreckung dem Dritten zumutbar. Zu diesen Fällen der Abhängigkeit gehören für *Bettermann* auch die Fälle der akzessorischen Haftung; diese sei bei § 129 I HGB der Geltungsgrund für die Rechtskrafterstreckung auf die Gesellschafter.[34]

Im Anschluss an *Bettermann* hat *Blomeyer*[35] verstärkt betont, dass eine Rechtskrafterstreckung zudem zumutbar - auch - für den Dritten sein müsse. Die Zumutbarkeit für die am ursprünglichen Prozess beteiligte unterlegene Partei ergebe sich bereits daraus, dass sie bereits über den Streitgegenstand prozessiert hat und es ihr darum zuzumuten sei, dass das Urteil dies bindend feststelle. Dies rechtfertige daher immer auch eine Rechtskrafterstreckung zugunsten eines Dritten, dessen Rechtsverhältnis von der entschiedenen Rechtslage abhängt. Eine Rechtskrafterstreckung zuungunsten eines Dritten setze hingegen voraus, dass das vom Streitgegenstand abhängige Rechtsverhältnis des Dritten erst nach Rechtskraft begründet worden sei. *Blomeyer* argumentiert damit, dass der Dritte eine nach Begründung seines abhängigen Rechtsverhältnisses ergangene

---

31 *Bettermann*, Vollstreckung des Zivilurteils, S. 93 ff., differenziert darüber hinaus freilich aber durchaus auch zwischen einer „Rechtskrafterstreckung kraft materiellen Rechts" und einer solchen „kraft Prozeßrechts", wie etwa der Rechtskrafterstreckung auf den Prozessstandschafter; ähnlich wiederum *Blomeyer*, Zivilprozeßrecht, S. 503 ff., der zwischen der „Rechtskrafterstreckung aus prozessualen Gründen" und der „Rechtskrafterstreckung wegen zivilrechtlicher Abhängigkeit" unterscheidet.

32 *Bettermann*, Vollstreckung des Zivilurteils, S. 80.

33 *Bettermann*, Vollstreckung des Zivilurteils, S. 84 ff.

34 Vgl. *Bettermann*, Vollstreckung des Zivilurteils, S. 168 ff.; so auch *Blomeyer*, Zivilprozeßrecht, S. 520 f.; vgl. zum Geltungsgrund für die Rechtskrafterstreckung nach § 129 I HGB aber noch unter B. I. 1. a), S. 30 ff.

35 *Blomeyer*, Zivilprozeßrecht, S. 506 ff.

Entscheidung zu seinen Ungunsten nur hinnehmen müsse, wenn auch das materielle Recht eine Verschlechterung der Rechtslage des Dritten durch Vertrag zwischen den Parteien des Hauptschuldverhältnisses anerkenne.

In der Rechtsprechung[36] hat sich diese Lehre in ihrer Allgemeinheit nicht durchsetzen können. Sie bleibt bei der Auffassung, dass eine Rechtskrafterstreckung nur dann in Betracht komme, wenn dies im Einzelfall vom Gesetz ausdrücklich angeordnet werde oder zumindest nach dem Sinn einer Gesetzesvorschrift geboten sei.

Wie noch zu zeigen sein wird, unterscheidet sich die vorliegende Untersuchung von dieser Lehre im Wesentlichen in zweierlei Hinsicht: Zum einen wird hier bestritten, dass der Geltungsgrund für die Rechtskrafterstreckung nach § 129 I HGB in der Akzessorietät der Gesellschafterhaftung liegt; er ist vielmehr in der prozessualen Repräsentation der Gesellschafterinteressen durch die Gesellschaft zu sehen.[37] Zum anderen erfasst diese Lehre nicht die Möglichkeit, den § 736 ZPO als Rechtskrafterstreckungsnorm anzusehen (zumal sich die Problematik rund um den § 736 ZPO erst in jüngerer Zeit gestellt hat).

b) *Lehre von der sog. Drittwirkung der Rechtskraft*

Die Lehre von der sog. Drittwirkung der Rechtskraft wurde insbesondere von *Schwab*[38] und im Anschluss an diesen auch von *Koussoulis*[39] vertreten. Die Drittwirkung der Rechtskraft sei von der Rechtskrafterstreckung zu unterscheiden.[40] Letztere sorge dafür, dass der von der Rechtskraft erfasste Dritte als Kläger den rechtskräftig entschiedenen Anspruch nicht mehr erheben kann bzw. dass er ihn als Beklagter gegen sich gelten lassen muss, wie wenn er selbst verurteilt worden wäre. Die Rechtskrafterstreckung verlange also – im Gegensatz zur Drittwirkung der Rechtskraft – objektive Identität des Streitgegenstandes.[41] Mit diesem zusätzlichen Kriterium will *Schwab*[42] die Fälle der Rechtskrafterstreckung im Vergleich zu *Bettermann* und *Blomeyer* weiter eingrenzen. Fälle von echter Rechtskrafterstreckung würden danach stets nur in der Form wirken, dass die Klage im Folgeprozess wegen Identität der Streitgegenstände als unzulässig abgewiesen

---

36 BGH NJW 1996, 395 (396); BGH NJW 2011, 2048 Rn. 8.
37 Siehe dazu näher unter B. I. 1. a) ee), S. 37 ff.
38 ZZP 1964 (77. Band), 124 ff.
39 Rechtskraftlehre, S. 117 ff.
40 *Schwab*, ZZP 1964 (77. Band), 124 (142 f.)
41 *Schwab*, ZZP 1964 (77. Band), 124 (143).
42 ZZP 1964 (77. Band), 124 (128).

werden müsse.[43] In Fällen von Präjudizialität liege hingegen – mangels objektiver Identität der Streitgegenstände – keine Rechtskrafterstreckung, sondern vielmehr eine Drittwirkung der Rechtskraft vor. Diese habe die Aufgabe, den Dritten in einem Folgeprozess an ein rechtskräftiges Urteil des Vorprozesses zu binden, falls dieses Urteil für die Entscheidung des neuen Prozesses präjudiziell ist.[44] Dem Dritten soll der Einwand genommen werden, dass die zwischen den Parteien des Vorprozesses rechtskräftig entschiedene Sache ihm gegenüber nicht maßgebend sei.[45] Wesen und Zweck der Drittwirkung der Rechtskraft bestehe in der Maßgeblichkeit des Inhalts einer gerichtlichen Entscheidung auch gegenüber Dritten.[46] Somit lässt sich die Abgrenzung zwischen Rechtskrafterstreckung und Drittwirkung der Rechtskraft laut *Schwab* grundsätzlich wie folgt zusammenfassen: Rechtskrafterstreckung liege bei objektiver Identität des Streitgegenstandes, Drittwirkung bei Präjudizialität vor. Dabei geht *Schwab*[47] von fünf Fallgruppen der Präjudizialität aus, zu denen unter anderem auch die Fälle der Akzessorietät[48] gehören. So soll laut *Schwab*[49] etwa auch der Bürge die Hauptschuld nicht mehr bestreiten können, wenn der Gläubiger ein rechtskräftiges Urteil gegen den Hauptschuldner erwirkt hat. Im Fall des § 129 I HGB vermag *Schwab* sich nicht festzulegen: Er geht davon aus, dass der Streitgegenstand im Vorprozess (= Gesellschaftsprozess) und Folgeprozess (= Gesellschafterprozess) objektiv identisch sei.[50] Dennoch möchte er keine „gewöhnliche" Rechtskrafterstreckung bejahen, da in diesem Fall die Klage gegen die Gesellschafter nach seiner Lehre als unzulässig abgewiesen werden müsste. Vielmehr lässt er offen, ob es sich um „Präklusionswirkung", eine „eingeschränkte Rechtskrafterstreckung" oder „trotz objektiver Identität des Streitgegenstandes" um „Drittwirkung der Rechtskraft" handelt.

Koussoulis pflichtet *Schwab* im Wesentlichen bei bzw. erachtet den Kerngedanken dieser Lehre als zutreffend. Dieser laute nämlich: „Das einmal rechtskräftig entschiedene Recht bzw. Rechtsverhältnis darf nicht mehr zu neuer

43 *Schwab*, ZZP 1964 (77. Band), 124 (129); vgl. auch *Koussoulis*, Rechtskraftlehre, S. 123.
44 *Schwab*, ZZP 1964 (77. Band), 124 (145).
45 *Schwab*, ZZP 1964 (77. Band), 124 (142 f.).
46 *Schwab*, ZZP 1964 (77. Band), 124 (145).
47 ZZP 1964 (77. Band), 124 (146 ff.).
48 Die übrigen Fallgruppen (Fälle der Rechtsnachfolge „minderer Art"; Feststellung eines absoluten Rechts oder Rechtsverhältnisses; Verträge zugunsten Dritter; Regressfälle) spielen für die vorliegende Bearbeitung keine entscheidende Rolle.
49 ZZP 1964 (77. Band), 124 (143 und 147).
50 ZZP 1964 (77. Band), 124 (151 f.).

Beurteilung gebracht werden".[51] Laut *Koussoulis*[52] stellen die Grundlagen des Rechtskraftinstituts („Das Ansehen der Gerichte, die Rechtssicherheit und die Wahrung des Rechtsfriedens") zugleich die Gesichtspunkte dar, auf denen der Kernpunkt der Lehre von der Drittwirkung der Rechtskraft beruhe. Zur weiteren Abgrenzung zwischen Rechtskrafterstreckung und Drittwirkung der Rechtskraft führt er wie folgt aus: „Rechtskrafterstreckung auf Dritte bedeutet, dass der Dritte am Rechtsverhältnis teilnimmt, das durch die Rechtskraft endgültig individualisiert wurde. Drittwirkung der Rechtskraft bedeutet hingegen, dass der Dritte, ohne Subjekt des beurteilten Rechtsverhältnisses zu sein bzw. zu werden, allein das zwischen anderen Subjekten bestehende, rechtskräftig entschiedene Rechtsverhältnis als solches anzunehmen hat".[53] Daraus entnimmt er den Schluss, dass ein Dritter in den Fällen der Drittwirkung der Rechtskraft keinen Anspruch auf rechtliches Gehör nach Art. 103 I GG habe.[54] Im Gegensatz zu *Schwab* nimmt *Koussoulis*[55] an, dass die Drittwirkung der Rechtskraft nicht allein durch das Kriterium der Präjudizialität von der Rechtskrafterstreckung auf Dritte unterschieden werden könne, da die Drittwirkung auch bei objektiver Identität des Streitgegenstandes vorkommen könne. Maßgebliche Kriterien für die Abgrenzung seien hingegen die Vollstreckbarkeitserstreckung,[56] die Streitgenossenschaft,[57] die Nebenintervention[58] und die Präklusionswirkung.[59] Unter

51 *Koussoulis*, Rechtskraftlehre, S. 117 f.

52 Rechtskraftlehre, S. 118.

53 *Koussoulis*, Rechtskraftlehre, S. 122 f.

54 *Koussoulis*, Rechtskraftlehre, S. 129 f.

55 Rechtskraftlehre, S. 131.

56 Vgl. *Koussoulis*, Rechtskraftlehre, S. 132 ff., S. 135: „Wird in einem bestimmten Fall Vollstreckung gegen einen Dritten angeordnet, dann handelt es sich nicht um Drittwirkung der Rechtskraft, sondern um Rechtskrafterstreckung [...] Kann gegen einen Dritten nicht vollstreckt werden, so wird er von der Drittwirkung der Rechtskraft erfasst".

57 Vgl. *Koussoulis*, Rechtskraftlehre, S. 135: „Drittwirkung der Rechtskraft bei einem Nacheinander von Prozessen führt zur einfachen Streitgenossenschaft bei einem Miteinander von Prozessen".

58 Vgl. *Koussoulis*, Rechtskraftlehre, S. 136: „Die Drittwirkung der Rechtskraft führt [...] zur einfachen Nebenintervention".

59 Vgl. *Koussoulis*, Rechtskraftlehre, S. 137 f.: Drittwirkung besagt, dass „der Dritte mit allem Vorbringen präkludiert ist, das eine abweichende Feststellung des Prozessstoffes des ersten Prozesses zum Ziel hat". Daher sei die Drittwirkung der Rechtskraft ihrem Wesen nach gerade die „Rechtskraft – Präklusion gegenüber dem von der Drittwirkung betroffenen Dritten".

Zugrundelegung dieser Kriterien nimmt er an, dass es sich bei § 129 I HGB – trotz objektiver Identität des Streitgegenstandes, wie er meint – um einen gesetzlich geregelten Fall der Drittwirkung handele.[60]

Die herrschende Meinung[61] lehnt die Drittwirkung der Rechtskraft kategorisch ab. In erster Linie wird gegen sie eingewandt, dass sie in ihrer Allgemeinheit gegen § 325 I ZPO und gegen den verfassungsrechtlichen Anspruch auf rechtliches Gehör (Art. 103 I GG) verstoße. Dem ist im Ergebnis zuzustimmen. Vor allem im Bürgenfall liefert die Lehre keine Rechtfertigung dafür, dem Bürgen im Nachprozess hinsichtlich des Bestehens der Hauptschuld das Recht auf rechtliches Gehör abzuschneiden. Die Akzessorietät der Bürgenschuld vermag dies allein nicht zu rechtfertigen.[62] Insbesondere bei den Ausführungen von *Schwab* zu § 129 I HGB wird zudem deutlich, wie schnell diese Lehre in ihrer Allgemeinheit an ihre Grenzen stößt bzw. sich in Widersprüchen verstrickt; schließlich betont er selber, dass § 129 I HGB ein besonderer Fall sei.

In den Fällen, in denen die Anhänger dieser Lehre Drittwirkung der Rechtskraft annehmen, handelt es sich vielmehr um Rechtskrafterstreckung im weitesten Sinne. Im Kern besteht kein Unterschied zwischen Drittwirkung und Rechtskrafterstreckung.[63] Auch in den Fällen der Präjudizialität liegt – entgegen der Ansicht von *Schwab* – eine Rechtskrafterstreckung vor.[64] Letztendlich haben die Ausführungen zur Drittwirkung der Rechtskraft lediglich gezeigt, dass zwischen einer Rechtskrafterstreckung aufgrund objektiver Identität der Streitgegenstände und einer Rechtskrafterstreckung aufgrund Präjudizialität unterschieden werden kann.[65]

---

60 *Koussoulis*, Rechtskraftlehre, S. 164 f.

61 BGH NJW 1996, 395 (396); BGH NJW-RR 2005, 338 (339); *Althammer*, in: Stein/Jonas, ZPO Kommentar, § 325 Rn. 83 ff.; *Calavros*, Urteilswirkungen, S. 173 ff.; *Gottwald*, in: MüKo-ZPO, § 325 Rn. 10; *Schack*, NJW 1988, 865 (872); *Vollkommer*, in: Zöller, ZPO Kommentar, § 325 Rn. 2.

62 Zur Akzessorietät als möglichen Geltungsgrund des § 129 I HGB siehe noch unter B. I. 1. a) aa), S. 31 f.

63 So auch *Calavros*, S. 174.

64 Vgl. *Althammer*, in: Stein/Jonas, ZPO Kommentar, § 325 Rn. 83: „Die materielle Rechtskraft kann sich bei Identität und bei Präjudizialität auswirken […] soll eine dieser Wirkungen auch gegenüber Dritten eintreten, so muss es sich um eine Ausdehnung der Rechtskraft (eine Rechtskrafterstreckung) über die Prozessparteien hinaus handeln".

65 Vgl. *Gottwald*, in: MüKo-ZPO, § 325 Rn. 10: „Auch die Untersuchung von *Koussoulis* hat lediglich ergeben, dass es sinnvoll ist, zwischen unmittelbarer Rechtskraftwirkung

IV. Gegenstandsbegrenzung und Methode der Untersuchung

Zur weiteren Abgrenzung von früheren Arbeiten sollen schließlich noch der Gegenstand der vorliegenden Arbeit begrenzt sowie die Methode der Untersuchung kurz dargelegt werden.

Die nachfolgende Untersuchung beschränkt sich hinsichtlich der Personengesellschaften auf die GbR, die OHG und die KG.[66] Dabei werden die Passivprozesse der jeweiligen Personengesellschaften bzw. ihrer Gesellschafter hinsichtlich des Bestehens der Gesellschaftsverbindlichkeit mitsamt etwaiger Rechtskraftwirkungen gegenüber der jeweils nicht am Erstprozess beteiligten Partei – also entweder gegenüber der Gesellschaft oder deren Gesellschaftern – untersucht.

Die bisherigen Ausführungen deuten bereits an, wie schwer es ist, die subjektiven Grenzen der Rechtskraft zu bestimmen bzw. die Durchbrechungen der grundsätzlich engen subjektiven Rechtskraftgrenzen auf einen einzigen oder wenige Grundgedanken zurückzuführen. Versuche in dieser Hinsicht, den gesetzlich anerkannten Fällen eine einheitliche Systematik zu entnehmen, unter welchen Voraussetzungen eine Rechtskrafterstreckung allgemein angenommen werden kann, haben sich, wie dargelegt, nicht durchsetzen können. Darum soll es in der vorliegenden Untersuchung daher auch nicht gehen. Im Kern geht es in Fällen der Rechtskrafterstreckung stets darum, ob eine Interessenabwägung zwischen den Prozessparteien und dem Dritten eine Erweiterung der Bindungswirkungen des Urteils erfordert.[67] In methodischer Hinsicht soll daher eine Interessenabwägung im Rahmen der normativen Vorgaben erfolgen.[68] Im Ergebnis kann eine Rechtskrafterstreckung danach grundsätzlich stets dann in Betracht kommen, wenn das Interesse an der Rechtskrafterstreckung das Interesse der übrigen Beteiligten, zu deren Lasten diese Erstreckung sich auswirkt, im Rahmen der normativen Vorgaben überwiegt.[69] Dabei kann eine entsprechende Interessenabwägung jedoch nur im Einzelfall bzw. allenfalls fallgruppenweise erfolgen.[70] Daher soll es in der vorliegenden Untersuchung auch nur um das Verhältnis von Personengesellschaft und Gesellschaftern hinsichtlich der

---

gegenüber Dritten und evtl. weiterreichenden Drittwirkungen für präjudizielle Rechtsverhältnisse zu unterscheiden".

66 Vgl. zum sonstigen Geltungsbereich des § 129 HGB *K. Schmidt*, in: MüKo-HGB, § 129 Rn. 3.

67 So im Ansatz auch *Bettermann*, Vollstreckung des Zivilurteils, S. 84 ff.; *Lüke*, Beteiligung Dritter, S. 117.

68 Vgl. zur Interessenjurisprudenz *Heck*, AcP 1914 (112. Band), 1 ff.

69 Vgl. *Lüke*, Beteiligung Dritter, S. 117.

70 Ähnlich *Lüke*, Beteiligung Dritter, S. 117.

rechtskräftigen Feststellung der Gesellschaftsverbindlichkeit gehen, namentlich primär um die Fälle der § 129 I HGB und § 736 ZPO. Dabei steht auf der einen Seite stets das Interesse des Gesellschaftsgläubigers, das auf der anderen Seite den Interessen von Gesellschaft und Gesellschaftern gegenübersteht; diese Interessen müssen im Rahmen der normativen Vorgaben gegeneinander abgewogen werden.

B. Rechtskrafterstreckung auf die Gesellschafter nach vorheriger Klage gegen die Gesellschaft

Im Folgenden soll der prozessuale Anwendungsbereich des § 129 I HGB – speziell mit Blick auf die Rechtskraftproblematik[71] – näher beleuchtet werden. Im Ergebnis besteht Einigkeit darüber, dass ein rechtskräftiges Urteil nach § 129 I HGB hinsichtlich des Bestehens der Gesellschaftsverbindlichkeit grundsätzlich sowohl zulasten als auch zugunsten jedes Gesellschafters wirkt.[72] Die rein dogmatische Uneinigkeit, ob es sich dabei um Rechtskrafterstreckung oder eine andere Art von Bindungswirkung[73] handelt, ändert am praktischen Ergebnis nichts.[74] Für die Einordnung als Rechtskrafterstreckungsnorm sprechen dabei insbesondere die Gesetzgebungsmaterialien, wonach ein gegen die Gesellschaft ergangenes rechtskräftiges Urteil nach § 129 I HGB die Wirkung hat, dass die Gesellschaftsschuld als solche auch den Gesellschaftern gegenüber festgestellt ist.[75] Mit der herrschenden Meinung[76] wird die Vorschrift daher im Folgenden als Rechtskrafterstreckungsnorm bezeichnet und behandelt.

---

71 Zum Anwendungsbereich des § 129 I HGB bei einem Einwendungsverzicht der Gesellschaft siehe *Klimke*, ZGR 2006, 540 (542 ff.).

72 BGH NJW 2011, 2048 (Rn. 9); *Althammer*, in: Stein/Jonas, ZPO Kommentar, § 325 Rn. 96 ff.; *Hillmann*, in: Boujong/Ebenroth/Joost/Strohn, HGB, § 129 Rn. 5; *K. Schmidt*, in: MüKo-HGB, § 129 Rn. 12 f.; *Steitz*, in: Henssler/Strohn, Gesellschaftsrecht, § 129 HGB Rn. 8.

73 Vgl. etwa *Habersack*, in: Habersack/Schäfer, Das Recht der OHG, § 129 Rn. 11, der – ohne nähere Begründung – eine „akzessorietätsbedingte Präklusion entsprechend § 767 Abs. 2 ZPO" annimmt; vgl. auch *Schwab*, ZZP 1964 (77. Band), 124 (151 f.), der sich nicht festlegen wollte, ob man eine – eingeschränkte – Rechtskrafterstreckung, eine Präklusionswirkung oder eine Drittwirkung der Rechtskraft annehmen sollte.

74 So auch *Oberhammer*, OHG im Zivilprozeß, S. 58; offen gelassen auch weiterhin vom BGH NJW 2011, 2048 (Rn. 9): Dogmatische Einordnung sei „ohne Bedeutung".

75 *Hahn/Mugdan*, Materialien zum HGB, S. 267.

76 *Althammer*, in: Stein/Jonas, ZPO Kommentar, § 325 Rn. 97; *Haas*, in: Röhricht/Graf von Westphalen/Haas, HGB, § 129 Rn. 6, § 128 Rn. 43; *Oberhammer*, OHG im Zivilprozeß, S. 58 f.; *Roth*, in: Baumbach/Hopt, HGB, § 129 Rn. 7; *Vollkommer*, in: Zöller, ZPO Kommentar, § 325 Rn. 35.

Von größerer Relevanz sind hingegen Fallkonstellationen, in denen womöglich eine Einschränkung der Norm geboten ist. Diese sollen daher im Folgenden näher dargestellt werden.

I. Teleologische Reduktion bei fehlendem Einfluss des Gesellschafters?

Es wurde bereits erwähnt, dass nach herrschender Meinung ein rechtskräftiges Urteil nach § 129 I HGB grundsätzlich sowohl zulasten als auch zugunsten jedes Gesellschafters wirkt.[77] Insbesondere *Klimke*[78] spricht sich für eine teleologische Reduktion des § 129 I HGB im Hinblick auf Gesellschafter aus, die keine oder nur eingeschränkte Einfluss- und Informationsmöglichkeiten haben; soweit soll eine Rechtskrafterstreckung zulasten der Gesellschafter also nicht eintreten. Im Folgenden soll daher hinsichtlich OHG, KG und GbR näher untersucht werden, was der Geltungsgrund für die in § 129 I HGB angeordnete Rechtskrafterstreckung ist. Um nämlich eine teleologische Reduktion des § 129 I HGB bei fehlendem Einfluss des Gesellschafters überhaupt in Betracht ziehen zu können, müsste der Geltungsgrund der Norm tatsächlich in den Einflussmöglichkeiten des Gesellschafters liegen. Denn nur wenn der Regelungszweck des Gesetzes – entgegen dem Wortsinn – vorsieht, dass nur der am Prozess beteiligte Gesellschafter von der Rechtskraftwirkung des § 129 I HGB erfasst werden soll, bedarf es einer solchen Einschränkung.[79] Erst wenn der Geltungsgrund hinreichend bestimmt ist, kann also festgestellt werden, ob bzw. wann eine teleologische Reduktion der Vorschrift in Betracht kommt.

1. Die Rechtslage bei der OHG

Zunächst gilt es die Rechtslage bei der OHG zu betrachten, für die der § 129 I HGB primär gilt.

a) Geltungsgrund des § 129 I HGB

Im Folgenden werden die wichtigsten Ansichten zum Geltungsgrund des § 129 I HGB zusammengefasst und einer kritischen Würdigung unterzogen, bevor eine eigene, ausführliche Stellungnahme zu dieser Thematik erfolgt.

---

77 Vgl. Fn. 72.

78 ZGR 2006, 540 (549 ff.); vgl. auch *Haas/Müller*, DStR 2002, 643 (644).

79 Vgl. *Larenz/Canaris*, Methodenlehre, S. 210 f.

aa) § 129 I HGB als Folge der akzessorischen Gesellschafterhaftung?

Der BGH[80] und ein Teil der Literatur[81] gehen davon aus, dass § 129 I HGB Ausdruck und Folge der in § 128 I HGB geregelten akzessorischen Haftung der Gesellschafter sei. Abgesehen von den Versuchen, Fälle der Rechtskrafterstreckung mithilfe des Gedankens der zivilrechtlichen Abhängigkeit zu erklären, was sich in der Rechtsprechung freilich nicht durchsetzen konnte,[82] sind kaum Begründungen ersichtlich, warum die Akzessorietät der Gesellschafterhaftung der Geltungsgrund für die Rechtskrafterstreckung sein soll. Vielmehr scheint diese Annahme lediglich eine weitgehend unbestrittene Behauptung zu sein.

bb) Kritik

Die Annahme der herrschenden Meinung, dass § 129 I HGB Ausfluss der in § 128 I HGB geregelten akzessorischen Haftung sei, erscheint höchst zweifelhaft.[83] Ziel des Gesetzgebers war es, das Verhältnis zwischen der Haftung der Gesellschaft und der Haftung der Gesellschafter zu klären.[84] Es sollte festgestellt werden, in welchem Umfang die rechtliche Selbstständigkeit der Gesellschaft gegenüber den Gesellschaftern anzuerkennen ist. Durch den heutigen § 129 I HGB wurde schließlich festgelegt, dass die Gesellschafter sich den Vorprozess der Gesellschaft hinsichtlich der Gesellschaftsverbindlichkeit zurechnen lassen müssen. Offen bleibt danach aber, worin der Grund für diese Rechtskrafterstreckung gesehen werden kann. Aus der Akzessorietät der Gesellschafterhaftung ergibt sich zwar, dass ein klageabweisendes Urteil im Gesellschaftsprozess mangels Bestehens der Gesellschaftsverbindlichkeit auch zugunsten der Gesellschafter Rechtskraft wirkt, da die Gesellschafter nur insoweit in Anspruch genommen werden können wie die Gesellschaft;[85] eine Rechtskrafterstreckung

---

80 BGH NJW 2011, 2048 (Rn. 9).

81 *Herchen*, in: Münch. Hdb. d. GesR I, § 68 Rn. 41; *Steitz*, in: Henssler/Strohn, Gesellschaftsrecht, § 129 HGB Rn. 8a; *Vollkommer*, in: Zöller, ZPO Kommentar, § 325 Rn. 35; vgl. auch die Belege in Fn. 34.

82 Vgl. dazu oben unter A. III. 2. a), S. 20 ff.

83 Ablehnend auch *Haas*, in: Röhricht/Graf von Westphalen/Haas, HGB, § 129 Rn. 6; *Oberhammer*, OHG im Zivilprozeß, S. 60 f.; *K. Schmidt*, Gesellschaftsrecht, S. 1439; Letzterer aber anders in: MüKo-HGB, § 129 Rn. 1 – dort für Akzessorietät der Gesellschafterhaftung als Geltungsgrund.

84 *Hahn/Mugdan*, Materialien zum HGB, S. 267.

85 Zusätzlich könnte man bereits an dieser Stelle auch auf den Grundsatz der prozessualen Chancengleichheit – siehe dazu noch unter B. I. 1. a) ee) (3) (e), S. 59 ff. – abstellen; vgl. auch *Oberhammer*, OHG im Zivilprozeß, S. 106.

zulasten der Gesellschafter lässt sich allerdings nicht so ohne Weiteres aus der Akzessorietät der Gesellschafterhaftung ableiten.[86] Dies zeigt schon ein Vergleich der Gesellschafterhaftung mit anderen Fällen von akzessorischer Haftung, insbesondere der Bürgenhaftung:[87] Der Bürge muss sich nach herrschender Meinung[88] ein rechtskräftiges Urteil des Gläubigers gegen den Hauptschuldner nicht entgegenhalten lassen, wenn es zu seinen Lasten wirken würde, während eine Rechtskrafterstreckung zu seinen Gunsten hingegen aufgrund der Akzessorietät der Bürgenhaftung angenommen wird.

Ein weiterer Unterschied zwischen Bürgen- und Gesellschafterhaftung wird deutlich, wenn man die finanziellen Interessen der Beteiligten vergleicht: Während der Bürge grundsätzlich nur altruistische Interessen verfolgt, weil er lediglich die Schuld des Hauptschuldners absichert, hat der Gesellschafter in erster Linie eigene Interessen im Blick, da er am Gesellschaftsvermögen partizipiert. Dies rechtfertigt eine strengere Behandlung des Gesellschafters. Die Rechtskrafterstreckung zu seinen Lasten muss also anders gerechtfertigt werden.

cc) Einflussmöglichkeiten der Gesellschafter als Geltungsgrund?

Insbesondere *Klimke*[89] ist der Ansicht, dass der Geltungsgrund für die durch § 129 I HGB angeordnete Rechtskrafterstreckung in den Einflussmöglichkeiten des Gesellschafters liegt. Er beruft sich dabei auf zwei Urteile des BGH,[90] aus denen er folgert, dass der BGH den Grund für die in § 129 I HGB angeordnete Rechtskrafterstreckung in den Einflussmöglichkeiten des Gesellschafters auf die Prozessführung der Gesellschaft sieht.

Er geht davon aus, dass der Gesellschafter, nur weil er unabhängig von seinem Einfluss auf die Willensbildung der Gesellschaft für eine rechtsgeschäftlich begründete Forderung haftet, nicht zugleich zwingend auch dann einstehen müsse, wenn eine Forderung in Wahrheit nicht (mehr) bestand oder nicht durchsetzbar war, dies von der Gesellschaft aber im Prozess aus Nachlässigkeit[91]

86 *K. Schmidt*, Gesellschaftsrecht, S. 1439.

87 So auch *Oberhammer*, OHG im Zivilprozeß, S. 60, der zutreffend darauf hinweist, dass in anderen Fällen von akzessorischer Haftung auch keineswegs von einer Rechtskrafterstreckung zulasten der haftenden Dritten auszugehen ist.

88 *Althammer*, in: Stein/Jonas, ZPO Kommentar, § 325 Rn 100; *Gottwald*, in: MüKo-ZPO, § 325 Rn 81 f.; *Vollkommer*, in: Zöller, ZPO Kommentar, § 325 Rn 6.

89 ZGR 2006, 540 (549 ff.).

90 BGH NJW 1966, 499; BGH NJW 1981, 175.

91 Zum Begriff der nachlässigen bzw. mangelhaften Prozessführung siehe *Wieser*, ZZP 1966 (79. Band), 246 (250): „Die Hauptpartei hat diesen Kampf ‚mangelhaft

nicht geltend gemacht worden sei.[92] Eine solche Nachlässigkeit im Prozess sei dann nicht – wie bei einem rechtsgeschäftlichen Verzicht auf Einwendungen – eine bewusste Entscheidung der Gesellschaft, deren nachteilige Folgen sich als notwendige Kehrseite ihrer wirtschaftlichen Betätigung und der Gesellschaft daraus erwachsender Vorteile verstehen ließen. Zudem gibt es laut *Klimke*[93] keinen allgemeinen Grundsatz, nach dem derjenige, der eine materielle Verschlechterung seiner Rechtsstellung durch Rechtsgeschäfte eines anderen hinnehmen muss, auch dessen Prozessführung gegen sich gelten lassen muss. Dies zeige sich insbesondere beim Bürgen, der sich die Rechtskraft eines vor der Bürgschaftsübernahme ergangenen Urteils gegen den Hauptschuldner nicht zurechnen zu lassen habe.[94] Des Weiteren hält *Klimke*[95] die Interessen des Gläubigers daran, dass auch die Gesellschafter persönlich haften, allenfalls dann für schutzwürdig, wenn ihm überhaupt eine (durchsetzbare) Forderung zustand. Auch im Übrigen hält er das Interesse des Gläubigers daran, durch ein Urteil gegen die Gesellschaft auch gegenüber den Gesellschaftern Klarheit zu schaffen, für wenig schutzbedürftig, zumal dieser den Gesellschafter ohnehin noch selbst verklagen müsste, um gegen ihn vollstrecken zu können.[96] In seinen Augen hat die Rechtskrafterstreckung nur für den Fall Bedeutung, dass tatsächlich keine durchsetzbare Forderung besteht.

Klimke[97] geht deshalb davon aus, dass nur die Einflussmöglichkeiten des Gesellschafters eine Rechtskrafterstreckung rechtfertigen. Der Gesellschafter einer OHG etwa könne entweder unmittelbar durch seine Mitwirkung an Geschäftsführung und Vertretung (§§ 114 ff., 125 HGB) Einfluss auf den Prozess gegen die Gesellschaft ausüben oder mittelbar als Nebenintervenient (§§ 66 ff. ZPO) – nachdem er ggf. mithilfe seiner Kontrollrechte aus § 118 HGB von dem Prozess erfahren habe. Ohne solche Einflussmöglichkeiten sei nicht gesichert, dass die Interessen des Gesellschafters ausreichend wahrgenommen werden. Die faktische Erwartung, dass das zur Vertretung der Gesellschaft

---

geführt', wenn sie eine Prozeßhandlung vorgenommen hat, die ihren Sieg in der sachlichen Hauptfrage verhindern konnte, oder wenn sie eine rechtlich zulässige und tatsächlich mögliche Prozeßhandlung unterlassen hat, die ihren Sieg in der sachlichen Hauptfrage herbeiführen konnte".

92 *Klimke*, ZGR 2006, 540 (550).

93 ZGR 2006, 540 (551).

94 *Klimke*, ZGR 2006, 540 (551 Fn. 41).

95 *Klimke*, ZGR 2006, 540 (550 f.).

96 *Klimke*, ZGR 2006, 540 (552).

97 *Klimke*, ZGR 2006, 540 (551).

berechtigte Organ im Eigeninteresse und zur Vermeidung von Schadensersatzpflichten alle Einwendungen sorgfältig geltend machen werde, reiche nicht aus, um eine Rechtskrafterstreckung zulasten des nicht am Prozess beteiligten Gesellschafters zu rechtfertigen.[98] Dafür spricht laut *Klimke*[99] auch die Behandlung des Parallelproblems beim Bürgen: Dort nehme die herrschende Meinung schließlich an, dass ein nach der Verbürgung gegen den Hauptschuldner ergangenes Urteil nicht gegen den Bürgen wirkt, obwohl man ebenfalls faktisch erwarten könne, dass der Hauptschuldner im Eigeninteresse alle Einwendungen sorgfältig geltend macht. Wenn ein Gesellschafter also vollständig von Geschäftsführung und Vertretung ausgeschlossen ist und kumulativ seine Informationsrechte auf das gesetzlich zulässige Minimum (vgl. § 118 II HGB) beschränkt sind, sei § 129 I HGB nicht anzuwenden.[100] Das in seinen Augen nur als geringfügig zu bewertende Gläubigerinteresse stehe dem nicht entgegen. Der Gläubiger könne etwaigen Unsicherheiten entgehen, wenn er von vornherein auch (bzw. nur) den Gesellschafter (mit)verklage.

dd) Kritik

Klimke verkennt bereits, dass es in den genannten Urteilen um den Sonderfall des ausgeschiedenen Gesellschafters geht. Der BGH geht davon aus, dass sich ein aus der Gesellschaft ausgeschiedener Gesellschafter ein gegen die Gesellschaft rechtskräftig ergangenes Urteil jedenfalls dann nicht entgegenhalten zu lassen braucht, wenn er bereits bei Klageerhebung aus der Gesellschaft ausgetreten ist, und begründet dies mit den fehlenden Einflussmöglichkeiten des Gesellschafters auf den Prozess der Gesellschaft.[101] Das lässt sich von der Interessenlage her aber überhaupt nicht auf den Ausgangsfall übertragen, in dem der Gesellschafter noch Mitglied der Gesellschaft ist. Der Schluss von *Klimke* geht insoweit also ins Leere. Denn der BGH[102] geht, wie schon erwähnt, stattdessen grundsätzlich davon aus, dass § 129 I HGB Ausdruck und Folge der in § 128 I HGB geregelten akzessorischen Haftung der Gesellschafter für die Schuld der Gesellschaft sei.

Davon unabhängig überzeugt die Ansicht von *Klimke* nicht, da sie die Interessen sämtlicher Beteiligter nicht ausreichend würdigt. Seine Ansicht berücksichtigt in erster Linie die Interessen des Gesellschafters, indem dieser an die

---

98 *Klimke*, ZGR 2006, 540 (551 f.).

99 ZGR 2006, 540 (552 Fn. 44).

100 *Klimke*, ZGR 2006, 540 (552 f.).

101 Siehe zum ausgeschiedenen Gesellschafter noch unter B. III. 2., S. 82 ff.

102 BGH NJW 2011, 2048 (Rn. 9).

Wirkungen des Vorprozesses nur im Falle etwaiger Einflussmöglichkeiten am ebenjenem Prozess gebunden sein soll. Ob bzw. inwieweit dieses Interesse überhaupt schutzwürdig ist, wird nicht hinreichend erörtert, vielmehr wird lediglich unterstellt, dass es so sei. Unzureichend wird demgegenüber das Interesse des Gläubigers berücksichtigt.

Indem *Klimke* das Interesse des Gläubigers überhaupt nur dann für geringfügig schutzwürdig hält, wenn seine Forderung tatsächlich besteht, verkennt er das im Zivilprozess geltende Prinzip der formellen Wahrheit. Bekanntlich gilt der Verhandlungsgrundsatz, sodass nur geprüft wird, ob eine bestrittene Behauptung der beweisbelasteten Partei zur Überzeugung des Gerichts (§ 286 ZPO) feststeht. Wenn dies der Fall ist, dann entspricht es im Übrigen dem Sinn und Zweck der Rechtskraft – und damit grundsätzlich auch der Rechtskrafterstreckung – für Rechtssicherheit und Rechtsfrieden zu sorgen. Es wäre geradezu widersprüchlich, die Schutzwürdigkeit des Gläubigerinteresses an einer Rechtskrafterstreckung *ex post* danach zu bewerten, ob seine Forderung tatsächlich bestand oder nicht. Erwächst ein Urteil, dass das Bestehen der Gesellschaftsverbindlichkeit feststellt, in materielle Rechtskraft, dann spielt es angesichts des Prinzips der formellen Wahrheit keine Rolle mehr, ob dies etwa auf Nachlässigkeit der Gesellschaft (z.B. Versäumung der Erhebung der Verjährungseinrede) oder Beweisnot (z.B. hinsichtlich Einwendungen oder Einreden, die die Gesellschaftsverbindlichkeit zum Erlöschen bringen bzw. deren Durchsetzbarkeit verhindern würden) beruht. Das Interesse des Gläubigers an der Durchsetzung dieser Forderung ist dann legitim und schutzwürdig.

Des Weiteren verkennt *Klimke* das Telos der §§ 128, 129 I HGB, wenn er das Gläubigerinteresse für nur geringfügig schutzwürdig hält. Die Vorschriften sind schließlich auch dafür da, die Forderung des Gesellschaftsgläubigers zu sichern und somit mittelbar auch die Durchsetzung seiner Forderung zu erleichtern, indem ihm weitere Haftungsmasse zur Verfügung gestellt wird.[103] Dabei setzt § 129 I HGB den von § 128 HGB bezweckten Gläubigerschutz auf prozessualer Ebene fort: Der Gläubiger hat ein schutzwürdiges Interesse, den Bestand der Gesellschaftsverbindlichkeit nicht mehrfach darlegen und durchzusetzen zu müssen.[104]

Auch der Einwand *Klimkes*, der Gläubiger könne dem Risiko eines erforderlichen Nachprozesses gegen die Gesellschafter hinsichtlich des Bestehens der

---

103 Vgl. BGH NJW 1962, 536 (537).

104 Vgl. *Oberhammer*, OHG im Zivilprozeß, S. 90, der § 129 I HGB als „prozessuales Seitenstück zu § 128 HGB" bezeichnet.

Gesellschaftsverbindlichkeit dadurch entgehen, dass er nur oder zugleich einen oder mehrere Gesellschafter verklagt, berücksichtigt das Gläubigerinteresse nicht hinreichend. Denn wenn man dies stets von ihm verlangt, wird ihm ungerechtfertigterweise ein erhöhtes Prozesskostenrisiko aufgebürdet: Wenn er neben der Gesellschaft einen oder mehrere Gesellschafter mitverklagt, droht ihm bei Teilabweisung – wenn er etwa gegen die Gesellschaft obsiegt, gegen einen oder mehrere Gesellschafter aber unterliegt – ein Kostenrisiko nach der sog. Baumbach'schen Formel.[105] Für ihn kann ein prozesstaktisch legitimes Interesse daran bestehen, das Bestehen der Gesellschaftsverbindlichkeit vorab in einem (Vor) Prozess gegen die Gesellschaft feststellen zu lassen.

Ferner vermag *Klimkes* Argument, dass dem Gesellschafter eine Zurechnung der Prozessführung der Gesellschaft nicht zuzumuten sei, wenn diese Prozessführung aus bloßer Nachlässigkeit zu einem Unterliegen der Gesellschaft geführt hat, nicht zu überzeugen. Auch wenn man einen allgemeinen Grundsatz, nach dem derjenige, der eine materielle Verschlechterung seiner Rechtsstellung durch Rechtsgeschäfte eines anderen hinnehmen muss, auch dessen Prozessführung gegen sich gelten lassen muss, ablehnt, lässt sich umgekehrt dagegen einwenden, dass das Zivil- und Zivilprozessrecht keinen allgemeinen Grundsatz kennt, wonach eine Zurechnung eines rechtsgeschäftlichen oder tatsächlichen Handelns ohne entsprechende Vereinbarung lediglich bei einer bewussten Entscheidung, d.h. Vorsatz, erfolgt. Vielmehr wird grundsätzlich auch fahrlässiges Verhalten zugerechnet (vgl. §§ 166 I 2, 276, 278, 823 I, 831 I BGB, 85 II ZPO). Auch bei einer Rechtskrafterstreckung, bei der es letztendlich um die Zurechnung einer fremden Prozessführung geht, kann ein Dritter gegen eine Bindungswirkung zu seinen Lasten, die aufgrund der objektiven Interessenlage, wie etwa in den gesetzlich anerkannten Fällen, gerechtfertigt ist, daher nicht geltend machen, dass die Hauptpartei im Vorprozess nachlässig prozessiert habe. Insoweit überzeugt auch der Vergleich der Gesellschafterhaftung mit der Bürgenhaftung nicht. Wie schon die Vertreter der Ansicht, dass die Akzessorietät der Gesellschafterhaftung der Geltungsgrund für die Rechtskrafterstreckung sein soll,[106] verkennt *Klimke* im Hinblick auf die Rechtfertigung der Rechtskrafterstreckung die unterschiedliche finanzielle Interessenlage: dass der Bürge grundsätzlich nur altruistische Interessen verfolgt und deshalb die Schuld des Hauptschuldners absichert, während der Gesellschafter in erster Linie eigene Interessen im Blick hat, da er

---

105 Dazu *Gemmer*, JuS 2012, 702 ff.

106 Vgl. oben unter B. I. a) bb), S. 31 f.

am Gesellschaftsvermögen partizipiert.[107] Macht man sich dies bewusst, wird schnell deutlich, dass es gerechtfertigt ist, wenn Gesellschafter zwar an die Prozessführung der Gesellschaft gebunden sein sollen, der Bürge aber nicht an die Prozessführung des Hauptschuldners. Letzterer ist kein Interessenvertreter des Bürgen, jedenfalls nicht in der Form, in der die Gesellschaft die Interessen der Gesellschafter vertritt bzw. repräsentiert. Im Übrigen ergibt sich diese unterschiedliche Behandlung aus der Existenz der §§ 767 I 3, 768 II BGB.[108] Diese Vorschriften verdeutlichen die unterschiedlichen Interessenlagen von Bürgen und Gesellschaftern, zumal sie im Prinzip das genaue Gegenteil zu § 129 I HGB besagen, indem der Bürge – anders als die Gesellschafter nach Einwendungsverzicht der Gesellschaft – keine Einwendungen und Einreden dadurch verliert, dass der Hauptschuldner auf sie verzichtet.[109]

Folglich lässt sich dem Telos des § 129 I HGB und der Abwägung der Interessen der Beteiligten nicht entnehmen, dass ein Gesellschafter sich die Prozessführung der Gesellschaft nur dann nach dieser Vorschrift zurechnen lassen muss, wenn er in irgendeiner Form tatsächlich und nachweislich Beteiligungsmöglichkeiten an diesem (Vor)Prozess hatte.[110]

ee) § 129 I HGB als Folge von prozessualer Repräsentation?

Statt auf die Akzessorietät der Gesellschafterhaftung abzustellen, könnte § 129 I HGB aber auch darauf gestützt werden, dass die Interessen des Gesellschafters im Gesellschaftsprozess vom vertretungsberechtigten Organ repräsentiert werden. Im Vergleich zu der Ansicht von *Klimke*[111] liegt im Ergebnis kein Unterschied vor, soweit der Gesellschafter zur Geschäftsführung und Vertretung berechtigt ist oder seine Informationsrechte nicht beschränkt sind. Daher kommt es letztendlich nur auf die Frage an, ob eine Rechtskrafterstreckung auf den Gesellschafter auch dann gerechtfertigt ist, wenn er selbst am Prozess nicht partizipieren kann.[112] Die Rechtfertigung kann nur dann bejaht werden, wenn

---

107 Dass *Klimke* diese Überlegung für die Rechtfertigung der Rechtskrafterstreckung nicht mit einbezieht, verwundert vor dem Hintergrund, dass er dies bei der Rechtfertigung des rechtsgeschäftlichen Einwendungsverzichts tut, vgl. ZGR 2006, 540 (542 f.), umso mehr.

108 Vgl. *Vollkommer*, in: Zöller, ZPO Kommentar, § 325 Rn 6, 34.

109 *Klimke*, ZGR 2006, 540 (541), macht selbst auf diesen Unterschied aufmerksam.

110 Zur Auslegung der Vorschrift im Übrigen siehe noch unten unter B. I. 1. a) ee) (3) (a), S. 44 f.

111 Vgl. oben unter B. I. 1. a) cc), S. 32 ff.

112 Bejahend etwa – ohne nähere Begründung – *K. Schmidt*, in: MüKo-HGB, § 129 Rn. 13.

man der Ansicht ist, dass die Interessen eines solchen Gesellschafters im Gesellschaftsprozess ausreichend vom vertretungsberechtigten Organ repräsentiert werden.

Im Schrifttum[113] finden sich durchaus einige Anhänger dieser Ansicht. Eine tiefer gehende Begründung dieser Auffassung bleibt zumeist jedoch aus. Die Begründungen beschränken sich etwa auf die Feststellung, dass die Rechtskrafterstreckung deshalb gerechtfertigt sei, weil der Gesellschafter im Gesellschaftsprozess „seinen Mann"[114] auftreten ließ, oder dass § 129 HGB eine allgemeine Folge des Gesamthandprinzips sei, weshalb der einzelne Gesellschafter die Prozessführung im Gesellschaftsprozess ebenso gegen sich gelten lassen müsse wie rechtsgeschäftliches Handeln der Geschäftsführung.[115] *Lüke*[116] argumentiert damit, dass die Interessen von Gesellschaft und Gesellschafter gleichgerichtet seien und damit die Interessen der Gesellschafter grundsätzlich ausreichend wahrgenommen werden.[117] Einen wesentlichen tiefer gehenden Ansatz verfolgt hingegen *Oberhammer*;[118] seine These soll daher im Folgenden noch näher dargestellt werden, bevor eine eigene Stellungnahme zu dieser Thematik erfolgt.

(1) Die Ansicht Oberhammers

Oberhammer vertritt hinsichtlich des Geltungsgrundes für die Rechtskrafterstreckung eine vermittelnde Ansicht zwischen prozessualer Repräsentation und notwendiger Partizipation („Prozessuale Repräsentation und kontrollierende Intervention"[119]). Ob die Rechtskrafterstreckung zulasten der Gesellschafter nach § 129 I HGB gerechtfertigt ist, hänge maßgeblich von der Frage ab, ob der Gesellschafter effektiven Rechtsschutz i.S.v. Art. 6 I EMRK erfahre, was nur bei ausreichender Gewährung rechtlichen Gehörs der Fall sei.[120] Dabei untersucht er zunächst die Frage, ob bereits durch die prozessuale Repräsentation

113 *Lüke*, Beteiligung Dritter, S. 187; *Morawietz*, GbR im Zivilprozess, S. 129; *Oberhammer*, OHG im Zivilprozeß, S. 59 ff.; *K. Schmidt*, Gesellschaftsrecht, S. 1439; *K. Schmidt*, NJW 1981, 159 (160); *Wieser*, MDR 2001, 421 (422); wohl auch *Wertenbruch*, Haftung von Gesellschaften, S. 343 ff.

114 So *K. Schmidt*, NJW 1981, 159 (160).

115 *Wertenbruch*, Haftung von Gesellschaften, S. 343 ff.

116 *Lüke*, Beteiligung Dritter, S. 187.

117 So auch *Morawietz*, GbR im Zivilprozess, S. 129; *Wieser*, MDR 2001, 421 (422).

118 OHG im Zivilprozeß, S. 59 ff.

119 *Oberhammer*, OHG im Zivilprozeß, S. 59.

120 *Oberhammer*, OHG im Zivilprozeß, S. 62 f.

eine zulässige mittelbare Gewährung rechtlichen Gehörs vorliege.[121] Voraussetzung für eine zulässige prozessuale Repräsentation sei zunächst, dass der Repräsentant im Rahmen der Prozessführung (auch) zur Wahrung der Interessen des Repräsentierten verpflichtet ist, was grundsätzlich dann der Fall sei, wenn die Interessen identisch oder zumindest gleichgerichtet seien.[122] Zweite Voraussetzung sei, dass der Repräsentant ein eigenes *rechtliches* Interesse an jenem Ergebnis habe, das auch dem Repräsentierten günstig ist, das heißt ein bloß wirtschaftlich gleichgerichtetes Interesse etwa könne nicht genügen.[123] Ein drohender Schadensersatzanspruch des Dritten gegen den Repräsentanten aufgrund einer rechtlichen Sonderbeziehung reicht laut *Oberhammer* dafür nicht aus, da dadurch eine schwächere Rechtsposition des Dritten geschaffen werde; er müsse nicht mehr einen geltend gemachten Anspruch abwehren, sondern selbst einen Schadensersatzanspruch durchsetzen, der von einem Verschulden des Repräsentanten abhängig wäre.[124] Dennoch bejaht *Oberhammer*[125] zumindest für die OHG im Verhältnis zu ihren Gesellschaftern ein solches rechtliches Interesse. Er begründet das damit, dass der Gesellschafter zur OHG im Verhältnis der Mitgliedschaft stehe und die Mitglieder die im Prozess agierenden Organe (mit)bestimmt hätten. Bei generell-abstrakter Betrachtungsweise sei ein gleichgerichtetes rechtliches Interesse an der Klageabweisung gegeben, da bei einer Prozessniederlage neben der Gesellschaft und dem Dritten – damit ist hier der nicht am Prozess beteiligte Gesellschafter gemeint – auch die im Prozess agierenden Organe persönlich haften. Ferner dürfe die prozessuale Repräsentation nur subsidiär zum Tragen kommen, das heißt die Partizipation habe grundsätzlich Vorrang.[126] Des Weiteren müsse eine Schutzwehr des Dritten gegen das Versagen der Repräsentation geschaffen werden.[127] Damit will *Oberhammer*[128] die Fälle aus der Rechtskrafterstreckung ausklammern, in denen die Parteien kollusiv zum Nachteil des Dritten gewirkt haben oder zumindest der Repräsentant bewusst zum Nachteil des Dritten gehandelt hat und der Gläubiger dies wusste oder es ihm jedenfalls offenkundig war.

---

121 *Oberhammer*, OHG im Zivilprozeß, S. 64 ff.
122 *Oberhammer*, OHG im Zivilprozeß, S. 65 f.
123 *Oberhammer*, OHG im Zivilprozeß, S. 66.
124 *Oberhammer*, OHG im Zivilprozeß, S. 66 f.
125 OHG im Zivilprozeß, S. 70.
126 *Oberhammer*, OHG im Zivilprozeß, S. 68.
127 *Oberhammer*, OHG im Zivilprozeß, S. 68 ff.
128 OHG im Zivilprozeß, S. 70 f.

Diese Kriterien sollen aber auch in ihrem Zusammenspiel eine Rechtskrafterstreckung noch nicht rechtfertigen können, vielmehr sei eine „kontrollierende Intervention“ der Gesellschafter nötig, damit eine Rechtskrafterstreckung zu ihren Lasten zumutbar sei.[129] Dabei untersucht Oberhammer zunächst die Frage, ob der beitretende Gesellschafter im Gesellschaftsprozess als streitgenössischer oder einfacher Nebenintervenient einzuordnen ist.[130] Die auf den ersten Blick naheliegende Annahme, dass wegen der in § 129 I HGB angeordneten Rechtskraftwirkung ein Fall des § 69 ZPO, mithin ein Fall der streitgenössischen Nebenintervention vorliege,[131] lehnt er ab.[132] Dies begründet er im Wesentlichen mit den gesellschaftsvertraglichen Regelungen der Vertretungsverhältnisse der Gesellschaft: Es sei ein Widerspruch, wenn der von der Geschäftsführung und Vertretung ausgeschlossene Gesellschafter – man stelle sich vor, es handele sich dabei sogar um einen Kommanditisten – sich mit seiner Prozessführung mit Wirkung auch für die Gesellschaft in Widerspruch zu jenen Personen setze, die nach dem Gesellschaftsvertrag allein zur Ausübung dieser Befugnisse für die Gesellschaft berechtigt sein sollen.[133] Daher komme dem Gesellschafter im Passivprozess der Gesellschaft lediglich die Stellung eines einfachen Nebenintervenienten zu.[134] Dies soll zur Wahrung des rechtlichen Gehörs im Zusammenhalt mit dem Prinzip der prozessualen Repräsentation genügen, da die einfache Nebenintervention als Schutzwehr des Gesellschafters diene: Er könne die prozessualen „Unterlassungssünden“ der Gesellschaft offenkundig machen, um die Rechtskrafterstreckung zu durchbrechen.[135] Gelinge ihm dadurch der Nachweis eines kollusiven Zusammenwirkens der Gesellschaft und des Gläubigers zu seinem Nachteil, würde die Rechtskrafterstreckung in Gänze durchbrochen werden, während bei bloßer Offenkundigkeit für den Gläubiger lediglich die einzelnen Einwendungen, auf die der Gesellschafter erfolglos hingewiesen hat, von der Rechtskraftwirkung ausgeklammert werden sollen.[136] Damit die Gesellschafter von ihrer Interventionsbefugnis Gebrauch machen können,

129 *Oberhammer*, OHG im Zivilprozeß, S. 72 ff.

130 Dabei richtet *Oberhammer* seinen Blick insbesondere, aber nicht nur, auf das österreichische Recht.

131 Diesen Schluss zieht etwa *Althammer*, in: Zöller, ZPO Kommentar, § 69 Rn. 2.

132 Vgl. *Oberhammer*, OHG im Zivilprozeß, S. 73 ff.

133 *Oberhammer*, OHG im Zivilprozeß, S. 78 f.

134 *Oberhammer*, OHG im Zivilprozeß, S. 80.

135 *Oberhammer*, OHG im Zivilprozeß, S. 80 f.

136 *Oberhammer*, OHG im Zivilprozeß, S. 81 f.

untersucht *Oberhammer*[137] schließlich die Frage, wie die Gesellschafter Kenntnis von den anhängigen Verfahren erlangen sollen. Insoweit betont er zunächst, dass eine Pflicht der Gesellschaft zur Verständigung zwar naheliegend und wünschenswert wäre, allerdings auch, dass eine Unterlassung der Verständigung die Rechtskrafterstreckung nicht entfallen lassen könne, weil die Gesellschaft es dann selbst in der Hand hätte, jene durch Nichtverständigung zu konterkarieren.[138] Dennoch will er es den Gesellschaftern nicht zumuten, dass sie sich auf die Streitverkündung durch jene Organe der Gesellschaft, in deren Hände sie Vertrauen gelegt hätten, verlassen müssten.[139] Deshalb plädiert er – unter Berufung auf Art. 6 EMRK[140] – dafür, die Rechtskrafterstreckung von einer vorherigen Beiladung der betroffenen Person abhängig zu machen, um ihr die Möglichkeit zur Nebenintervention zu eröffnen. Dies hätte eine Einschränkung der Rechtskraftwirkung zur Folge, in der Form, dass eine Rechtskrafterstreckung ausscheiden soll, wenn ein von der Vertretung und Geschäftsführung ausgeschlossener Gesellschafter nicht beigeladen worden ist und dadurch keine Möglichkeit zur Nebenintervention hatte, es sei denn, der Gläubiger könne darlegen, dass der Gesellschafter anderweitig rechtzeitig Kenntnis vom anhängigen Verfahren erlangt habe oder hätte erlangen müssen.[141] Methodisch ließe sich das Erfordernis einer Beiladung, so *Oberhammer*,[142] im österreichischen Zivilverfahrensrecht „zwanglos kraft Analogieschlusses zu den einschlägigen Regeln des Außerstreitverfahrensrechts [...] sowie zu § 62 I ASGG" rechtfertigen.[143]

(2) Kritik

Die Kriterien, die *Oberhammer* für das Vorliegen einer zulässigen prozessualen Repräsentation aufstellt, scheinen zunächst plausibel zu sein. Immerhin haben sie auch eine gewisse Ähnlichkeit zum Ansatz von *Lüke*, der versucht hat, den Repräsentationsgedanken des amerikanischen Rechts auch für das deutsche

137 OHG im Zivilprozeß, S. 82 ff.
138 *Oberhammer*, OHG im Zivilprozeß, S. 83.
139 *Oberhammer*, OHG im Zivilprozeß, S. 84.
140 *Oberhammer* spricht von einer „verfassungskonformen Auslegung des Verfahrensrechts iS von Art 6 EMRK".
141 *Oberhammer*, OHG im Zivilprozeß, S. 84 f.
142 OHG im Zivilprozeß, S. 84.
143 Hinsichtlich des deutschen Zivilverfahrensrechts schlägt *Oberhammer* keinen konkreten Analogieschluss vor, sondern deutet lediglich die Ableitung aus Art. 6 EMRK an, vgl. OHG im Zivilprozeß, S. 84.

Recht nutzbar zu machen.[144] Voraussetzung für eine Repräsentation sei danach, dass der Repräsentant ein eigenes Recht geltend mache und Interessengleichheit zwischen Repräsentant und Repräsentiertem vorliege; zudem müsse der Repräsentant gewährleisten, dass er die Interessen des Repräsentierten fair und angemessen schützt.[145] Unstrittig dürfte nämlich sein, dass die Interessen von Repräsentant und Repräsentierten gleichgerichtet sein müssen und dass es sich dabei um ein rechtliches Interesse handeln muss. Selbstverständlich dürfte auch sein, dass die Repräsentation als Rechtfertigungsgrund für eine Rechtskrafterstreckung nur subsidiär zur Partizipation zum Tragen kommen kann; es wurde bereits klargestellt, dass die im Prozess beteiligten Gesellschafter, das heißt die vertretungsberechtigten Organe bzw. das vertretungsberechtigte Organ weniger schutzwürdig sind als die von Geschäftsführung und Vertretung ausgeschlossenen Gesellschafter, weil das Organ im Gesellschaftsprozess auch seine eigenen Interessen wahrnehmen und damit nicht einwenden kann, nicht ausreichend Gehör gewährt bekommen zu haben. Auch das Kriterium, dass für den Dritten – hier den nicht am Prozess beteiligten Gesellschafter – eine Schutzwehr gegen das Versagen der Repräsentation geschaffen werden müsse, ist im Prinzip absolut zwingend; es dürfte ebenfalls unstrittig sein, dass in bestimmten Einzel- und Ausnahmefällen auch eine Durchbrechung der Rechtskrafterstreckung möglich sein muss.[146]

Ferner erscheint die Subsumtion unter diese Kriterien im Hinblick auf das Verhältnis von OHG und Gesellschafter im Wesentlichen nachvollziehbar. Es dürfte ebenfalls niemand bezweifeln, dass die Interessen von Gesellschaft und Gesellschaftern im Passivprozess – jedenfalls abstrakt-generell – gleichgerichtet sind. Zudem ist schlüssig, dass durch das Verhältnis der Mitgliedschaft ein gemeinsames bzw. gleichgerichtetes rechtliches Interesse besteht; obwohl es widersprüchlich bzw. an dieser Stelle verfehlt erscheint, einen drohenden Schadensersatzanspruch des Repräsentierten aufgrund rechtlicher Sonderbeziehung nicht als rechtliches Interesse genügen zu lassen, zumal die Mitgliedschaft eine ebensolche rechtliche Sonderbeziehung darstellt, die bei Verletzung von Vertragspflichten Schadensersatzansprüche der Gesellschafter bzw. Mitglieder auslösen kann – etwaige Ausgleichsansprüche sind im Übrigen vielmehr, wie noch

---

144 *Lüke*, Beteiligung Dritter, S. 184 ff.

145 *Lüke*, Beteiligung Dritter, S. 185.

146 Man denke allein an die anerkannten Instrumente der Rechtskraftdurchbrechung, die Abänderungsklage (§§ 323 f. ZPO), die Wiederaufnahme des Verfahrens (§§ 578 ff. ZPO) und die Schadensersatzklage nach § 826 BGB.

zu zeigen wird, auf einer anderen Ebene, nämlich der Verfassungsebene in die Interessenabwägung miteinzubeziehen.[147]

Soweit *Oberhammer* die „kontrollierende Intervention" als Instrument der Schutzwehr des Gesellschafters sieht, sind seine Ausführungen ebenfalls nur folgerichtig. Zunächst ist ihm darin zuzustimmen, dass der dem Gesellschaftsprozess beitretende Gesellschafter nur die Stellung eines einfachen Nebenintervenienten hat. Wenn Gesellschaft und Gesellschafter wegen der Möglichkeit persönlicher Einwendungen der Gesellschafter einfache Streitgenossen sind, wäre es widersprüchlich, zugleich eine streitgenössische Nebenintervention der Gesellschafter anzunehmen.[148] Im Übrigen überzeugt es, wenn *Oberhammer* betont, dass die Annahme einer streitgenössischen Nebenintervention einen Widerspruch zu den gesellschaftsvertraglichen Regelungen der Vertretungsverhältnisse der Gesellschaft zur Folge hätte.[149] Von der einfachen Nebenintervention ausgehend, ist es auch nur logisch und konsequent, dass der Gesellschafter in dieser Form die Möglichkeit hat, Verstöße zu dokumentieren bzw. offenzulegen, die gegen eine angemessene und faire Repräsentation seiner Interessen sprechen. Problematisch erscheint es letztendlich aber, dass die Zumutbarkeit der Rechtskrafterstreckung im Endeffekt von einer Beiladung der Gesellschafter abhängig gemacht werden soll. Zum einen erscheint dies inkonsequent, denn damit räumt *Oberhammer* – ähnlich wie schon *Klimke*[150] – letztendlich doch der notwendigen Partizipationsmöglichkeit den Vorrang vor der Repräsentation ein, sodass die Feststellung *Oberhammers*, dass die prozessuale Repräsentation der Geltungsgrund für die in § 129 I HGB angeordnete Rechtskrafterstreckung sei, obsolet erscheint; dann würde die Annahme *Klimkes*, dass der Geltungsgrund in den Beteiligungsmöglichkeiten des Gesellschafters zu sehen sei, näher liegen. Natürlich ist eine Rechtskrafterstreckung zulasten des Gesellschafters für diesen zumutbarer, wenn er bereits im Vorprozess mitgewirkt hat bzw. gehört worden ist; dies wurde schon mehrfach betont. Die eigentliche Frage lautet allerdings, ob eine solche Partizipationsmöglichkeit für die Rechtfertigung der Rechtskrafterstreckung wirklich zwingend erforderlich ist; dies ist sie m.E. – so viel sei an dieser Stelle schon vorweggenommen – nicht. Zudem bestehen methodische, prinzipielle sowie praktische Bedenken gegen die Annahme, dass eine Beiladung

147 Freilich lehnt *Oberhammer*, OHG im Zivilprozeß, S. 67, auch dies ab.

148 So auch ArbG Düsseldorf, NJW-RR 1992, 366; *Koussoulis*, Rechtskraftlehre, S. 166 f.; vgl. auch *K. Schmidt*, in: MüKo-HGB, § 124 Rn. 29.

149 Ähnlich auch ArbG Düsseldorf, NJW-RR 1992, 366 (367).

150 Vgl. oben unter B. I. 1. a) cc), S. 32 ff.

aller Gesellschafter sich *de lege lata* durchführen bzw. durchsetzen lässt. Die Frage, ob eine zulässige mittelbare Gewährung rechtlichen Gehörs durch prozessuale Repräsentation in Betracht kommt, soll daher im Folgenden – anhand einer umfassenden Interessenabwägung – noch einmal näher beleuchtet werden.

(3) Stellungnahme

Um den Geltungsgrund für die Rechtskrafterstreckung zu ermitteln, wird zunächst das Gesetz ausgelegt, bevor die Vertretung im Personengesellschaftsrecht mit anderen Fällen von Stellvertretung im weitesten Sinne verglichen und anschließend der Begriff der „Repräsentation" – im Hinblick auf das Personengesellschaftsrecht – näher definiert wird. Abschließend wird die Vereinbarkeit des festgestellten Ergebnisses mit dem Verfassungsrecht dargelegt.

(a) Auslegung des Gesetzes

Dem Wortlaut des § 129 I HGB lässt sich nicht entnehmen, dass die Partizipationsmöglichkeiten des Gesellschafters im Gesellschaftsprozess irgendeine Rolle für die Frage der Rechtskrafterstreckung spielen.[151] Auch der Entstehungsgeschichte und der Entwicklung der Norm lässt sich – wie schon gezeigt[152] – nicht viel entnehmen; allenfalls könnte aus der Formulierung, die Rechtskrafterstreckung (unter anderem) entspreche „sowohl dem praktischen Bedürfnis als der rechtlichen Stellung der Gesellschafter in der Gesellschaft [...] vollkommen",[153] gefolgert werden, dass sie in der Tat bereits durch die rechtliche Stellung des Gesellschafters in der Gesellschaft – er partizipiert am Gesellschaftsvermögen, das aufgrund grundsätzlich gleichgerichteter Interessen der Gesellschafter erworben wird –, und nicht erst durch etwaige Möglichkeiten zur Einflussnahme auf den Prozess, gerechtfertigt ist. Zwingend ist diese Schlussfolgerung aber nicht. In systematischer Hinsicht ist jedoch zudem Folgendes beachtlich: Die Wertung des § 128 HGB, der die persönliche und gesamtschuldnerische Haftung der Gesellschafter für Gesellschaftsverbindlichkeiten anordnet, könnte zulasten der Gesellschaftsgläubiger unterlaufen werden, wenn die von § 129 I HGB

151 Vgl. auch *Oberhammer*, OHG im Zivilprozeß, S. 63: „das Gesetz gibt keinen Anhaltspunkt dafür ab, daß § 129 Abs. 1 HGB i.S. eines Zusammenhangs ‚Bindung für Gehör im konkreten Einzelfall' gelesen werden könnte"; freilich würde sich die eventuelle Erforderlichkeit einer teleologischen Reduktion, wie *Klimke* sie vertritt, gerade aufgrund fehlender Anhaltspunkte im Wortlaut des Gesetzestextes ergeben.

152 Vgl. oben unter B. I. 1. a) bb), S. 31 f.

153 *Hahn/Mugdan*, Materialien zum HGB, S. 268.

vorgesehene Rechtskrafterstreckung – zumindest bestimmten Gesellschaftern gegenüber – schon dann umgangen werden könnte, wenn von der Geschäftsführung und Vertretung ausgeschlossene Gesellschafter nicht über einen bevorstehenden Prozess informiert werden.[154] Da keine gesetzlichen Einlagepflichten der Gesellschafter oder Sicherungsmaßnahmen zur Erhaltung des Gesellschaftsvermögens bestehen, ordnet § 128 HGB zum Schutz der Gläubiger die persönliche Haftung der Gesellschafter an; dieser Schutz würde ohne Anwendung des § 129 I HGB – der § 128 HGB ergänzt – zumindest beeinträchtigt werden.[155] Die §§ 128, 129 I HGB sind also Gläubigerschutzvorschriften. Der Gesetzgeber hat insoweit im Rahmen einer abstrakt-generellen Interessenabwägung dem Gesellschaftsgläubiger einen Abwägungsvorsprung eingeräumt, den Gläubigerschutz also als grundsätzlich schutzwürdiger eingestuft gegenüber dem Schutz der Gesellschafter. Der Gläubiger muss demnach grundsätzlich darauf vertrauen dürfen, dass ihm gegenüber nach erfolgreicher Klage gegen die Gesellschaft auch die Gesellschafter persönlich haften, sofern sie sich nicht mit persönlichen Einwendungen verteidigen können; diese Haftung darf nicht durch Vorgänge wegfallen oder beschränkt werden, auf die er keinen Einfluss hat[156] – wozu auch die Nichtbeteiligung einzelner Gesellschafter im Gesellschaftsprozess gehören kann.

Dem Gesetz lässt sich soweit also nicht entnehmen, dass die Rechtskrafterstreckung nach § 129 I HGB von einer Partizipationsmöglichkeit des Gesellschafters abhängt. Demnach spricht die Gesetzesauslegung eher dafür, die prozessuale Repräsentation als Geltungsgrund des § 129 I HGB anzunehmen.

(b) Vergleich mit anderen Fällen der „Stellvertretung“

Fraglich ist, ob man hinsichtlich der Ratio des § 129 I HGB zu einem anderen Ergebnis kommt, wenn man einen Vergleich dieser Norm mit anderen Fällen, in denen die Interessen einer Partei von einem Dritten vertreten werden, vornimmt.

Von einer gewöhnlichen Stellvertretung im Prozess – etwa der Vertretung durch einen Prozessbevollmächtigten (§§ 80 ff. ZPO) – unterscheidet sich die Vertretung des Gesellschafters im Gesellschaftsprozess in zweierlei Hinsicht: Zum einen liegen bei einer gewöhnlichen Stellvertretung nur zwei Parteien (Kläger und Beklagter) vor, denn die Prozesshandlungen des Vertreters werden dem Vertretenen zugerechnet (vgl. § 85 ZPO), während die Gesellschafter im

---

154 Vgl. auch *Oberhammer*, OHG im Zivilprozeß, S. 83.
155 Vgl. BGH NJW 1962, 536 (537).
156 Vgl. BGH NJW 1962, 536 (537).

Gesellschaftsprozess von einer unabhängigen bzw. selbstständigen Partei (der Gesellschaft) „vertreten" werden; zum anderen kann ein einzelner Gesellschafter den im konkret anhängigen Rechtsstreit agierenden Vertreter nicht so ohne Weiteres abberufen, wenn er mit dessen Prozessführung nicht einverstanden ist.[157] Als Mitglied der Gesellschaft hat der Gesellschafter im Rahmen des Gesellschaftsvertrages über die Form der Vertretung mitdisponiert. Ohne eine neue vertragliche Vereinbarung mit den anderen Gesellschaftern muss er die bestehenden Vertretungsregeln in der Gesellschaft also hinnehmen. In Härtefällen sind die Gesellschafter zwar durch die Möglichkeit einer Gestaltungsklage nach § 127 HGB geschützt. Danach kann einem Gesellschafter auf Antrag der übrigen Gesellschafter die Vertretungsmacht durch gerichtliche Entscheidung entzogen werden, wenn ein wichtiger Grund vorliegt. Allerdings ist das im konkret anhängigen Rechtsstreit in mehrfacher Hinsicht nicht zweckmäßig bzw. erfolgversprechend. Zum einen setzt auch dies die Zustimmung der (noch) übrigen Gesellschafter voraus; das wäre nur dann kein Hindernis, wenn es sich um eine Zwei-Mann-Gesellschaft handeln würde oder ein von der Vertretung ausgeschlossener Gesellschafter allen übrigen Gesellschaftern die Vertretungsmacht entziehen will. Zum anderen müsste der Gesellschafter auch erst noch nachweisen, dass ein wichtiger Grund, etwa eine grobe Pflichtverletzung (vgl. 127 Hs. 2 HGB), vorliegt. Darüber hinaus besteht noch das Problem, ob die Entziehung der Vertretungsmacht zeitnah, also rechtzeitig durchgesetzt werden kann. Zwar bestünde insoweit die Möglichkeit einer vorläufigen Entziehung der Vertretungsmacht im einstweiligen Rechtsschutz,[158] dieses Vorgehen wäre aber nicht zweckmäßig: Bei Kenntnis vom Prozess stünde dem von der Vertretung ausgeschlossenen Gesellschafter ohnehin das näherliegende Instrument der Nebenintervention (§§ 66 ff. ZPO) zur Verfügung, sodass sich die Frage, ob eine Rechtskrafterstreckung nach § 129 I HGB gerechtfertigt ist, in dieser Konstellation auch gar nicht stellt. Im Übrigen könnte der Gesellschafter in dem hier relevanten Fall, in dem er nichts von dem Gesellschaftsprozess weiß – und sich deshalb die Gefahr, dass er keine Möglichkeit zur Nebenintervention bekommt, realisiert –, im Falle schlechter Prozessführung des Vertreters wegen seiner Unkenntnis vom Prozess auch gar nicht erst versuchen mithilfe von § 127 HGB zu intervenieren. Dies zeigt, dass sich die Vertretungskonstellation in einem Passivprozess der Gesellschaft von einer gewöhnlichen Stellvertretung im Prozess erheblich unterscheidet.

---

157 Vgl. auch *Oberhammer*, OHG im Zivilprozeß, S. 63.

158 *Haas*, in: Röhricht/Graf von Westphalen/Haas, HGB, § 127 Rn. 9 i.V.m. § 117 Rn. 17.

Auch eine Parallele zwischen der organschaftlichen Vertretung und der gesetzlichen Vertretung (z.B. §§ 1626, 1629 BGB) lässt sich nicht ziehen: Zwar haben diese beiden Fälle die Gemeinsamkeit, dass die Vertretenen ihre Vertreter im konkret anhängigen Prozess nicht bzw. – wie soeben dargelegt – nicht ohne Weiteres abberufen können, allerdings besteht immer noch der wesentliche Unterschied, dass der gesetzliche Vertreter nicht selbst – wie die Gesellschaft – (auch) Partei ist, sondern nur tätig wird, weil der Vertretene nicht selbst prozessfähig ist (vgl. § 51 ZPO).[159] Es fehlt also diese „Drei-Parteien-Konstellation" (Gesellschaft – Gesellschafter – Gesellschaftsgläubiger), die für die Fälle des § 129 I HGB maßgebend ist.

Fraglich bleibt noch, ob sich Ähnlichkeiten zwischen der organschaftlichen Vertretung und Fällen der Prozessstandschaft erkennen lassen. Prozessstandschaft ist die Befugnis, fremde Rechte im eigenen Namen im Prozess geltend zu machen.[160] Die Rechtfertigung für diese Befugnis kann sich aus dem Gesetz ergeben (sog. gesetzliche Prozessstandschaft) oder aufgrund einer entsprechenden Ermächtigung des Rechtsträgers (sog. gewillkürte Prozessstandschaft).[161] In Fällen der Prozessstandschaft wird angenommen, dass eine Rechtskrafterstreckung auf den Rechtsträger dann nicht bejaht werden kann, wenn die Prozessführungsbefugnis in erster Linie dem eigenen Interesse des Prozessführungsberechtigten dient, das neben dem Interesse des Rechtsträgers steht.[162] Dagegen sei eine Rechtskrafterstreckung dann anzunehmen, wenn die Wahrnehmung der Interessen des Rechtsträgers der prozessführungsberechtigten Partei übertragen worden sind, was – abgesehen von Fällen der gewillkürten Prozessstandschaft[163] – vor allem dann denkbar sei, wenn der Prozessstandschafter materiell über die von ihm wahrgenommenen Rechte verfügen kann oder wenn der Rechtsträger von der eigenen Prozessführung ganz ausgeschlossen ist.[164] Diese Maßstäbe lassen sich auf die Problematik der Rechtskrafterstreckung bei der organschaftlichen Vertretung nicht übertragen. Zum einen dient die Prozessführungsbefugnis im Gesellschaftsprozess in erster Linie dem eigenen Interesse der Gesellschaft als

159 Vgl. *Oberhammer*, OHG im Zivilprozeß, S. 63.

160 *Musielak/Voit*, Grundkurs ZPO, Rn 247.

161 *Musielak/Voit*, Grundkurs ZPO, Rn 249.

162 *Althammer*, in: Stein/Jonas, ZPO Kommentar, § 325 Rn 55; *Gottwald*, in: MüKo-ZPO, § 325 Rn 53.

163 Vgl. nur BGH NJW 1989, 2049 (2050).

164 *Althammer*, in: Stein/Jonas, ZPO Kommentar, § 325 Rn. 55; *Gottwald*, in: MüKo-ZPO, § 325 Rn 52; vgl. *Sinaniotis*, ZZP 1966, 78 (90 ff.), der sich auf den Ausschluss der Prozessführungsbefugnis durch den Rechtsträger als Kriterium beschränkt.

solcher, was nach diesen Maßstäben, unabhängig von einer Partizipationsmöglichkeit der Gesellschafter, bereits gegen eine Rechtskrafterstreckung auf diese sprechen würde. Zum anderen haben die Gesellschafter der Gesellschaft auch nicht in diesem Sinne die Wahrnehmung ihrer Interessen übertragen. Die Gesellschaft verfügt weder materiell über Rechte der Gesellschafter – sondern als eigenständiges Rechtssubjekt über eigene Rechte, die ihr von den Gesellschaftern durch den Gesellschaftsvertrag eingeräumt worden sind – noch sind die Gesellschafter von der eigenen Prozessführung ganz ausgeschlossen, da sie, wenn sie nicht bereits als Vertreter am Gesellschaftsprozess beteiligt sind, zumindest im Rahmen ihrer persönlichen Haftung nach § 128 HGB, das heißt im Gesellschafterprozess, weiterhin prozessführungsbefugt sind. Ähnlichkeiten zwischen der organschaftlichen Vertretung und Fällen der Prozessstandschaft lassen sich also nicht erkennen, sodass sich ein Vergleich nicht ziehen lässt.[165]

Diese Ausführungen zeigen, dass das allgemeine Zivil- und Zivilprozessrecht keine Rückschlüsse auf die Ratio des § 129 I HGB zulassen, vielmehr handelt es sich im Hinblick auf die spezielle prozessuale Interessenlage um eine gesellschaftsrechtliche Sondernorm.[166]

(c) Zum Begriff der Repräsentation – Übertragung auf die OHG

Der Begriff der „Repräsentation" wurde bereits von *Savigny*[167] und *Wach*[168] verwendet. Die Repräsentation stellte den Oberbegriff für Fälle dar, in denen die Wahrung fremder Interessen eine notwendige Rechtswirkung für diese Interessen mit sich bringt. Laut dieser Autoren spielt der Repräsentationsgedanke eine große Rolle, wenn es um die Rechtfertigung einer Rechtskrafterstreckung in bestimmten Ausnahmefällen geht. Für einzelne, positiv anerkannte Fälle sollte eine abweichende Beurteilung im Vergleich zum *inter partes*-Grundsatz

---

165 Das schließt freilich nicht aus, dass Gesellschafter als Prozessstandschafter der Gesellschaft auftreten können, vgl. näher dazu unter C. I. 12. d) bb), S. 152 ff.

166 A.A. wohl *Wertenbruch*, Haftung von Gesellschaften, S. 95: „§ 129 HGB ist […] keine prozessuale Sondervorschrift […] sondern nur eine Klarstellung prozessualer Einzelfragen". Dies mag man so sehen, dennoch ändert das m.E. nichts daran, dass im Hinblick auf die Interessenlage eine besondere prozessuale Konstellation vorliegt, die sich, wie gezeigt wurde, weder mit anderen Fällen von akzessorischer Haftung noch mit anderen typischen Vertretungskonstellationen im Prozess vergleichen lässt.

167 System des heutigen römischen Rechts, S. 471.

168 Zur Lehre von der Rechtskraft, S. 14.

in Betracht kommen.[169] *Wach*[170] ging sogar noch etwas weiter und hielt eine Rechtskrafterstreckung in bestimmten Fällen prozessualer Repräsentation nicht nur dann für gerechtfertigt, wenn sie positiv anerkennt worden sind, sondern auch bei „unabweisbarer logischer Konsequenz".

Auch der BGH[171] hat den Begriff der Repräsentation bereits verwendet, um die Sonderregelungen in den §§ 325 ff. ZPO zu erklären. Eine trennscharfe Definition des Begriffs oder eine Darlegung von bestimmten Voraussetzungen, damit eine Rechtskrafterstreckung anhand dieses Begriffs gerechtfertigt werden kann, erfolgte insoweit aber noch nicht. In jüngerer Zeit – das wurde bereits an anderer Stelle dargelegt[172] – haben *Oberhammer* und *Lüke* versucht, den Repräsentationsbegriff (für die OHG) zu konkretisieren. Dem ist im Ansatz zu folgen. Danach kommt eine Rechtskrafterstreckung kraft prozessualer Repräsentation dann in Betracht, wenn der Repräsentant ein eigenes Recht geltend macht und das Interesse von Repräsentant und Repräsentiertem gleich gerichtet ist; zudem muss aufgrund einer rechtlichen Sonderverbindung zwischen Repräsentant und Repräsentiertem gewährleistet sein, dass der Repräsentant die Interessen des Repräsentierten fair und angemessen schützt. Diese Voraussetzungen sind – auch das wurde schon angedeutet[173] – bei der OHG bzw. bei der in § 129 I HGB angeordneten Rechtskrafterstreckung erfüllt.[174] Durch die eigene Rechtspersönlichkeit der Gesellschaft (vgl. § 124 HGB) sowie durch das Verhältnis der Mitgliedschaft zwischen Gesellschaft und Gesellschafter besteht ein gemeinsames bzw. gleichgerichtetes rechtliches Interesse. Diese rechtliche Sonderverbindung gewährleistet zumindest abstrakt-generell eine faire und angemessene Repräsentation der Interessen der Gesellschafter. *Lüke*[175] stellt daher zu Recht fest, dass es das „ureigene Interesse der Gesellschaft" ist, dass eine Klage eines vermeintlichen Gesellschaftsgläubigers abgewiesen wird – was ja auch dem Interesse der

---

169 Vgl. *Savigny*, System des heutigen römischen Rechts, S. 471: „Vielmehr bleiben es stets nur einzelne, positiv anerkannte Fälle, und es sollte durch den aufgestellten Gesichtspunkt nur klar gemacht werden, in welcher Verwandtschaft sie unter einander stehen, und aus welchem Grunde für sie eine abweichende Behandlung angemessen gefunden worden ist".

170 Zur Lehre von der Rechtskraft, S. 14

171 BGH NJW 1952, 178: „Sonderregelungen […] beruhen zum Teil auf dem Gesichtspunkt der […] Repräsentation".

172 Vgl. oben unter B. I. 1. a) ee) (1) und (2), S. 38 ff.

173 Vgl. oben unter B. I. 1. a) ee) (2), S. 41 ff.

174 So auch *Lüke*, Beteiligung Dritter, S. 187.

175 Beteiligung Dritter, S. 187.

einzelnen Gesellschafter entspricht. Die Gesellschaft wird also typischerweise versuchen, ihre eigenen Rechte und Interessen im Gesellschaftsprozess zu wahren. Der (abstrakte) Einwand, dass die Interessen von Gesellschaft und Gesellschaftern durchaus auch gegenläufig sein können,[176] erscheint – jedenfalls ohne nähere Konkretisierung – haltlos; vielmehr dürften die Interessen im Passivprozess der Gesellschaft kraft Natur der Sache grundsätzlich immer gleichgerichtet sein, da die Bildung und Betätigung der Gesellschaft ein Ausdruck der freien Entfaltung der Gesellschafter ist. Entscheidend ist, dass sich die Gesellschafter freiwillig in diese Situation begeben haben, indem sie als Gesellschaftsmitglieder über den Gesellschaftsvertrag mitdisponiert haben – und dabei etwa auch damit einverstanden waren, von Geschäftsführung und Vertretung ausgeschlossen zu werden, mithin die Wahrung ihrer Interessen jemand anderem anzuvertrauen.[177] Damit dürfte auch feststehen, dass der abstrakt-generelle Geltungsgrund für die Rechtskrafterstreckung nach § 129 I HGB die prozessuale Repräsentation ist. Ob im Einzelfall bei atypischen Ausnahmefällen kraft teleologischer Reduktion eine Durchbrechung der Rechtskrafterstreckung geboten ist, ist eine Prüfung, die in einem weiteren, gesondertem Schritt zu erfolgen hat. Als Rechtsnorm, die für eine Vielzahl von Sachverhalten und für eine Vielzahl von Personen wirkt, kann § 129 I HGB nur einen abstrakt-generellen Geltungsgrund haben. Die Auslegung der Vorschrift hat auch bereits gezeigt,[178] dass der Gesetzgeber davon ausgeht, dass der Gesellschaftsgläubiger abstrakt-generell schutzwürdiger ist als der Gesellschafter. Dabei bestehen keine Anhaltspunkte dafür, dass der Gesetzgeber den von der Geschäftsführung und Vertretung ausgeschlossenen Gesellschafter nicht in seine Überlegungen miteinbezogen hat.

Warum der Gesetzgeber Recht mit dieser Einschätzung hatte, und warum dies selbst für den Fall gilt, dass der Gesellschafter nicht am Gesellschaftsprozess beteiligt war und von diesem auch gar nichts wusste, soll nun an dieser Stelle näher dargelegt werden.

Der Gesellschaftsgläubiger hat grundsätzlich – insbesondere nach vorherigem Kontakt, wenn etwa vertragliche Ansprüche in Streit stehen – ein legitimes Interesse daran, sich der Einfachheit halber direkt an die am Rechtsverkehr teilnehmende Gesellschaft zu halten; dies gilt sowohl bei außergerichtlichen als auch bei gerichtlichen Streitigkeiten. Bei letzteren kommt erschwerend hinzu, dass sich das Prozesskostenrisiko des Gesellschaftsgläubigers erhöht, wenn er

---

176 So etwa der BGH NJW 2011, 2048 (Rn. 14).
177 Vgl. *Lüke*, Beteiligung Dritter, S. 187; *Oberhammer*, OHG im Zivilprozeß, S. 70.
178 Vgl. oben unter B. I. 1. a) ee) (3) (a), S. 44 f.

neben der Gesellschaft einen oder mehrere Gesellschafter mitverklagt; denn dann droht ihm bei Teilabweisung, wie schon erwähnt, ein Kostenrisiko nach der sog. Baumbach'schen Formel. Zudem droht mit jedem weiteren Beteiligten eine Verlängerung des Verfahrens. Diese (potenziellen) Risiken erhöhen sich mit Zunahme der Beteiligten auf Beklagtenseite, was insbesondere bei Publikumsgesellschaften zu einem großen Problem für den Gesellschaftsgläubiger werden könnte. Im Übrigen kann das Prozesskostenrisiko des Gläubigers nicht mit dem Einwand relativiert werden, dass sich das Kostenrisiko für ihn auch dadurch erhöhen könnte, dass einzelne Gesellschafter dem Gesellschaftsprozess als Nebenintervenienten beitreten (vgl. § 101 ZPO), denn das liegt außerhalb seines Einflussbereichs. Es macht einen Unterschied, ob die Erhöhung des Prozesskostenrisikos die Folge der eigenen Prozesstaktik oder die Folge der Prozesshandlungen anderer ist. Der Gläubiger hat zumindest ein Interesse daran, im Rahmen seiner prozessualen Möglichkeiten das Prozesskostenrisiko gering zu halten. Er hat also ein legitimes Interesse daran, zunächst lediglich die Gesellschaft zu verklagen und bei Obsiegen dann ggf. einen oder mehrere Gesellschafter persönlich in Anspruch zu nehmen; dieses Interesse erstreckt sich dann auch auf eine Rechtskrafterstreckung zulasten der Gesellschafter, soweit es um das Bestehen der Gesellschaftsverbindlichkeit geht.

Zwar kann eine Mitverklagung eines oder mehrere Gesellschafter auch Vorteile für den Gläubiger mit sich bringen (insbesondere eine Erhöhung der Vollstreckungschancen; ggf. eine Ausschaltung bestimmter Gesellschafter als Zeugen), allerdings hat der Gläubiger ein berechtigtes Interesse, im Einzelfall den prozesstaktisch sinnvollsten Weg einzuschlagen.

Auf der anderen Seite hat, wie schon mehrfach erwähnt, der Gesellschafter, der am Gesellschaftsprozess als Vertretungsorgan oder als Nebenintervenient beteiligt war, kein besonders schutzwürdiges Interesse daran, dass eine Rechtskrafterstreckung zu seinen Lasten unterbleibt. Dies gilt auch für den Gesellschafter, dem der Streit verkündet worden ist bzw. für den Gesellschafter, der auf sonstigem Wege über den Prozess unterrichtet wurde. Lediglich der Gesellschafter, der von Geschäftsführung und Vertretung ausgeschlossen worden ist, und der auch im Übrigen nicht über den Rechtsstreit informiert worden ist, hat ein berechtigtes Interesse daran, dass die Rechtskrafterstreckung zu seinen Lasten unterbleibt. Letztendlich ist nur dieses Interesse gegen das Gläubigerinteresse an der Rechtskrafterstreckung abzuwägen. Ein entscheidender Punkt, der bei dieser Abwägung für den Gläubiger spricht, ist der Umstand, dass der Gläubiger keinen Einfluss auf die internen Verhältnisse der Gesellschaft hat. Er kann weder beeinflussen, wie die Gesellschaft die Vertretungsverhältnisse nach außen bestimmt noch wie die Gesellschaft bei einem drohenden oder anhängigen Rechtsstreit mit den Gesellschaftern verfährt, die von Geschäftsführung und Vertretung ausgeschlossen sind, also ob diese darüber informiert werden oder ob ihnen der Streit verkündet wird. Es erscheint nicht gerechtfertigt, wenn die Gesellschaft dadurch die Rechtskrafterstreckung zulasten einzelner Gesellschafter unterlaufen könnte.[179] Dies gilt umso mehr vor dem Hintergrund, dass sich die Gesellschafter freiwillig in diese Position begeben haben, indem sie über den Gesellschaftsvertrag mitdisponiert haben und sich folglich auch damit einverstanden erklärt haben, von der Vertretung ausgeschlossen zu werden. Die Gesellschafter haben mithin – im Gegensatz zum Gesellschaftsgläubiger – durchaus Einfluss auf das Szenario, dass ein Rechtsstreit letztendlich ohne ihre Kenntnis stattfindet. Schon allein deshalb überwiegt das Gläubigerinteresse an der Rechtskrafterstreckung das Gesellschafterinteresse, dass eine solche unterbleibt.

Zudem ist ein weiterer Aspekt zu berücksichtigen, der eine Rechtskrafterstreckung zulasten des Gesellschafters zumutbarer erscheinen lässt: die Regressmöglichkeiten des Gesellschafters. Zum einen steht dem Gesellschafter im Falle seiner persönlichen Inanspruchnahme durch einen Gesellschaftsgläubiger ein Regressanspruch aus § 110 I HGB gegen die Gesellschaft zu. Nach § 110 I Alt. 1 HGB ist die Gesellschaft dem Gesellschafter zum Ersatz verpflichtet, wenn der Gesellschafter in den Gesellschaftsangelegenheiten Aufwendungen macht, die er den Umständen nach für erforderlich halten darf. Unter solche Aufwendungen in Gesellschaftsangelegenheiten fallen nach allgemeiner Meinung[180] grundsätzlich auch Leistungen eines Gesellschafters, die er aufgrund seiner akzessorischen Haftung für Gesellschaftsschulden tätigt; dies gilt im Übrigen für jeden Gesellschafter, also auch für von der Geschäftsführung und Vertretung ausgeschlossene Gesellschafter.[181]

Dabei dürfte die Rechtsdurchsetzung eines solchen Regressanspruchs durch eine Fernwirkung des § 129 I HGB, das heißt eine erweiterte Rechtskrafterstreckung erleichtert werden. Zwar wurde die Reichweite der Rechtskrafterstreckung hinsichtlich der Regressansprüche des nach einer rechtskräftigen Verurteilung der Gesellschaft nach § 128 HGB in Anspruch genommenen Gesellschafters noch nicht höchstrichterlich geklärt. Allerdings geht die wohl einhellige Auffassung in

179 *Oberhammer*, OHG im Zivilprozeß, S. 83.

180 *Boesche*, in: Oetker, HGB Kommentar, § 128 Rn. 36; *Schäfer*, in: Habersack/Schäfer, Das Recht der OHG, § 110 Rn. 16; *K. Schmidt*, in: MüKo-HGB, § 128 Rn. 31.

181 *Langhein*, in: MüKo-HGB, § 110 Rn. 6; *Lieder*, in: Oetker, HGB Kommentar, § 110 Rn. 4; *Roth*, in: Baumbach/Hopt, HGB, § 110 Rn. 2.

der Literatur[182] davon aus, dass die Gesellschaft die Gesellschaftsschuld dann nicht mehr gegenüber dem Gesellschafter bestreiten kann, wenn die Gesellschaft zuvor auf Klage des Gesellschaftsgläubigers rechtskräftig verurteilt worden ist. Danach erstreckt sich die Rechtskraftwirkung des § 129 I HGB auch auf die Regressansprüche des Gesellschafters gegen die Gesellschaft. Der Umstand, welchen Gesellschafter der Gesellschaftsgläubiger (zufällig) zuerst in Anspruch nimmt, dürfe nichts an der endgültigen Tragung des daraus resultierenden Verlusts durch die Gesellschafter ändern, wenn aufgrund von § 129 I HGB im Verhältnis zwischen Gesellschaftsgläubiger, Gesellschaft und allen Gesellschaftern feststehe, dass die Gesellschaftsschuld besteht. Daher dürften die im Regresswege belangten Mitgesellschafter oder die Gesellschaft nur persönliche Einwendungen vorbringen, also solche aus dem gesellschaftlichen Innenverhältnis, das die Verlusttragung regelt.[183]

Dem ist zuzustimmen. Der Gesellschafter durfte in einem solchen Fall – nach rechtskräftiger Verurteilung der Gesellschaft – die Leistung an den Gläubiger i.S.v. § 110 I HGB für erforderlich halten. Dies gilt selbst dann bzw. erst recht, wenn die Gesellschaft mangelhaft prozessiert hat, die Gesellschaftsverbindlichkeit in Wahrheit also gar nicht bestand, der Gesellschafter dies womöglich sogar wusste und dennoch geleistet hat. Die Gesellschaft darf dann gegenüber dem Gesellschafter trotzdem nicht einwenden, dass die Gesellschaftsverbindlichkeit nicht bestehe, denn aufgrund der Rechtskrafterstreckung nach § 129 I HGB könnte der Gesellschafter das Bestehen der Gesellschaftsverbindlichkeit nicht bestreiten – selbst wenn er wollte. Aufgrund dieser Rechtskraftwirkung darf er die Leistung an den Gläubiger auch für erforderlich halten. Dies ist sogar insbesondere dann interessengerecht, wenn die Gesellschaft tatsächlich mangelhaft prozessiert hat und anschließend ein von der Vertretung und Geschäftsführung ausgeschlossener Gesellschafter vom Gläubiger in Anspruch genommen wird: Es wäre unbillig, wenn die Gesellschaft auf Kosten des Gesellschafters eine Chance bekommt, ihren Fehler gutzumachen. Festzuhalten bleibt somit, dass die Gesellschaft das Bestehen der Gesellschaftsverbindlichkeit gegenüber dem Gesellschafter bei dessen Klage aus § 110 HGB nicht mehr bestreiten kann, wenn bereits zuvor das Bestehen der Gesellschaftsverbindlichkeit auf Klage des Gesellschaftsgläubigers gegen die Gesellschaft rechtskräftig festgestellt worden ist.

---

182 *Oberhammer*, OHG im Zivilprozeß, S. 93 f.; *K. Schmidt*, in: MüKo-HGB, § 128 Rn. 32; *Weller*, ZZP 2011 (124. Band), 491 (502); im Ergebnis ähnlich auch *Kubis*, Regreß des Personenhandelsgesellschafters, S. 138.

183 So *Oberhammer*, OHG im Zivilprozeß, S. 93 f.

Die Werthaltigkeit dieses Anspruchs dürfte zwar regelmäßig durch Illiquidität der Gesellschaft gefährdet sein, denn in der Regel dürfte sich der Gesellschaftsgläubiger erst dann an die Gesellschafter halten, wenn die Gesellschaft sich in Zahlungsschwierigkeiten befindet. Allerdings hat die Inanspruchnahme des Gesellschafters durch den Gesellschafter dennoch nicht zwangsläufig zur Folge, dass der Gesellschafter auf den Kosten sitzen bleibt. Zum einen könnte es sich lediglich um vorübergehende Liquiditätsprobleme der Gesellschaft handeln, sodass sich ein Ausgleichsanspruch des Gesellschafters gegen die Gesellschaft womöglich mit etwas Geduld ohne Weiteres durchsetzen lässt. Zum anderen kommen in den Fällen, in denen der Gesellschafter besonders schutzwürdig erscheint, das heißt wenn der Gesellschafter ohne Kenntnis vom Gesellschaftsprozess an diesem unbeteiligt bleibt und die Gesellschaft nachlässig oder sogar unredlich prozessiert hat, Schadensersatzansprüche gegen das Vertretungsorgan in Betracht. Verstoßen die geschäftsführenden Gesellschafter gegen ihre (Neben-) Pflicht aus dem Gesellschaftsvertrag, die übrigen Gesellschafter von der Klage des Gläubigers gegen die Gesellschaft so rechtzeitig zu informieren, dass diese in der Lage sind, dem Rechtsstreit als Nebenintervenient beizutreten, schulden die geschäftsführenden Gesellschafter den Mitgesellschaftern den Ersatz des dadurch entstandenen Schadens.[184] Dies hätte also einen Direktanspruch gegen das Vertretungsorgan zur Folge. Zugleich dürfte ein sonstiges dem gleichgerichteten Interesse von Gesellschaft und Gesellschaftern widersprechendes Verhalten eines vertretungsberechtigten Gesellschafters – etwa nachlässiges oder sogar unredliches Prozessieren – zwangsläufig zu einer Verletzung der (Treue-) Pflichten aus dem Gesellschaftsvertrag und damit zu Schadensersatzansprüchen der Gesellschaft führen; dasselbe gilt entsprechend, wenn der vom Vertretungsorgan bestellte Prozessbevollmächtigte nachlässig prozessiert, dann kommt ein Regressanspruch der Gesellschaft gegen den Anwalt in Betracht. Dies kommt dann auch dem in Anspruch genommenem Gesellschafter zugute: Dieser kann versuchen, sich etwaige Schadensersatzansprüche der Gesellschaft abtreten zu lassen, oder zumindest darauf hinwirken, dass die Gesellschaft durch Geltendmachung der Schadensersatzansprüche die eigene Liquidität wieder erhöht. Weigert sich der nachlässig – oder unredlich – prozessierende Vertreter, seiner Pflicht zum Schadensersatz gegenüber der Gesellschaft nachzukommen, so handelt es sich um einen Sozialanspruch, den auch ein von Geschäftsführung und

184 *Habersack*, in: Habersack/Schäfer, Das Recht der OHG, § 129 Rn. 13.

Vertretung ausgeschlossener Gesellschafter im Wege der „*actio pro socio*“[185] beitreiben kann. Dadurch kann der in Anspruch genommene Gesellschafter die Chancen auf eine erfolgreiche Durchsetzung eines etwaigen Regressanspruchs bei zahlungsschwacher Gesellschaft erhöhen; denn letztendlich würde derjenige haften, der zum Nachteil des in Anspruch genommenen Gesellschafters schlecht prozessiert hat – sei es das Vertretungsorgan oder der Prozessbevollmächtigte. Wenn allerdings das Insolvenzverfahren über das Gesellschaftsvermögen bereits eröffnet worden ist, dürfte die Realisierung des Ausgleichsanspruchs freilich recht aussichtslos sein, zumal es sich um eine – nicht privilegierte – bloße Insolvenzforderung handeln würde.[186]

Damit sind die Regressmöglichkeiten des haftenden Gesellschafters aber noch nicht erschöpft. Zwar handelt es sich bei dem Regressanspruch aus § 110 HGB um eine Sozialverbindlichkeit, da der Anspruch eine gesellschaftsrechtliche Grundlage hat,[187] sodass die Mitgesellschafter insoweit nicht nach § 128 HGB haften.[188] Ihm stehen aber subsidiär, wenn aus dem Gesellschaftsvermögen kein Ausgleich möglich ist,[189] trotzdem Regressansprüche gegen die übrigen Gesellschafter zu, wobei die Gesellschaftsverbindlichkeit aus denselben, soeben genannten, Erwägungen wie beim Regressanspruch gegen die Gesellschaft auch in diesem Verhältnis – entgegen § 425 II BGB – als rechtskräftig festgestellt gilt, da sich insoweit wegen § 129 I HGB etwas anderes i.S.v. § 425 I BGB ergibt.[190] Dabei hat der Regressanspruch in der Regel eine dreifache Grundlage: Den Gesellschaftsvertrag, § 426 I BGB sowie die gemäß § 426 II BGB übergegangene Gläubigerforderung.[191] Je nach Ausgestaltung der Haftung der Gesellschafter im Innenverhältnis kann der Gesellschafter grundsätzlich zumindest wegen eines Teils der beglichenen Forderung bei seinen Mitgesellschaftern regredieren. Dabei bestünde auch die Möglichkeit einer Absprache im Innenverhältnis, dass bestimmte Gesellschafter gar nicht für Gesellschaftsverbindlichkeiten haften; in diesem Fall bestünde sogar ein vollständiger Ersatzanspruch gegenüber den nach

185 Siehe zur „*actio pro socio*“ und der dortigen Rechtskrafterstreckungsproblematik *Oberhammer*, OHG im Zivilprozeß, S. 365 ff.

186 Vgl. *Kubis*, Regreß des Personenhandelsgesellschafters, S. 78 f.

187 *Schäfer*, in: Habersack/Schäfer, Das Recht der OHG, § 110 Rn. 29.

188 *Schäfer*, in: Habersack/Schäfer, Das Recht der OHG, § 110 Rn. 31.

189 *Schäfer*, in: Habersack/Schäfer, Das Recht der OHG, § 110 Rn. 32.

190 Vgl. *Kubis*, Regreß des Personenhandelsgesellschafters, S. 138; *Oberhammer*, OHG im Zivilprozeß, S. 93 f.; vgl. zu § 129 I HGB als Sondervorschrift zu § 425 BGB: BGH NJW-RR 1993, 1266 (1267).

191 Vgl. *Grüneberg*, in: Palandt, BGB, § 426 Rn. 1.

dem Gesellschaftsvertrag haftenden Gesellschaftern. Freilich ist umgekehrt auch möglich, dass der in Anspruch genommene Gesellschafter im Innenverhältnis alleine zur Haftung verpflichtet ist; dann entfällt ein Ausgleichsanspruch gegen die Mitgesellschafter. Zusammengefasst hängt die Anspruchshöhe vom jeweiligen Verlustanteil der Mitgesellschafter ab.[192] Zwar sind auch diese Regressansprüche nicht insolvenzfest: Wenn erstmal das Insolvenzverfahren über das Gesellschaftsvermögen eröffnet ist, sehen sich die übrigen persönlich haftenden Gesellschafter nicht nur dem Regressanspruch ihres Mitgesellschafters ausgesetzt, sondern es droht auch eine Inanspruchnahme durch noch unbefriedigte Gesellschaftsgläubiger.[193] Dies ist aber als allgemeines Lebens- bzw. Insolvenzrisiko zu werten, da es sich um die Kehrseite der Gewinnchancen und -beteiligungen der Gesellschafter durch Partizipation am Gesellschaftsvermögen handelt. Letztendlich geht es um eine angemessene Verteilung des Risikos einer Gesellschaftsinsolvenz und dieses Risiko ist im Verhältnis zum Gesellschaftsgläubiger den Gesellschaftern zuzuordnen. Immerhin trägt umgekehrt auch der Gesellschaftsgläubiger ein Insolvenzrisiko, denn auch bei den persönlich haftenden Gesellschaftern kann irgendwann nichts mehr zu holen sein.

Schließlich stehen auch dem von Geschäftsführung und Vertretung ausgeschlossenen Gesellschafter Kontroll- und Informationsrechte nach § 118 HGB zu – die bei dem Verdacht unredlicher Geschäftsführung auch nicht ausgeschlossen werden können (vgl. § 118 II HGB) –, was ihm zumindest prinzipiell die Möglichkeit eröffnet, sich über die Angelegenheiten der Gesellschaft auf dem Laufenden zu halten und sich dadurch bei drohender Inanspruchnahme durch einen Gesellschaftsgläubiger, etwa durch Nebenintervention im Prozess, auch besser schützen zu können.

Dies alles – das Mitdisponieren über die Vertretungsverhältnisse im Gesellschaftsvertrag, die Geltendmachung von Regressansprüchen sowie die Ausübung von Kontroll- und Informationsrechten – mögen für den Gesellschafter Unannehmlichkeiten darstellen, dennoch bestehen für ihn sowohl vor- als auch nachprozessuale Möglichkeiten, die Gefahr, letztendlich ungerechtfertigt auf den Kosten der Gesellschaft sitzen zu bleiben, zu minimieren. Diese Einflussmöglichkeiten lassen das Restrisiko, das verbleibt, zumutbar erscheinen.

---

192 *Schäfer*, in: Habersack/Schäfer, Das Recht der OHG, § 110 Rn. 32.

193 Vgl. *Kubis*, Regreß des Personenhandelsgesellschafters, S. 79, der einen „Wettlauf um die – häufig ebenfalls nur beschränkten – privaten Vermögensmassen der persönlich haftenden Gesellschafter“ befürchtet.

(d) Zwischenergebnis

Festzuhalten bleibt somit, dass die prozessuale Repräsentation der Geltungsgrund für die in § 129 I HGB angeordnete Rechtskrafterstreckung ist. Etwaige atypische Fälle – wie etwa das kollusive Zusammenwirken des Gesellschaftsvertreters und des Gesellschaftsgläubigers zum Nachteil der Gesellschafter[194] – ändern nichts daran, dass jedenfalls der abstrakt-generelle Geltungsgrund für die Rechtskrafterstreckung in § 129 I HGB die prozessuale Repräsentation der Gesellschafter durch die von ihnen ausgewählten Organe ist. Die Gesellschafter haben sich freiwillig – mit der Aussicht, am Gesellschaftsvermögen zu partizipieren – in diese Situation begeben und dürfen grundsätzlich nicht durch eine Einschränkung des § 129 I HGB begünstigt werden, nur weil sie nicht zur Geschäftsführung und Vertretung berechtigt und auch sonst nicht am Prozess beteiligt worden sind. Dies ist interessengerecht: Bei der gebotenen Interessenabwägung – hier muss das Interesse des Gesellschafters an einer Einschränkung des § 129 I HGB bei fehlender Partizipation dem Interesse des Gesellschaftsgläubigers an einer Rechtskrafterstreckung gegenübergestellt werden – überwiegt das Interesse des Gesellschaftsgläubigers an einer Rechtskrafterstreckung, da der Gesellschafter sich, wie schon erwähnt, freiwillig in diese Situation begeben und damit auch bewusst ein gewisses Risiko in Kauf genommen hat. Der Einwand, der Gläubiger könne die Gesellschafter mitverklagen, weshalb sein Interesse an einer Rechtskrafterstreckung als geringfügig zu bewerten sei, vermag nicht zu überzeugen, denn dann würde der Gläubiger in die Position gedrängt werden, die Gesellschafter – trotz Erhöhung des Prozesskostenrisikos – sozusagen aus Rücksichtnahme immer mitverklagen zu müssen, obwohl diese eben zuerst bewusst eine risikobehaftete Position eingenommen haben. Es darf nicht zulasten des Gesellschaftsgläubigers gehen, wenn die Gesellschafter im Gesellschaftsvertrag einzelne Gesellschafter von Geschäftsführung und Vertretung ausschließen und diese auch sonst nicht am Prozess – etwa mittels Streitverkündung (§§ 72 ff. ZPO) – beteiligen. Im Falle der Inanspruchnahme durch den Gesellschaftsgläubiger können dem Gesellschafter im Einzelfall ggf. auch Regressansprüche gegen die Gesellschaft und die Mitgesellschafter verbleiben.

(e) Vereinbarkeit mit Art. 103 I GG und Art. 6 I EMRK

Fraglich ist letztendlich aber noch, ob eine Rechtskrafterstreckung auf den nicht am Gesellschaftsprozess beteiligten Gesellschafter einen Verstoß gegen seinen

---

194 Siehe dazu noch unter B II. 1. a), S. 71 f.

Anspruch auf rechtliches Gehör (Art. 103 I GG) zur Folge hat. Nach der Rechtsprechung des BVerfG[195] hat jeder einen Anspruch auf rechtliches Gehör, der an einem gerichtlichen Verfahren als Partei oder in ähnlicher Stellung beteiligt oder der sonst unmittelbar rechtlich von den Urteilswirkungen des Verfahrens betroffen ist. Der unmittelbar rechtlich Betroffene soll Einfluss auf das Verfahren und somit auf das Ergebnis nehmen können, indem er etwa Gelegenheit bekommt, sich zum Sachverhalt und zur Rechtslage zu äußern. Dies setze voraus, dass der Betroffene von dem Verfahren Kenntnis erhält.

Nach dieser Rechtsprechung scheint der Schutzbereich des Art. 103 I GG im Falle des nicht am Gesellschaftsprozess beteiligten Gesellschafters eröffnet zu sein, da dieser – wegen § 129 I HGB – im Falle einer Niederlage der Gesellschaft im Gesellschaftsprozess nach § 128 HGB persönlich für die Gesellschaftsschuld haftet, sofern er keine persönlichen Einwendungen geltend machen kann. Denkbar wäre es jedoch, den Schutzbereich des Art. 103 I GG in diesem Fall aufgrund der prozessualen Repräsentation teleologisch zu reduzieren und somit schon einen Eingriff in den Schutzbereich des Art. 103 I GG zu verneinen.[196] Der (doppelte) Geltungsgrund[197] des Art. 103 I GG ist nämlich Folgender: Die Anhörung der Beteiligten soll in erster Linie gewährleisten, dass es zu einer materiell richtigen Entscheidung kommt; dadurch soll gleichzeitig die Menschenwürde des Betroffenen geschützt werden.[198] In vermögensrechtlichen Streitigkeiten – anders als etwa im Strafverfahren – dient Art. 103 I GG damit also primär der Richtigkeit der gerichtlichen Entscheidung, während der Schutz der Menschenwürde in den Hintergrund tritt.[199] Wenn es nun aber der Zweck des Art. 103 I GG ist, dass die Richtigkeit der gerichtlichen Entscheidung (unter anderem) dadurch gewährleistet werden soll, dass die Interessen des Betroffenen berücksichtigt werden, dann setzt dies nicht zwingend eine persönliche Anhörung voraus. Ausreichend kann, jedenfalls in vermögensrechtlichen Streitigkeiten, vielmehr sein, dass die

---

195 Vgl. nur BVerfG NJW 2002, 1334 m.w.N.

196 Vgl. *Kleinheisterkamp*, Prozeßführung, S. 86 ff., der einen Anspruch des Vollstreckungsschuldners auf rechtliches Gehör im Drittschuldnerprozess des Vollstreckungsgläubigers mit der Begründung verneint, dass die gleichgerichteten Interessen des Vollstreckungsschuldners durch das prozessuale Verhalten des Vollstreckungsgläubigers repräsentiert werden.

197 Im Einzelnen ist freilich umstritten, was der – primäre – Zweck der Vorschrift sein soll, vgl. *Remmert*, in: Maunz/Dürig, GG-Kommentar, Art. 103 Rn. 20 ff.

198 BVerfG NJW 1959, 427.

199 So auch *Berger*, Prozeßstandschaft, S. 157 Fn. 51; *Kleinheisterkamp*, Prozeßführung, S. 87 Fn. 415.

gleichgerichteten Interessen von einer weiteren unmittelbar rechtlich betroffenen Partei repräsentiert werden – insbesondere, wenn das Vermögensinteresse der nicht am Prozess beteiligten Partei (im Falle mangelhafter Prozessführung der sie repräsentierenden Partei) materiell-rechtlich durch Ausgleichsansprüche gesichert ist.[200] Wenn das BVerfG im Rahmen des Anspruchs auf rechtliches Gehör fordert, dass der unmittelbar rechtlich Betroffene Einfluss auf das Verfahren und somit auf das Ergebnis nehmen können soll und dies Kenntnis vom Verfahren voraussetze, so ließe sich im Übrigen auch argumentieren, dass der Betroffene Einfluss auf das Verfahren durch seine Vertreter – hier die Gesellschaft – nehmen kann, und dass er durch Zustellung der Klageschrift an die Gesellschaft auch prinzipiell Kenntnis vom Verfahren erhalten kann; freilich geschieht dies im hier problematischen Fall eben nicht.

Wenn man diese teleologische Eingrenzung jedoch ablehnt und stattdessen einen Eingriff in den Schutzbereich des Art. 103 I GG annimmt, stellt sich die Frage der verfassungsrechtlichen Rechtfertigung. Da der Anspruch auf rechtliches Gehör gemäß Art. 103 I GG vorbehaltlos garantiert wird, kann die Rechtfertigung nur im kollidierenden Verfassungsrecht gefunden werden. Auch das BVerfG betont, dass Einschränkungen des rechtlichen Gehörs dann möglich sind, wenn eine Interessenabwägung ergibt, dass eine Einschränkung geboten bzw. gerechtfertigt ist. [201] Neben dem Anspruch des nicht am Gesellschaftsprozess beteiligten Gesellschafters auf rechtliches Gehör sind also auch etwaige Grundrechte anderer Verfahrensteilnehmer, hier des Gesellschaftsgläubigers, zu berücksichtigen. Dieser kann sich auf den aus Art. 3 I GG abgeleiteten Grundsatz der prozessualen Chancengleichheit[202] berufen.[203] Danach muss auch das Risiko am Verfahrensausgang für die Verfahrensbeteiligten gleichmäßig verteilt werden.[204] Der Kläger soll die Chance haben, endgültig zu obsiegen, aber auch gleichzeitig das Risiko tragen, endgültig zu verlieren; umgekehrt muss auch

---

200 Vgl. *Calavros*, Urteilswirkungen, S. 41 f.; *Kleinheisterkamp*, Prozeßführung, S. 87 f.; *Wolf*, JZ 1971, 405 (408 f.).

201 Vgl. BVerfG NJW 1959, 427: „Es kann aber nicht der Sinn des Art. 103 Abs. 1 GG sein, sorgfältig überlegte Abwägungen zwischen den verschiedenen, in den einzelnen Verfahrensarten zu berücksichtigenden Interessen und darauf beruhende Einschränkungen des rechtlichen Gehörs schlechthin zu beseitigen"; vgl. auch *Berger*, Prozeßstandschaft, S. 151 f.

202 Dazu *Vollkommer*, FS Schwab, 1990, S. 503 ff.

203 Vgl. *Berger*, Prozeßstandschaft, S. 152 ff. zum Recht des Beklagten auf prozessuale Chancengleichheit im Standschafterprozess.

204 Vgl. nur BVerfG NJW 1987, 2569 (2570) m.w.N.

der Beklagte die Möglichkeit haben, das Klagebegehren dauerhaft abzuwehren. Berücksichtigt man jetzt – neben Gesellschaft und Gesellschaftsgläubiger – auch den nicht am Prozess beteiligten Gesellschafter bei diesen Überlegungen, so würde dieses Risiko- und Chancengleichgewicht gestört werden, sofern man § 129 I HGB nicht anwenden würde. Der Gesellschaftsgläubiger hätte zwar immer noch die Chance, in dem Prozess gegen die Gesellschaft endgültig zu obsiegen – während diese auch immer noch die Möglichkeit hätte, das Begehren des Gesellschaftsgläubigers abzuwehren. Allerdings bekommt der nicht am Prozess beteiligte Gesellschafter eine doppelte Chance, seine persönliche Haftung zu vermeiden: einmal im Gesellschaftsprozess, in dem seine Interessen bereits repräsentiert werden, und dann noch in einem Folgeprozess, wenn die Gesellschaftsverbindlichkeit ihm gegenüber mangels Anwendung des § 129 I HGB noch nicht als festgestellt gilt. Der Sieg des Gesellschaftsgläubigers im Gesellschaftsprozess könnte in Einzelfällen also entwertet werden, wenn er zur Befriedigung seiner Forderung letztendlich auf das private Vermögen eines Gesellschafters, der nicht am Prozess beteiligt war, angewiesen ist. Denn er müsste das Bestehen der Forderung gegen die Gesellschaft noch einmal feststellen lassen, während der Gesellschafter sich einen Sieg der Gesellschaft im Gesellschaftsprozess zurechnen lassen könnte (= Rechtskrafterstreckung zu seinen Gunsten), bei einer Niederlage (= keine Rechtskrafterstreckung zu seinen Lasten) aber eine weitere Abwehrchance gegen den Gesellschaftsgläubiger erhalten würde.

Im Ergebnis wirkt Art. 3 I GG also als immanente Grundrechtsschranke: Das Grundrecht des Gesellschaftsgläubigers auf prozessuale Chancengleichheit gemäß Art. 3 I GG ist als schützenswerter einzustufen als das Grundrecht des Gesellschafters auf rechtliches Gehör gemäß Art. 103 I GG, da die Interessen des Gesellschafters bereits im Gesellschaftsprozess repräsentiert werden. Im Rahmen der Interessenabwägung sprechen zugunsten des Gesellschaftsgläubigers zudem auch wieder die Aspekte, die bereits zuvor genannt worden sind,[205] insbesondere der Umstand, dass sich der Gesellschafter freiwillig in diese Situation begeben hat, sowie die potenziellen Regressmöglichkeiten des Gesellschafters. Es ist auch nicht so, wie etwa *Oberhammer*[206] meint, dass ein etwaiger Schadensersatzanspruch des Gesellschafters – bei mangelhafter Prozessführung seines Repräsentanten – die „Rechtsverletzung […] Gehörsentzug" zulässig mache, vielmehr ist es die umfassende Interessenabwägung, die einen – vermeintlichen – Gehörsentzug rechtfertigt, wobei es m.E. eine logische Konsequenz ist,

205 Vgl. oben unter B. I. 1. a) ee) (3) (c), S. 48 ff.
206 OHG im Zivilprozeß, S. 67.

dass auch gewisse Regressmöglichkeiten im Rahmen dieser Abwägung berücksichtigt werden.

Dagegen könnte man einwenden, dass diese Abwägung möglichst so ausfallen müsste, dass von beiden Grundrechten noch etwas übrig bleibt, weil das Grundrecht auf rechtliches Gehör vorbehaltlos garantiert wird (Prinzip des schonenden Ausgleichs[207]). Dann könnte man sich auf den Standpunkt stellen, dass eine Rechtskrafterstreckung zulasten des Gesellschafters von einer Beiladung durch das Gericht abhängig gemacht werden müsste[208] – wodurch nicht nur die Einräumung des rechtlichen Gehörs für den Gesellschafter, sondern auch die prozessuale Chancengleichheit des Gesellschaftsgläubigers gewährleistet wäre. Eine solche Beiladung lässt sich m.E. *de lege lata* aber nicht erreichen. Zu Recht weist das BVerfG[209] darauf hin, dass im Rahmen der Interessenabwägung auch die Besonderheiten der jeweiligen Verfahrensart zu berücksichtigen sind. Anders als im Strafprozess oder dem Verwaltungsprozess – wo der Untersuchungsgrundsatz gilt – herrscht im Zivilprozess der Verhandlungsgrundsatz. Daher kommt etwa eine Analogie des § 65 (II) VwGO, der die (notwendige) Beiladung im Verwaltungsprozess regelt, mangels vergleichbarer Interessenlage nicht in Betracht. Während im Verwaltungsprozess der Untersuchungsgrundsatz eine umfassende Erörterung des Sachverhalts von Amts wegen gebietet, obliegt es im Zivilprozess den Parteien, den maßgeblichen Sachverhalt beizubringen. Die Gesellschafter (mittelbar) und die Gesellschaft im Zivilprozess der Gesellschaft haben es selbst in der Hand, allen Gesellschaftern Beteiligungsmöglichkeiten am Gesellschaftsprozess einzuräumen. Es erscheint zudem nicht gerechtfertigt, dem Gesellschaftsgläubiger das erhöhte Prozesskostenrisiko aufgrund der Baumbach'schen Formel durch eine Beiladung aller Gesellschafter aufzuzwingen. Denkbar wäre daher wohl allenfalls eine Analogie zu § 856 III-V ZPO.[210] Zweifelhaft ist allerdings bereits das Vorliegen einer planwidrigen Regelungslücke. Dem Gesetzgeber war aufgrund expliziter gesetzlicher Regelung (vgl. § 125 I HGB) offenkundig, dass Gesellschafter von der Vertretung der Gesellschaft ausgeschlossen werden können und dadurch ggf. auch nicht an einem Gesellschaftsprozess beteiligt werden. Dennoch wurde bei der Erörterung der Rechtskraftwirkung des § 129 I HGB keine Ausnahme zugunsten nicht am

207 Vgl. etwa BVerfG NJW 1973, 1226 (1229).

208 Vgl. *Kleinheisterkamp*, Prozeßführung, S. 86; *Oberhammer*, OHG im Zivilprozeß, S. 84 f. und oben unter B. I. 1. a) ee) (1), S. 41.

209 Vgl. BVerfG NJW 1959, 427.

210 Vgl. *Kleinheisterkamp*, Prozeßführung, S. 86 Fn. 409.

Prozess beteiligter Gesellschafter diskutiert; die Rechtskrafterstreckung sollte unterschiedslos gelten. Jedenfalls fehlt es aber an einer vergleichbaren Interessenlage. Zum einen ist es bei § 856 III-V ZPO der Beklagte – der Drittschuldner bei der Forderungspfändung –, der eine Rechtskrafterstreckung zulasten Dritter bzw. zu seinen Gunsten erreichen will und dafür eine Ladung sämtlicher Gläubiger bei Gericht beantragen muss, während es hier mit dem Gesellschaftsgläubiger der Kläger ist, der eine Rechtskrafterstreckung zu seinen Gunsten bzw. zulasten Dritter (der Gesellschafter) anstrebt. Zum anderen – und das ist der wesentliche Punkt – ist die Interessenlage der Pfändungsgläubiger nicht mit derjenigen der Gesellschafter vergleichbar, da die Interessen der Pfändungsgläubiger nicht notwendig gleichgerichtet sind, jedenfalls mangels rechtlicher Sonderverbindung aber nicht durch die jeweils anderen Gläubiger in dem oben geschilderten Sinne[211] repräsentiert werden, wodurch der Pfändungsgläubiger wesentlich schutzwürdiger ist als der Gesellschafter.

Zwar stützt das BVerfG[212] eine Verpflichtung zur Beiladung darüber hinaus teilweise direkt auf Art. 103 I GG. In dem zitierten Urteil entschied das BVerfG, dass ein Mitgesellschafter nach einer erhobenen Auflösungsklage eines Gesellschafters gegen die GmbH (§ 61 GmbHG) über den Rechtsstreit in Kenntnis zu setzen ist. Allerdings liegt ein wesentlicher Unterschied zwischen der vom BVerfG zu entscheidenden Konstellation zu der hier vorliegenden vor: Bei der Auflösungsklage nach § 61 GmbHG liegt ein Interessengegensatz der Gesellschafter im Innenverhältnis vor[213] – die Gesellschaft selbst ist an dem Konflikt nicht beteiligt –, während das Verhältnis von Gesellschaft und Gesellschaftern in der hier vorliegenden Konstellation durch eine Interessengleichrichtung im Außenverhältnis (gegen den Gesellschaftsgläubiger) gekennzeichnet ist. Im Vergleich zum Pfändungsgläubiger bzw. zur Auflösungsklage nach § 61 GmbHG ist der Gesellschafter im Anwendungsbereich des § 129 I HGB daher deutlich weniger schutzwürdig, sodass eine Beiladung nicht notwendig und auch nicht geboten erscheint.

---

211 Vgl. oben unter B. I. 1. a) ee) (3) (c) und (d), S. 48 ff.

212 BVerfG NJW 1982, 1635 (1636).

213 So auch BVerfG NJW 1982, 1635 (1636): „Zu dessen Unterrichtung bestand gerade auch deshalb Anlaß, weil die Auflösungsklage mit den tiefgreifenden Spannungen zwischen den Gesellschaftern begründet worden war und das Urteil die Rechtsbeziehungen zwischen ihnen umgestaltete". Aufgrund der Streitigkeiten im Innenverhältnis kann in diesem Fall auch keine prozessuale Repräsentation in Betracht kommen.

Somit bleibt festzuhalten, dass die in § 129 I HGB zulasten des Gesellschafters angeordnete Rechtskrafterstreckung deshalb gerechtfertigt ist, weil seine Interessen im Gesellschaftsprozess vom vertretungsberechtigen Organ repräsentiert werden, weshalb auch kein Verstoß gegen sein Recht auf rechtliches Gehör (Art. 103 I GG) vorliegt. Vor diesem Hintergrund bestehen auch keine Bedenken gegen Art. 6 I EMRK, denn die prozessuale Repräsentation sorgt grundsätzlich auch dafür, dass über die Gesellschaftsverbindlichkeit – auch im Verhältnis zu den Gesellschaftern – in einem fairen Verfahren verhandelt wird.

b) Zusammenfassung

Der Geltungsgrund der in § 129 I HGB angeordneten Rechtskrafterstreckung liegt weder in der akzessorischen Haftung der Gesellschafter für Gesellschaftsverbindlichkeiten noch in den Einflussmöglichkeiten der Gesellschafter im Gesellschaftsprozess; vielmehr ist die Rechtskrafterstreckung deshalb gerechtfertigt, weil die Interessen der Gesellschafter im Gesellschaftsprozess vom vertretungsberechtigten Organ repräsentiert werden. Eine teleologische Reduktion des § 129 I HGB im Falle fehlender Einflussmöglichkeiten des Gesellschafters kommt damit nicht in Betracht. Dafür spricht nicht nur die Auslegung des Gesetzes, sondern insbesondere auch eine Interessenabwägung: Der Gesellschafter kann vorprozessual Einfluss auf seine Rolle im Gesellschaftsprozess nehmen und ist im Falle seiner Inanspruchnahme, insbesondere auch bei mangelhafter Prozessführung seines Repräsentanten, materiell-rechtlich – zumindest potenziell – durch Ausgleichsansprüche geschützt, sodass das Interesse des Gesellschaftsgläubigers an einer Rechtskrafterstreckung das Interesse des Gesellschafters an einer teleologischen Reduktion überwiegt. Deshalb verstößt, selbst in dem Fall, dass der Gesellschafter im Gesellschaftsprozess nicht gehört wird, eine Rechtskrafterstreckung gemäß § 129 I HGB zulasten des Gesellschafters nicht gegen Art. 103 I GG und Art. 6 I EMRK.

2. Rechtslage bei der KG

Die Feststellungen zum OHG-Gesellschafter lassen sich ohne Weiteres auf den Komplementär einer KG übertragen. Fraglich ist jedoch, ob sich auch der Kommanditist einer KG die Rechtskraft eines gegen diese ergangenen Urteils nach §§ 129 I, 161 II HGB entgegenhalten lassen muss. Dies wird zum Teil ohne weitere Einschränkung bejaht.[214] Andere bezweifeln die uneingeschränkte Anwendung

---

214 Ausdrücklich etwa OLG Düsseldorf NZG 2001, 890 (891); *K. Schmidt*, NJW 1981, 159 (160); vgl. auch *Kindler*, in: Koller/Kindler/Roth/Drüen, HGB-Kommentar,

des § 129 I HGB gegenüber Kommanditisten im Hinblick auf ihren gesetzlichen Ausschluss von Geschäftsführung und Vertretung (§§ 164, 170 HGB)[215] oder lehnen die Anwendung der Norm sogar gänzlich, unter Berufung auf eine andere Interessenlage des Kommanditisten, ab.[216]

a) Uneingeschränkte Anwendung des § 129 I HGB auf den Kommanditisten

Die wohl herrschende Ansicht geht – mangels entgegenstehender Äußerungen[217] – davon aus, dass die Rechtskrafterstreckung des § 129 I HGB, jedenfalls analog,[218] auch auf den Kommanditisten Anwendung findet. Das OLG Düsseldorf[219] etwa hat die BGH-Rechtsprechung bezüglich der Rechtskrafterstreckung des § 129 I HGB gegenüber persönlich und unbeschränkt haftenden Gesellschaftern, ohne weitere Einschränkung oder nähere Begründung, auch auf den Kommanditisten übertragen. *K. Schmidt*[220] hat die Rechtskrafterstreckung nach § 129 I HGB gegenüber Kommanditisten einmal damit begründet, dass diese eben nur beschränkt für Neuverbindlichkeiten haften (vgl. §§ 171, 172 HGB). Der BGH[221] hatte zuvor jedenfalls eine Rechtskrafterstreckung nach § 129 I HGB für den Sonderfall angenommen, dass der Kommanditist zugleich Geschäftsführer der Komplementär-GmbH und im Vorprozess sogar noch unbeschränkt haftender und vertretungsberechtigter Gesellschafter der (damaligen) KG war.

b) Keine Rechtskrafterstreckung nach § 129 I HGB auf den Kommanditisten

Wie schon erwähnt, wird die Rechtskrafterstreckung nach § 129 I HGB gegenüber einem Kommanditisten zum Teil deshalb in Zweifel gezogen, weil dieser nach dem gesetzlichen Leitbild (§§ 164, 170 HGB) keine Einflussmöglichkeiten

---

§ 129 Rn. 3.

215 Vgl. *Haas/Müller*, DStR 2002, 643 (644): „Übertragung [...] auf den Kommanditisten [...] erscheint daher zumindest diskussionswürdig".

216 *Klimke*, ZGR 2006, 540 (557 f.).

217 Vgl. etwa *Hillmann*, in: Boujong/Ebenroth/Joost/Strohn, HGB, § 129 Rn. 2: „Bestimmung gilt unmittelbar für OHG und KG"; vgl. zudem bereits Fn. 214.

218 So etwa *K. Schmidt*, in: MüKo-HGB, § 129 Rn. 3, für die bestehende Außenhaftung eines Kommanditisten; vgl. auch *K. Schmidt*, in: MüKo-HGB, § 172 Rn. 17.

219 OLG Düsseldorf NZG 2001, 890 (891).

220 NJW 1981, 159 (160).

221 BGH NJW 1981, 175 (176).

auf den Gesellschaftsprozess hat.[222] Diese Ansicht setzt also voraus, dass der Geltungsgrund der in § 129 I HGB angeordneten Rechtskrafterstreckung die Einflussmöglichkeiten des Gesellschafters auf die Prozessführung der Gesellschaft sind; dies wurde hier aber bereits abgelehnt.[223]

Einem anderen Begründungsansatz folgt *Klimke*:[224] Eine Rechtskrafterstreckung nach § 129 I HGB sei gegenüber dem Kommanditisten nicht zu rechtfertigen, wenn dieser die Einlageleistung (vgl. § 171 I HGB) deshalb noch nicht erbracht hat, weil ihm im Innenverhältnis zur KG Einwendungen zustehen könnten. *Klimke*[225] führt an, dass der Kommanditist gemäß § 171 I HGB nur dann haftet, wenn er seine Einlage noch nicht erbracht hat. Dann sei er im Innenverhältnis zur Gesellschaft noch zur Einlageleistung verpflichtet, weshalb er durch die Rechtskrafterstreckung materiell grundsätzlich gar nicht belastet werde, weil der Gesellschaftsgläubiger nach rechtskräftiger Verurteilung der KG ohnehin durch Pfändung und Überweisung auf den Einlageanspruch zugreifen und gegen den Kommanditisten vorgehen könne – ohne dass der Kommanditist dem Gesellschaftsgläubiger etwaige Einwendungen der KG gegen das Bestehen der Gesellschaftsverbindlichkeit entgegenhalten könne. Dann vereinfache die Rechtskrafterstreckung lediglich den Zugriff des Gläubigers auf das Vermögen des Kommanditisten. Es könne aber sein, dass dem Kommanditisten im Innenverhältnis zur KG Einwendungen zustehen. Dann würde die Rechtskrafterstreckung den Kommanditisten auch materiell belasten, weil der Gesellschaftsgläubiger in diesem Fall nicht ohnehin schon alternativ durch Pfändung und Überweisung des Einlageanspruchs gegen den Kommanditisten vorgehen könne, da er eine Einwendung gegen die Einlageforderung, auch wenn sie nach § 172 III HGB für die Außenhaftung unerheblich ist, dem Gesellschaftsgläubiger entgegenhalten könne, wenn dieser aufgrund einer Pfändung der Einlageforderung gegen den Kommanditisten vorgehe. Diese Belastung des Kommanditisten lasse sich nicht rechtfertigen.[226] Ein Einlageanspruch sei auch nicht zugunsten der Gläubiger zu fingieren, da es keine allgemeine Vermutung dafür gebe, dass der KG noch ein Einlageanspruch zusteht, wenn der Kommanditist seine Einlage nicht i.S.d. § 171 I Hs. 1 HGB erbracht hat. Dies zeige sich daran, dass ein Erlass der Einlageforderung, der nach § 172 III HGB zwar für die Außenhaftung

---

222 *Haas/Müller*, DStR 2002, 643 (644).
223 Vgl. oben unter B. I. 1. a) dd) und ee), S. 34 ff.
224 ZGR 2006, 540 (557 f.).
225 ZGR 2006, 540 (557).
226 *Klimke*, ZGR 2006, 540 (558).

unerheblich ist, den Gesellschaftsgläubigern entgegengehalten werden könne, die aufgrund einer Pfändung der Einlageforderung gegen den Kommanditisten vorgehen. Eine Differenzierung danach, ob ein durchsetzbarer Einlageanspruch der KG besteht oder nicht, sei nicht möglich. Aus Gründen der Rechtssicherheit könne die Reichweite der subjektiven Rechtskraft des Urteils gegen die KG nicht davon abhängen, wie sich das Innenverhältnis zwischen KG und Kommanditist in der Folgezeit konkret entwickele. Auch der Gläubigerschutz erfordere keine Rechtskrafterstreckung zu seinen Gunsten, da der Gläubiger in den Fällen, in denen ein Einlageanspruch besteht, in diesen vollstrecken könne. Eine Rechtskrafterstreckung auf den Kommanditisten sei daher generell abzulehnen.

c) Stellungnahme

Im Gesetz finden sich keine Anhaltspunkte dafür, von einer Rechtskrafterstreckung nach § 129 I HGB gegenüber dem Kommanditisten abzusehen. Vielmehr trifft § 161 II HGB die eindeutige Aussage, dass auf die Kommanditgesellschaft – das heißt genau genommen: für den Kommandisten (da sich für den Komplementär keine Besonderheiten im Vergleich zum OHG-Gesellschafter ergeben) – die für die OHG geltenden Vorschriften Anwendung finden, soweit das Gesetz in den §§ 162-177a HGB nichts anderes vorschreibt. Eine Modifikation zu § 129 I HGB findet sich in diesem Abschnitt aber nicht. In den §§ 171, 172 HGB findet sich lediglich eine Modifikation zu § 128 HGB; danach haftet der Kommanditist für Gesellschaftsverbindlichkeiten zwar beschränkt, ansonsten aber wie ein unbeschränkt haftender Gesellschafter: unmittelbar, akzessorisch und gesamtschuldnerisch.[227] Allein aus dem Umstand der beschränkten Haftung lässt sich zwar noch nicht die Rechtfertigung für die Rechtskrafterstreckung – und damit einen Gehörsentzug – ableiten,[228] allerdings erscheint der Kommanditist dadurch in der Tat sogar weniger schutzwürdig als der unbeschränkt haftende Gesellschafter zu sein, der die Rechtskrafterstreckung nach § 129 I HGB auch hinnehmen muss.

Fraglich ist, ob, womöglich aufgrund einer unterschiedlichen Interessenlage im Vergleich zum unbeschränkt haftenden Gesellschafter, eine Einschränkung der Rechtskrafterstreckung nach § 129 I HGB gegenüber dem Kommanditisten dennoch geboten ist. Man könnte annehmen, die Rechtskrafterstreckung

227 Vgl. *K. Schmidt*, in: MüKo-HGB, § 172 Rn. 13 ff.

228 Vgl. auch *Klimke*, ZGR 2006, 540 (557), der zutreffend darauf hinweist, dass dem Bürgen die Prozessführung des Hauptschuldners auch nicht zugerechnet wird, obwohl die Bürgenhaftung bei einer Bürgschaft für eine konkrete Forderung ebenfalls kalkulierbar, also beschränkt, ist.

entspreche nicht der Stellung des Kommanditisten in der Gesellschaft, weil dieser üblicherweise nur als (interner) Geldgeber fungiert, welcher der Gesellschaft – ohne persönlichen Arbeitseinsatz – Einlagen zur Verfügung stellt.[229] Dadurch erklärt sich auch der Ausschluss von der Vertretung der Gesellschaft (§§ 164, 170 HGB) und der Umstand, dass die Kommanditisten dem Gesellschaftsgläubiger gegenüber nur dann haften, wenn sie im Innenverhältnis zur Gesellschaft noch zur Einlageleistung verpflichtet sind (vgl. § 171 I HGB).

Nach der hier vertretenen Ansicht zum Geltungsgrund des § 129 I HGB[230] muss man sich zur Klärung der Frage nach der Rechtfertigung der Rechtskrafterstreckung gegenüber einem Kommanditisten allerdings die Frage stellen, ob die Interessen von diesem im Gesellschaftsprozess prozessual repräsentiert worden sind. Dann wird man feststellen, dass sich kein Unterschied zum unbeschränkt haftenden Gesellschafter ergibt: Die Interessen des Kommanditisten und der Gesellschaft sind aufgrund des Mitgliedschaftsverhältnisses ebenfalls gleichgerichtet. Dabei kann es keinen Unterschied machen, dass das Motiv des Kommanditisten in der Regel auf Kapitaleinsatz und nicht auch noch auf persönlichen Arbeitseinsatz gerichtet ist, da es ihm letztendlich ebenfalls darum geht, am Gesellschaftsvermögen zu partizipieren. Die Gesellschaft macht auch in diesem Fall im Gesellschaftsprozess ein eigenes Recht geltend, wodurch die Interessen des Kommanditisten auch grundsätzlich fair und angemessen geschützt werden. Dies entspricht auch dem Zweck der §§ 128, 171, 172 HGB: Die Gesellschaftsgläubiger sollen sich unmittelbar an den Kommanditisten halten können, weil dies der allgemeinen Stellung der KG als einer Abwandlung der OHG entspricht.[231] Einwendungen gegen die Einlagepflicht oder eine Änderung des Gesellschaftsvertrages bezüglich einer etwaigen Herabsetzung der Einlage sollen zwecks Gläubigerschutzes im Außenverhältnis unberücksichtigt bleiben, wenn dies nicht im Handelsregister eingetragen wird.[232] Mit diesem Zweck wäre es unvereinbar, wenn die Rechtskrafterstreckung nach § 129 I HGB gegenüber einem Kommanditisten schon deshalb entfallen sollte, weil er (nur) potenziell (!) Einwendungen im Innenverhältnis gegen seine Einlagepflicht erheben könnte. Entgegen der Ansicht *Klimkes* gebietet der Gläubigerschutz also sehr wohl eine Rechtskrafterstreckung nach § 129 I HGB. Dieser Schutz würde umgangen werden bzw. leerlaufen, wenn der Gesellschaftsgläubiger, wie von *Klimke*

---

229 Vgl. *Klunzinger*, Grundzüge des Gesellschaftsrechts, S. 111.
230 Vgl. oben unter B. I. 1. a) ee) (3) (c) und (d), S. 48 ff.
231 *Hahn/Mugdan*, Materialien zum HGB, S. 284.
232 *Hahn/Mugdan*, Materialien zum HGB, S. 285.

vorgeschlagen, stets auf den Einziehungsprozess verwiesen werden würde, wo er sich mit potenziellen Einwendungen des Kommanditisten im Innenverhältnis zur KG auseinandersetzen müsste. Das wäre für den Gläubiger mit einer erhöhten Rechtsunsicherheit im Vergleich zur Konstellation, in der er sich auf Rechtskrafterstreckung berufen kann, verbunden. Würde nämlich die Rechtskrafterstreckung zulasten des Kommanditisten nach rechtskräftiger Verurteilung der KG greifen, müsste er sich in einem Folgeprozess nur mit für ihn kalkulierbaren persönlichen Einwendungen des Kommanditisten im Außenverhältnis zu ihm – dem Gläubiger – auseinandersetzen. Im Einziehungsprozess drohen ihm hingegen interne Einwendungen des Kommanditisten, auf die er keinen Einfluss hat bzw. hatte.

Letztendlich ist diese Lösung auch interessengerecht und belastet den Kommanditisten nicht in unzumutbarer Weise: Er hat sich – wie auch der unbeschränkt haftende Gesellschafter – freiwillig in die Position begeben, dass seine Interessen von der Gesellschaft repräsentiert werden. Auf die Ausgestaltung der Erfüllung der Einlagepflicht im Innenverhältnis kann der Kommanditist Einfluss nehmen, während der Gesellschaftsgläubiger dies nicht kann. Entgegen *Klimke* dürfen etwaige Unsicherheiten im Innenverhältnis nicht zulasten des Gläubigers im Außenverhältnis gehen. Ohne Rechtskrafterstreckung würde der Gesellschaftsgläubiger in den Fällen, in denen eine Inanspruchnahme der Gesellschafter aufgrund von Liquiditätsproblemen der Gesellschaft für ihn erforderlich ist, stets in die Position gedrängt werden, nach Vorgehen gegen die Gesellschaft auch immer noch einen separaten Folgeprozess gegen die Kommanditisten als Geldgeber der KG zu führen – sei es im Rahmen eines direkten Gesellschafterprozesses nach §§ 128, 171, 172 HGB oder im Rahmen eines Drittschuldnerprozesses nach vorheriger Einziehung der angeblichen Forderung der Gesellschaft auf Leistung der Einlagepflicht. Dies würde wiederum das Prozesskostenrisiko für den Gläubiger erhöhen und hätte potenziell auch eine Verfahrensverzögerung zur Folge. Ein etwaiger Streit um die Leistung der Einlagepflicht betrifft das Verhältnis des Kommanditisten zur KG und darf nicht zulasten des Gläubigers gehen (vgl. 172 III HGB). Der Kommanditist hat vorprozessual – vor dem Gesellschaftsprozess zwischen KG und Gläubiger – etwa im Rahmen der Vereinbarungen im Gesellschaftsvertrag Möglichkeiten, das Innenverhältnis zur Gesellschaft mitzugestalten. Zudem haftet er nicht nur beschränkt, sondern ist auch noch dadurch geschützt, dass er bei Erbringung eines Sonderopfers – hier wäre das die Zahlung an den Gesellschaftsgläubiger, ohne dass eine solche Verpflichtung im

Innenverhältnis gegenüber der Gesellschaft bestand[233] – einen Regressanspruch nach § 110 HGB gegen die Gesellschaft geltend machen könnte. Sein Streit bestünde dann mit der Gesellschaft und subsidiär mit den Mitgesellschaftern.[234] Dieses kalkulierbare Risiko – da seine Haftung beschränkt ist – geht der Kommanditist mit der Aussicht auf eine etwaige Gewinnbeteiligung ein. Es entspricht geradezu seiner Stellung als bloß geldgebender Kommanditist, dass er seine Einlage den Gesellschaftsgläubigern als Haftungsmasse zur Verfügung stellt und er gewisse Streitigkeiten im Innenverhältnis letztendlich mit den vertretungsberechtigten Komplementären austrägt, in deren Hände er die Wahrnehmung seiner (finanziellen) Interessen gelegt hat. Daher erscheint es gerechtfertigt, die Rechtskraftwirkung des § 129 I HGB als Kehrseite der Gewinnaussichten auch auf den Kommanditisten zu erstrecken.

d) Zusammenfassung

Die Rechtskrafterstreckung nach § 129 I HGB gilt ohne weitere Einschränkung auch gegenüber einem Kommanditisten. Das Gesetz und die Abwägung der sich gegenüberstehenden Interessen lassen keine anderen Rückschlüsse zu.

3. Rechtslage bei der GbR

Nach dem Grundsatzurteil des BGH[235] gilt § 129 I HGB auch für die Gesellschafter einer GbR. Gründe, die für eine abweichende Beurteilung im Vergleich zu den Personenhandelsgesellschaften sprechen, sind nicht ersichtlich. Die Ausführungen zur OHG[236] lassen sich also im Wesentlichen auf die GbR übertragen. Demnach gilt die in § 129 I HGB angeordnete Rechtskrafterstreckung auch gegenüber einem BGB-Gesellschafter, der von der Geschäftsführung und Vertretung ausgeschlossen sowie an der Ausübung seiner Kontrollrechte beschränkt (vgl. § 716 BGB) ist.

Hinsichtlich der Regressmöglichkeiten des BGB-Gesellschafters ist Folgendes klarstellend zu ergänzen: Unstrittig ist, dass auch der BGB-Gesellschafter im Falle seiner Inanspruchnahme durch den Gesellschaftsgläubiger einen

---

233 Vgl. BGH NJW-RR 2002, 455; BGH NZG 2005, 807; *K. Schmidt*, in: MüKo-HGB, § 172 Rn. 2.

234 Vgl. zu den Regressmöglichkeiten im Einzelnen die Darstellung zum OHG-Gesellschafter oben unter B. I. 1. a) ee) (3) (c), S. 52 ff.

235 BGH NJW 2001, 1056 (1061).

236 Vgl. oben unter B. I. 1., S. 30 ff.

Ausgleichsanspruch gegen die GbR hat. Uneinigkeit besteht allenfalls über die Anspruchsgrundlage. Die analoge Anwendung des § 110 HGB auf den BGB-Gesellschafter wird vereinzelt zwar angezweifelt.[237] Für die GbR wird daher nicht ganz einheitlich beurteilt, ob für den Regressanspruch des Gesellschafters gegen die Gesellschaft §§ 713, 670 BGB oder § 110 HGB analog gilt. Der BGH nahm in jüngerer Zeit sowohl §§ 713, 670 BGB[238] als auch § 110 HGB (analog)[239] an. Nachdem der BGH[240] die GbR aber grundsätzlich für rechts- und parteifähig erklärt und das Haftungsregime der OHG im Wesentlichen auf die GbR übertragen hat, wäre es nur konsequent, den BGB-Gesellschafter bezüglich seines Regressanspruchs auf § 110 HGB zu verweisen.[241] Dies nimmt – im Anschluss an ein Grundsatzurteil für die Personenhandelsgesellschaften[242] – in einem Urteil auch der BGH[243] an, wenn er anmerkt, dass für den Rückgriff des zahlenden Gesellschafters einer GbR gesellschaftsrechtliche Grundsätze gelten, also § 110 HGB maßgeblich sei.[244] Im Übrigen unterscheiden sich die beiden Anspruchsgrundlagen hinsichtlich des Regressanspruchs in den Rechtsfolgen nicht.[245] Im Falle einer analogen Anwendung des § 110 HGB verbliebe für § 713 BGB, der eine subsidiäre Verweisung in das Auftragsrecht (§§ 664 bis 670 BGB) vorsieht und der durch § 105 III HGB (i.V.m. § 161 II HGB) auch für die OHG und KG gilt, noch ein eigener Anwendungsbereich.[246]

Unabhängig von der Anspruchsgrundlage für den Regressanspruch gegen die Gesellschaft, gilt für die Regressansprüche des BGB-Gesellschafters gegen die Gesellschaft und die Mitgesellschafter jedenfalls auch, dass nach einer Verurteilung der Gesellschaft das Bestehen der Gesellschaftsverbindlichkeit wegen einer Fernwirkung des § 129 I HGB auch für die Regressansprüche feststeht.[247]

---

237 Vgl. etwa *Langhein*, in: MüKo-HGB, § 110 Rn. 5; *Schäfer*, in: MüKo-BGB, § 713 Rn. 16.

238 BGH NJW 2011, 1730 (Rn. 11).

239 BGH NZG 2011, 1023 (Rn. 59 f.).

240 BGH NJW 2001, 1056.

241 So auch *Wertenbruch*, NZG 2003, 618 (619 Fn. 10).

242 BGH NJW 1963, 1873 (1874 f.).

243 BGH NZG 2011, 1023 (Rn. 59 f.).

244 Auch *Weller*, ZZP 2011 (124. Band), 491 (502), nimmt dies offenbar stillschweigend an.

245 Vgl. *Schäfer*, in: Habersack/Schäfer, Das Recht der OHG, § 110 Rn. 1, 18, 34.

246 Vgl. *Servatius*, in: Henssler/Strohn, Gesellschaftsrecht, § 713 BGB Rn. 1; näher zu den Ansprüchen aus §§ 664 ff. BGB *Schäfer*, in: Habersack/Schäfer, Das Recht der OHG, § 110 Rn. 33 ff.

247 Vgl. oben unter B. I. 1. a) ee) (3) (c), S. 52 ff.

II. Keine Rechtskraftwirkung nach § 129 I HGB bei unredlicher Prozessführung der Gesellschaft?

An anderer Stelle wurde schon angedeutet, dass eine Durchbrechung der Rechtskrafterstreckung in bestimmten Einzelfällen in Betracht kommen muss. Im Folgenden soll dargelegt werden, wann dies der Fall ist.

1. Rechtslage bei der OHG

Es wurde bereits erwähnt, dass der Gesellschaft im Falle nachlässiger Prozessführung des Vertretungsorgans Schadensersatzansprüche gegen den Vertreter zustehen können, die ein von der Geschäftsführung und Vertretung ausgeschlossener Gesellschafter ggf. im Wege der „*actio pro socio*“ geltend machen kann, was auch seinem potenziellen Regressanspruch aus § 110 HGB zugutekommen könnte. Das ändert aber nichts daran, dass die Gesellschaftsverbindlichkeit auch diesen Gesellschaftern gegenüber gemäß § 129 I HGB rechtskräftig festgestellt worden ist. Fraglich ist, ob von dieser Rechtskraftwirkung nach § 129 I HGB ausnahmsweise abzusehen ist, wenn das vertretungsberechtigte Organ der Gesellschaft nicht nur nachlässig bzw. mangelhaft, sondern sogar unredlich prozessiert hat. Denkbar sind die zwei folgenden Konstellationen: Der Vertreter der Gesellschaft könnte zum einen in kollusivem Zusammenwirken mit dem Gesellschaftsgläubiger handeln; zum anderen könnte der Vertreter aber auch einfach aus eigenem Antrieb – ohne das Zusammenwirken mit dem Gesellschaftsgläubiger – bewusst schlecht prozessieren.

a) Keine Rechtskrafterstreckung auf den Gesellschafter bei kollusivem Zusammenwirken von Gesellschaft und Gesellschaftsgläubiger

Es ist allgemein anerkannt, dass sich ein Gesellschafter ein Urteil, das in kollusivem Zusammenwirken zwischen Gesellschaft und Gesellschaftsgläubiger zu seinem Nachteil entstanden ist, nicht nach § 129 I HGB entgegenhalten lassen muss.[248] Das ist etwa der Fall, wenn der Gesellschaftsgläubiger zugleich Geschäftsführer der zur Vertretung berechtigten Komplementär-GmbH einer GmbH & Co. KG ist und der Zweck der Klage darin bestand, die Gesellschaftsverbindlichkeit der vermögenslosen KG nach § 129 I HGB rechtskräftig auch

248 BGH NJW 1996, 658; *Boesche*, in: Oetker, HGB, § 129 Rn. 5; *Hillmann*, in: Boujong/Ebenroth/Joost/Strohn, HGB, § 129 Rn. 5; *Oberhammer*, OHG im Zivilprozeß, S. 68 f.; *K. Schmidt*, in: MüKo-HGB, § 129 Rn. 13.

gegenüber einem von der Vertretung ausgeschlossenen Gesellschafter festzustellen, um diesem die Einwendungen der Gesellschaft im Rahmen seiner persönlichen Haftung abzuschneiden.[249] Dann sind die Voraussetzungen für eine Rechtskraftdurchbrechung nach § 826 BGB – der Titelgläubiger muss nach gefestigter Rechtsprechung[250] Kenntnis davon haben, dass die Forderung in Wahrheit nicht besteht, und sein Vorgehen muss das Rechtsgefühl in schlechthin unerträglicher Weise verletzen – erfüllt.[251]

b) Keine Rechtskrafterstreckung bei unredlicher Prozessführung der Gesellschaft im Übrigen?

Fraglich bleibt, ob eine Rechtskrafterstreckung nach § 129 I HGB – über das kollusive Zusammenwirkungen von Gesellschaft und Gesellschaftsgläubiger hinaus – auch dann ausscheiden soll, wenn nur das zur Vertretung der Gesellschaft befugte Organ unredlich, also bewusst zum Nachteil eines oder mehrerer Gesellschafter, prozessiert hat.

Denkbar wäre es, in Anlehnung an die zivilrechtliche Lehre von der Stellvertretung – neben der Kollusion – auch die Fallgruppe der Evidenz[252] auf das Institut der prozessualen Repräsentation zu übertragen. Auf der Seite des Repräsentanten würde dann ein unredliches Prozessverhalten – wenn etwa das Erheben bestimmter Einwendungen bewusst unterlassen wird – für eine Durchbrechung der Rechtskrafterstreckung ausreichen können, wenn dem Gesellschaftsgläubiger bekannt war, dass der Repräsentant Einwendungen bewusst nicht erhoben hat, oder wenn sich ihm das unredliche Prozessverhalten des Repräsentanten zumindest aufdrängen musste.[253] Dann könnte man behaupten, dass der Gesellschaftsgläubiger des Schutzes der Rechtskrafterstreckung nach § 129 I HGB nicht würdig sei, das Interesse des Gesellschafters an einer Rechtskraftdurchbrechung also das Interesse des Gläubigers an einer Rechtskrafterstreckung überwiege.[254]

---

249 Vgl. BGH NJW 1996, 658.

250 Vgl. nur BGH NJW 1996, 658 m.w.N.

251 Kritisch zum allgemeinen Rückgriff auf § 826 BGB bei Ausnutzung unrichtiger Urteile *Foerste*, FS Werner, 2009, S. 426 ff.

252 Vgl. dazu *Schubert*, in: MüKo-BGB, § 164 Rn 218 ff.

253 Vgl. *Oberhammer*, OHG im Zivilprozeß, S. 71.

254 So *Oberhammer*, OHG im Zivilprozeß, S. 71 – jedenfalls bei Offenkundigkeit des Missbrauchs.

aa) Fahrlässige Unkenntnis des Gesellschaftsgläubigers bezüglich der unredlichen Prozessführung der Gesellschaft

Es würde deutlich zu weit gehen, wenn man dem Gesellschaftsgläubiger die erweiterte Rechtskraft durch § 129 I HGB abschneiden würde, weil er hätte wissen können oder wissen müssen, dass die Gesellschaft unredlich prozessiert. Eine Nachforschungspflicht, ob und inwieweit die Gesellschaft bewusst zum Nachteil eines oder mehrerer Gesellschafter handelt, kann ihm nicht aufgebürdet werden.[255] In diesen Fällen muss es demnach bei einer uneingeschränkten Anwendung des § 129 I HGB zulasten der Gesellschafter bleiben.

bb) Kenntnis des Gesellschaftsgläubigers bezüglich der unredlichen Prozessführung der Gesellschaft

Fraglich ist, ob dasselbe auch gilt, wenn der Gesellschaftsgläubiger wusste, dass die Gesellschaft unredlich prozessiert.[256]

Dagegen scheint zu sprechen, dass der Gesellschaftsgläubiger in diesem Fall weniger schutzwürdig hinsichtlich einer Rechtskrafterstreckung nach § 129 I HGB ist. Allerdings gilt es zu berücksichtigen, dass der Gesellschaftsgläubiger dann – anders als bei der Kollusion – kein fehlerhaftes Urteil erschlichen, sondern lediglich ausgenutzt hat. Die Rechtsprechung[257] geht davon aus, dass ein objektiv unrichtiges Urteil, selbst bei Kenntnis des Titelgläubigers, nicht über § 826 BGB korrigiert werden kann, wenn die Unrichtigkeit des Urteils auf nachlässige Prozessführung des Betroffenen zurückzuführen ist, weil dieser dann zum einen weniger schutzbedürftig ist, und zum anderen keine besonderen Umstände vorliegen, die für ein sittenwidriges Vorgehen des Gläubigers sprechen. Wenn eine Korrektur nach § 826 BGB bereits dann ausscheidet, wenn der Betroffene nachlässig prozessiert hat, dann muss das erst recht gelten, wenn unredlich prozessiert worden ist. Damit steht zwar nur außer Frage, dass eine unredliche Prozessführung der Gesellschaft, auch bei Kenntnis des Gesellschaftsgläubigers, nichts an der Rechtskraftwirkung *inter partes* ändert. Fraglich ist, ob es einen Unterschied macht, ob die von den Rechtskraftwirkungen eines unrichtigen Urteils betroffene Partei selbst prozessiert hat, oder ob sie nur prozessual repräsentiert worden ist. Fraglich ist, ob man sich auf den Standpunkt stellen könnte,

---

255 So auch *Oberhammer*, OHG im Zivilprozeß, S. 71.

256 Ablehnend *Oberhammer*, OHG im Zivilprozeß, S. 71, der sich stattdessen in diesem Fall für eine Einschränkung des § 129 I HGB ausspricht.

257 BGH NJW-RR 1988, 957 (959); BGH NJW 1998, 2818 (2819); BGH NJW-RR 2012, 304 (Rn. 15 f.).

dass auch hier zum Schutz des Gesellschafters, wie auch schon bei nachlässiger Prozessführung der Gesellschaft, seine vorprozessualen Einflussmöglichkeiten auf die Vertretungsverhältnisse und seine potenziellen Regressmöglichkeiten ausreichen müssen.[258] Der Gesellschaftsgläubiger hat grundsätzlich immer noch ein legitimes Interesse an der Rechtskrafterstreckung und daran, von Fehlern in der Verfahrensführung der Gesellschaft zu profitieren. Er darf nicht ohne Weiteres mit einer Einschränkung des § 129 I HGB bestraft werden, wenn die Gesellschaft es bewusst (oder unbewusst) unterlässt, gewisse Einwendungen zu erheben. Im Falle der Evidenz ist der Rechtsmissbrauch allerdings ähnlich gravierend wie im Falle der Kollusion. Ist allen Parteien, vor allem auch dem Gesellschaftsgläubiger bewusst, dass ein materiell unrichtiges Ergebnis vorliegt, kann kein schutzwürdiges Vertrauen auf die Endgültigkeit der gerichtlichen Entscheidung im Verhältnis zu den Gesellschaftern bestehen. Aus Gründen der Rechtssicherheit müssen aber strenge Anforderungen an den Nachweis der Evidenz gestellt werden. Es muss unzweifelhaft sein, dass auf der einen Seite die Gesellschaft nicht nur (grob) fahrlässig, sondern vorsätzlich schlecht prozessiert hat und dass dies auf der anderen Seite so offenkundig ist, dass der Gesellschaftsgläubiger sich nicht mehr glaubhaft darauf berufen kann, er sei dennoch davon ausgegangen, im Recht zu sein. Eine solche Behauptung müsste so weit gehen, dass das Rechtsgefühl dadurch in schlechthin unerträglicher Weise verletzt wird. Das kommt etwa in Betracht, wenn ein von der Vertretung ausgeschlossener Gesellschafter sich als Nebenintervenient so überzeugend in Widerspruch zu den Prozesshandlungen der Gesellschaft setzt, dass deren Prozesshandlung nur als bewusst selbst- und fremdschädigend aufgefasst werden kann. Das wäre etwa der Fall, wenn der Gesellschafter als Nebenintervenient unzweifelhaft die Voraussetzungen für die Erhebung einer Verjährungseinrede darlegt, die Gesellschaft sich aber dennoch ohne naheliegenden Grund weigert, die Verjährungseinrede zu erheben. In solch extremen Ausnahmefällen steht die Evidenz der Kollusion gleich.[259]

---

258 Vgl. oben unter B. I. 1. a) ee) (3) (c), S. 48 ff.

259 So im Ergebnis auch *Oberhammer*, OHG im Zivilprozeß, S. 71, der zutreffend eine Kenntnis des Gesellschaftsgläubigers nur dann für unschädlich hält, wenn die Gesellschaft grob fahrlässig – aber eben nicht bewusst – die Erhebung bestimmter Einwendungen unterlassen hat.

c) Ergebnis

Bei unredlicher Prozessführung der Gesellschaft kommt eine Einschränkung der Rechtskraftwirkung des § 129 I HGB in Betracht. Voraussetzung ist, dass der Gesellschaftsgläubiger wusste, dass das vertretungsberechtigte Organ der Gesellschaft bestimmte Einwendungen bewusst nicht erhoben hat – er also ein objektiv unrichtiges Urteil bei Bösgläubigkeit des Repräsentanten ausnutzt. Dies gilt erst recht auch für den Fall, dass der Gesellschaftsgläubiger in kollusivem Zusammenwirken mit dem vertretungsberechtigten Organ der Gesellschaft ein fehlerhaftes Urteil – gezielt zum Nachteil eines oder mehrerer von der Vertretung ausgeschlossener Gesellschafter – erschlichen hat. In diesen Fällen ist sein Vertrauen auf eine Rechtskrafterstreckung nach § 129 I HGB nicht schutzwürdig, vielmehr ist dann eine Rechtskraftdurchbrechung nach § 826 BGB geboten.

2. Rechtslage bei der KG und GbR

Die Ausführungen zur OHG[260] lassen sich auch auf die KG und die GbR übertragen. Auch deren Gesellschafter müssen sich die Prozessführung ihrer prozessualen Repräsentanten nicht bei unredlicher Prozessführung zurechnen lassen, wenn auch der Gesellschaftsgläubiger die Unredlichkeit kannte.

III. Rechtskrafterstreckung bei wechselndem Gesellschafterbestand

An eine abweichende Beurteilung der Rechtskrafterstreckung nach § 129 I HGB ist auch bei wechselndem Gesellschafterbestand zu denken. Zu unterscheiden ist auf der einen Seite der Eintritt eines neuen Gesellschafters nach rechtskräftig ergangenem Urteil gegen die Gesellschaft und auf der anderen Seite der Austritt eines Gesellschafters vor dem Eintritt der Rechtskraft.

1. Eintritt eines neues Gesellschafters nach rechtskräftigem Urteil

Zunächst soll nachstehend der Fall des neueintretenden Gesellschafters skizziert werden.

---

260 Vgl. oben unter B. II. 1., S. 71 ff.

a) Rechtslage bei der OHG

Für den Fall des neueintretenden Gesellschafters ordnet § 130 I HGB ausdrücklich an, dass dieser „nach Maßgabe der §§ 128 und 129 für die vor seinem Eintritt begründeten Verbindlichkeiten der Gesellschaft" haftet. Uneinheitlich wird die Frage nach dem Sinn und Zweck dieser Vorschrift behandelt.[261] Beachtlich sind jedoch nur zwei thematisierte Zwecke:[262] Zum einen der Gläubigerschutz,[263] zum anderen die Vereinfachung der Abrechnung im Verhältnis der Gesellschafter untereinander.[264] Für den Gläubigerschutz wird angeführt, dass der Gläubiger ohne Geltung des § 130 HGB Gefahr liefe, dass der in Anspruch genommene Gesellschafter einwendet, er sei im Zeitpunkt der Begründung der Forderung gegen die Gesellschaft noch gar nicht Gesellschafter gewesen.[265] Dagegen wird vorgebracht, dass der Gläubiger nicht darauf vertrauen könne, dass ihm andere Personen als diejenigen haften, die im Zeitpunkt der Begründung der Gesellschaftsverbindlichkeit bereits Gesellschafter waren.[266] Da sich seine Rechtsstellung als Schuldner der Gesellschafter durch den Eintritt eines weiteren Gesellschafters nicht verschlechtere, sei nicht ersichtlich, weshalb sich seine Rechtsstellung als Gläubiger der Gesellschaft verbessern müsste.[267] Umgekehrt wird für den Gläubigerschutz jedoch der Kompensationsgedanke genannt: Danach sei die persönliche Haftung des neueintretenden Gesellschafters als angemessener Ausgleich dafür anzusehen, dass der neue Gesellschafter durch seine Stellung als Gesellschafter Einfluss auf das Gesellschaftsvermögen und damit auf einen Haftungsfonds ausüben kann, der den Altgläubigern der Gesellschaft zugewiesen sei.[268]

Auffällig bei diesen Erklärungsversuchen zur Ratio des § 130 HGB ist, dass sie sich im Wesentlichen auf die Rechtfertigung der Haftung des neue

261 Vgl. *Dauner-Lieb*, FS Ulmer, 2003, 73 (85), die die Ratio des § 130 HGB „zu diffus und zu dürftig" nennt.

262 Vgl. auch *Lange*, NZG 2002, 401 (405): „Von den vielfältigen Meinungen über den Zweck des § 130 HGB sind im Wesentlichen zwei relevant".

263 Dafür etwa *Gesmann-Nuissl*, WM 2001, 973 (978); *Habersack*, BB 2001, 477 (482); *Schäfer*, ZIP 2003, 1225 (1230); *Segna*, NJW 2006, 1566 (1568).

264 So etwa *Baumann/Rößler*, NZG 2002, 793 (795); *Lange*, NZG 2002, 401 (403 ff.); *Wertenbruch*, Haftung von Gesellschaften, S. 56.

265 *Gesmann-Nuissl*, WM 2001, 973 (978); *Habersack*, BB 2001, 477 (482).

266 *Lange*, NZG 2002, 401 (403).

267 *Lange*, NZG 2002, 401 (404).

268 *Schäfer*, ZIP 2003, 1225 (1230).

Gesellschafters nach § 128 HGB beschränken. Erklärungen zur Rechtfertigung des Einwendungsausschlusses bzw. der Rechtskrafterstreckung nach § 129 HGB sind jedoch kaum ersichtlich, was überrascht: Immerhin konnte der neue intretende Gesellschafter weder Einfluss auf Geschäfte bzw. Prozesse der Gesellschaft nehmen noch wurden seine Interessen vor seinem Beitritt – mangels Bestehen des Mitgliedschaftsverhältnisses – prozessual repräsentiert. Die Rechtskrafterstreckung gegenüber dem neueintretenden Gesellschafter lässt sich jedoch mit seinen Erkundigungsmöglichkeiten rechtfertigen: Er kann sich vor dem Beitritt über bestehende Forderungen und Urteile informieren und gegebenenfalls von einem Beitritt absehen, wenn er für die Gesellschaftsverbindlichkeiten nicht haften will, oder mit dem konkreten Gläubiger einen Haftungsausschluss vereinbaren.[269] Durch den Beitritt zeigt er sich also damit einverstanden, dass ihm die Prozessführung der Gesellschaft zugerechnet wird. Erfolgt der Beitritt dabei durch Übertragung des Anteils eines bisherigen Gesellschafters, wird die Rechtskrafterstreckung ergänzend durch den Umstand gerechtfertigt, dass der neue intretende Gesellschafter damit zum Rechtsnachfolger des bisherigen Gesellschafters wird (vgl. 325 I ZPO).[270]

b) Rechtslage bei der KG

Für den Komplementär einer KG gilt nach §§ 130 I, 161 II HGB dasselbe wie für den OHG-Gesellschafter. Fraglich ist, ob dies auch für den Kommanditisten gilt. Für diesen sieht der speziellere § 173 I HGB zunächst vor, dass der neue intretende Kommanditist „nach Maßgabe der §§ 171 und 172 für die vor seinem Eintritt begründeten Verbindlichkeiten der Gesellschaft" haftet. Wer daraus jedoch den Schluss zieht, dass § 130 I HGB keinerlei Anwendung auf den Kommanditisten findet,[271] handelt voreilig: In den §§ 171, 172 HGB findet sich lediglich eine Modifikation zu § 128 HGB, nicht jedoch zu § 129 I HGB.[272] § 173 I HGB verdrängt § 130 I HGB insoweit also nur hinsichtlich der Haftung nach Maßgabe des § 128 HGB. Was die Haftung des neueintretenden Kommanditisten nach Maßgabe des § 129 I HGB angeht, so ist soweit durch § 173 I HGB nicht ein anderes vorgeschrieben i.S.v. § 161 II HGB. Für den neueintretenden Kommanditisten

---

269 So auch *Klimke*, ZGR 2006, 540 (554); *Oberhammer*, OHG im Zivilprozeß, S. 107.

270 So auch *Oberhammer*, OHG im Zivilprozeß, S. 107 Fn. 162.

271 So (anscheinend) etwa *Boesche*, in: Oetker, HGB Kommentar, § 130 Rn. 2; *K. Schmidt*, in: MüKo-HGB, § 130 Rn. 3.

272 Vgl. oben unter B. I. 2. c), S. 66.

gilt also letztendlich, dass er nach Maßgabe der §§ 171, 172, 129 HGB haftet.[273] Dies ist auch interessengerecht, denn es leuchtet nicht ein, warum ein Kommanditist – im Gegensatz zu OHG-Gesellschaftern und Komplementären – die Möglichkeit haben sollte, nach seinem Beitritt noch Einwendungen der Gesellschaft gegen seine persönliche Haftung vorzubringen, wenn die Gesellschaftsverbindlichkeit bereits rechtskräftig gegenüber der Gesellschaft festgestellt worden ist. Somit kann auch dem Kommanditisten gegenüber die Rechtskrafterstreckung mit seinen Erkundigungsmöglichkeiten vor dem Beitritt gerechtfertigt werden.

c) Rechtslage bei der GbR

Nachdem der BGH[274] in seinem Grundsatzurteil zur Anerkennung der Rechts- und Parteifähigkeit der GbR auch die analoge Anwendung der „§§ 128 f. HGB" auf die GbR anerkannt hat, war zunächst umstritten, ob als Konsequenz der akzessorischen Gesellschafterhaftung auch § 130 HGB analog auf die GbR angewendet werden sollte.[275] Bedenken wurden in verfassungsrechtlicher Hinsicht geäußert.[276] So wurde etwa der Standpunkt vertreten, dass eine richterliche Haftungsverschärfung für die GbR und ihre Mitglieder einen Eingriff in die Berufsausübungsfreiheit (Art. 12 GG) darstelle und Richterrecht den formalen Anforderungen des Schrankenvorbehalts des Art. 12 I 2 GG grundsätzlich nicht genüge.[277] Eine strenge Haftung nach Maßgabe der §§ 128 ff. HGB sei keine zwingende Folge der Rechtsfähigkeit der GbR; vielmehr sei eine differenzierende Rechtsfortbildung geboten, nach der die Gesellschafter nur für Primärschulden uneingeschränkt zu haften hätten, bei Sekundärverbindlichkeiten hingegen nur nach Maßgabe des § 425 BGB.[278] Es wurde auch vertreten, dass eine analoge Anwendung des § 130 HGB als kaufmännisches Sonderrecht nicht bei Zufalls- oder Gelegenheitsgesellschaften passe und es zum Schutz des Gläubigers ausreichend sei, wenn nur die Einlage des neueintretenden Gesellschafters auch den Altgläubigern unterliege.[279] Daher sei zumindest eine differenzierende

---

273 So im Ergebnis auch *Klimke*, ZGR 2006, 540 (558 f.).

274 BGH NJW 2001, 1056 (1061).

275 Dafür etwa *Derleder*, BB 2001, 2485 (2492); *Gesmann-Nuissl*, WM 2001, 973 (978); *Habersack*, BB 2001, 477 (482); *K. Schmidt*, NJW 2001, 993 (999); *Scholz*, NZG 2002, 153 (162); ablehnend etwa *Baumann/Rößler*, NZG 2002, 793 ff.; *Dauner-Lieb*, FS Ulmer, 2003, 73 ff.; differenzierend *Lange*, NZG 2002, 401 ff.

276 *Baumann/Rößler*, NZG 2002, 793 (794 f.).

277 *Baumann/Rößler*, NZG 2002, 793 (794).

278 *Baumann/Rößler*, NZG 2002, 793 (794 f.).

279 *Wiedemann*, JZ 2001, 661 (663 f.); ähnlich *Lange*, NZG 2002, 401 (404).

Lösung geboten, die nach der Person des Haftenden und der Beitrittssituation unterscheide, um je nach personaler Struktur der konkreten Gesellschaft unterschiedliche Haftungsfolgen erzielen zu können.[280] In einem weiteren Urteil hat der BGH[281] jedoch klargestellt, dass § 130 HGB analog grundsätzlich auch für den neueintretenden Gesellschafter einer GbR gilt, was seitdem ständiger Rechtsprechung entspricht.[282] Laut BGH[283] ist die analoge Anwendung des § 130 HGB die „Konsequenz des akzessorischen Haftungsprinzips". Mit dem Erwerb der Mitgliedschaft erlange der neue intretende Gesellschafter dieselben Zugriffsmöglichkeiten auf das Gesellschaftsvermögen wie die Altgesellschafter, was nur durch Einbeziehung der Neugesellschafter in dasselbe Haftungsregime, dem auch die Altgesellschafter unterliegen, kompensiert werden könne. Die grundsätzliche Mithaftung der Neugesellschafter sei das „wohlbegründete Ergebnis einer Abwägung der legitimen Interessen der Gläubiger und des Neueingetretenen". Die analoge Anwendung biete Vorteile bei Verbindlichkeiten der Gesellschaft aus Dauerschuldverhältnissen und bei Umwandlungen der Personengesellschaften. Zudem müsse der Gläubiger sich – angesichts mangelnder Registerpublizität – nicht auf einen Streit über die Zeitpunkte des Entstehens seiner Forderung und der Mitgliedschaft des in Anspruch genommenen Gesellschafters einlassen.[284] Damit schloss sich der BGH im Prinzip der Ansicht an, die den Gläubigerschutz als Zweck des § 130 HGB ansieht.[285] Nach dem Urteil vom 07.04.2003 sollte die analoge Anwendung des § 130 HGB, aufgrund von „Erwägungen des Vertrauensschutzes", allerdings erst auf künftige Beitrittsfälle Anwendung finden.[286] Diese Rückwirkungssperre hat der BGH[287] aber bereits dahin gehend relativiert, dass sie dann nicht gelten soll, wenn der neue Gesellschafter die Altverbindlichkeit bei seinem Eintritt in die Gesellschaft kennt oder

280 *Lange*, NZG 2002, 401 (405).

281 BGH NJW 2003, 1803.

282 BGH NJW 2006, 765; BGH NZG 2012, 701 (Rn. 20); BGH NZG 2014, 696.

283 BGH NJW 2003, 1803 (1804).

284 BGH NJW 2003, 1803 (1804 f.).

285 Vgl. oben unter B. III. 1. a), S. 76; anders noch BGH NJW 1979, 1821 und BGH NJW 1982, 45 (46): Altgläubiger im Hinblick auf neue intretende Gesellschafter nicht schutzwürdig.

286 BGH NJW 2003, 1803 (1805); kritisch zu dieser Rückwirkungssperre etwa *K. Schmidt*, in: MüKo-HGB, § 130 Rn. 5: „unvereinbare Separierung von Alt- und Neuverbindlichkeiten".

287 BGH NJW 2006, 765; kritisch *K. Schmidt*, in: MüKo-HGB, § 130 Rn. 5: „Überflüssig und wenig überzeugend".

wenn er deren Vorhandensein auch nur bei geringer Aufmerksamkeit hätte erkennen können. Zwar fanden sich weiterhin kritische Gegenstimmen, die das Vorliegen der Voraussetzungen für eine Analogie bestreiten.[288] Es wurde vertreten, dass der neue intretende Gesellschafter nicht genug geschützt werde, wenn er etwa (zunächst) keinen Kapitalanteil an der Gesellschaft erhält, oder wenn einer Altverbindlichkeit kein Aktivum gegenüberstehe, an dem der Eintretende für sich eine vermögensrechtliche Mitberechtigung reklamieren könne, wie bei gesetzlichen Gesellschaftsverbindlichkeiten.[289] Daher sei eine Analogie des § 130 HGB nicht zwingend, vielmehr sei nur eine „limitierte Akzessorietät" geboten, bei welcher der eintretende Gesellschafter nicht ohne Weiteres für Altverbindlichkeiten hafte, sondern lediglich nach §§ 128, 129 HGB.[290] Eine analoge Anwendung des § 130 HGB, der strengsten Vorschrift des Außenrechts der OHG, würde die Außenhaftung der BGB-Gesellschafter komplett der Außenhaftung der OHG-Mitglieder gleichstellen, was dem Gebot der *lex lata*, wonach sich die GbR hinsichtlich der Außenhaftung ihrer Mitglieder von der OHG zu unterscheiden habe, widerspreche.[291] Freiberufler hätten so etwa nicht mehr die Möglichkeit, einer Sozietät als Partner beizutreten, ohne die Haftung für deren gesamte (teils unerkennbare) Altschulden zu übernehmen, was Grundrechtseingriffe in §§ 9 I, 12 I, 3 I GG zur Folge habe.[292]

Diese Bedenken können im Ergebnis nicht überzeugen. Der BGH[293] hat zutreffend betont, dass die persönliche Haftung der Gesellschafter das „notwendige Gegenstück zum Fehlen jeglicher Kapitalerhaltungsregeln" sei und dabei auch auf die Problematik bei Dauerschuldverhältnissen hingewiesen. Bei solch langfristigen Vertragsverhältnissen, wie etwa bei Aufnahme eines Kredits, droht das Szenario, dass irgendwann niemand mehr für die Rückzahlung der Kreditsumme persönlich haftet, weil alle bei Fälligkeit noch vorhandenen Gesellschafter erst nach der Kreditaufnahme in die Gesellschaft eingetreten waren und die Haftung der zuvor ausgeschiedenen Gesellschafter gem. §§ 736 II BGB, 160 HGB beendet ist.[294] Die Lösungsansätze der Gegenansicht, sich etwa auf die

---

288 Vgl. etwa *Boehme*, NZG 2003, 764 ff.; *Canaris*, ZGR 2004, 69 (114 ff.).
289 *Boehme*, NZG 2003, 764 (765).
290 *Boehme*, NZG 2003, 764 (765 f.), im Anschluss an *Lange*, NZG 2002, 401 (405).
291 *Canaris*, ZGR 2004, 69 (115).
292 *Canaris*, ZGR 2004, 69 (115).
293 BGH NJW 2003, 1803 (1804).
294 BGH NJW 2003, 1803 (1804).

Bankpraxis zu verlassen[295] oder die Problematik durch ungeschriebene Auslegungsregeln[296] zu lösen, tragen nicht in ausreichendem Maß zur Rechtssicherheit bei. Ein Gesellschafter kann vor Beitritt mehr Einfluss auf die Haftungssituation nehmen als der Gesellschaftsgläubiger.[297] Entgegen der Annahme, dass ein Haftungsausschluss mit dem Gläubiger praktisch nicht in Betracht komme, weil dieser zumeist unbekannt sein und zudem keinen Anlass dazu sehen werde,[298] erscheint eine solche Vereinbarung mit bestimmten Gläubigern durchaus möglich. Der eintretende Gesellschafter kann sich – auch wenn er mangels Buchführungspflichten bei der GbR nicht die gleichen Erkundungsmöglichkeiten wie der Gesellschafter einer Personenhandelsgesellschaft hat[299] – bei dem bzw. den Geschäftsführern der GbR nach bestehenden Verbindlichkeiten mit (zumindest vertraglichen) Gläubigern erkundigen. Insoweit dürfte dem potenziell beitretenden Gesellschafter durch Vertragsanbahnung mit der Gesellschaft ein Auskunftsrecht aus § 242 BGB über bestehende Verbindlichkeiten zustehen.[300] Bei arglistiger Täuschung über das Bestehen von Gesellschaftsverbindlichkeiten könnte er den Gesellschaftsbeitritt anfechten und damit das entstandene Mitgliedschaftsverhältnis wieder aufheben. Der Gläubiger dürfte einer solchen haftungsausschließenden Vereinbarung mit dem beitretenden Gesellschafter im Übrigen auch nicht prinzipiell abgeneigt sein; immerhin kann ein neue intretender Gesellschafter das Gesellschaftsvermögen durch eine Einlage erhöhen. Auch ansonsten ist ein neue intretender BGB-Gesellschafter nicht schutzwürdiger als ein Gesellschaftsgläubiger, da der Gesellschafter seinen Beitritt zudem grundsätzlich davon abhängig machen kann, dass sich die Altgesellschafter im Innenverhältnis dazu verpflichten, für die Altverbindlichkeiten alleine zu haften.[301] Im Falle der Inanspruchnahme durch den Gesellschaftsgläubiger könnte

---

295 So *Boehme*, NZG 2003, 764 (766), der meint, die Bank könne entweder Kreditverträge nicht mit der GbR, sondern nur unmittelbar mit den Gesellschaftern abschließen, oder könne persönliche Bürgschaften von den Gesellschaftern verlangen.

296 So *Canaris*, ZGR 2004, 69 (116), der meint, dass ein beitretender Gesellschafter mangels abweichender Erklärung gegenüber dem Vertragspartner kumulativ in das Dauerschuldverhältnis eintrete.

297 Zutreffend betont *K. Schmidt*, NJW 2001, 993 (999), dass nicht die Begründung der Gesellschafterhaftung, sondern deren Ausschluss einer besonderen Vereinbarung mit dem Gesellschaftsgläubiger bedarf.

298 *Canaris*, ZGR 2004, 69 (114); *Lange*, NZG 2002, 401 (404).

299 *Klimke*, ZGR 2006, 540 (561 f.).

300 Vgl. *Grüneberg*, in: Palandt, BGB, § 260 Rn. 4 ff.

301 Vgl. *Morawietz*, GbR im Zivilprozess, S. 130.

der neue intretende Gesellschafter daher dann grundsätzlich vollständigen Ausgleich von den Altgesellschaftern verlangen, wenn kein Gesellschaftsvermögen zur Deckung des Ausgleichsanspruchs mehr besteht. Damit wird ihm zwar das Regressrisiko und das Insolvenzrisiko seiner Mitgesellschafter aufgebürdet. Wenn er sich aber Sorgen um die Solvenz von Gesellschaft und Mitgesellschaftern macht, kann er von einem Beitritt absehen. Tritt er der Gesellschaft bei, nimmt er ein Insolvenzrisiko – nach allgemeinen Grundsätzen – in Kauf. Dies ist vor dem Hintergrund, dass es sich um die Kehrseite seiner Partizipationsmöglichkeiten am Gesellschaftsvermögen handelt, nicht unangemessen.[302]

Auch die Rechtskrafterstreckung gegenüber dem neueintretenden BGB-Gesellschafter lässt sich daher wieder mit seinen Erkundigungsmöglichkeiten rechtfertigen.[303] Damit dürfte die analoge Anwendung des § 130 HGB letztendlich als geklärt gelten.[304]

d) *Zusammenfassung*

Im Ergebnis muss sich also jeder neue intretende Gesellschafter – dies gilt unterschiedslos für OHG-Gesellschafter, Komplementäre, Kommanditisten und BGB-Gesellschafter – die bisherige Prozessführung der Gesellschaft, d.h. rechtskräftige Urteile, nach § 129 I HGB (analog) i.V.m. § 130 I HGB (analog) zurechnen lassen. Diese Rechtskrafterstreckung (auch) gegenüber dem neueintretenden Gesellschafter lässt sich im Wesentlichen mit seinen Erkundigungsmöglichkeiten vor dem Beitritt rechtfertigen. Zudem kann er den Beitritt davon abhängig machen, im Innenverhältnis von den Altverbindlichkeiten freigestellt zu werden; auch ein Haftungsausschluss mit dem Gläubiger ist möglich.

2. Austritt eines Gesellschafters vor dem Eintritt der Rechtskraft

Problematischer ist die Behandlung des ausgeschiedenen Gesellschafters, denn im Gegensatz zum neueintretenden Gesellschafter trifft das Gesetz keine Aussage über den ausgeschiedenen Gesellschafter.

---

302 Zu Recht betont der BGH (in: NJW 2003, 1803, 1804), dass der neue intretende Gesellschafter neben einem Anteil am Gesellschaftsvermögen auch Anteile an der Marktstellung sowie den Kunden- bzw. Mandantenbeziehungen erwerben kann.

303 Vgl. oben unter B. III. 1. a), S. 76 f.

304 So auch *K. Schmidt*, in: MüKo-HGB, § 130 Rn. 5.

a) Rechtslage bei der OHG

Der ausgeschiedene OHG-Gesellschafter haftet nach seinem Ausscheiden gemäß § 128 HGB i.V.m. § 160 I HGB für bis dahin begründete Verbindlichkeiten der Gesellschaft, wenn sie vor Ablauf von fünf Jahren nach dem Ausscheiden fällig geworden und daraus Ansprüche gegen ihn gerichtlich geltend gemacht worden sind. Eine Rechtskrafterstreckung zulasten des ausgeschiedenen Gesellschafters kommt nach allgemeiner Meinung[305] nicht in Betracht.[306]

Fraglich ist jedoch, zu welchem Zeitpunkt der Gesellschafter bereits aus der Gesellschaft ausgeschieden sein muss, um nicht mehr von der Rechtskrafterstreckung des § 129 I HGB erfasst zu werden.

aa) Ausscheiden vor Klageerhebung als maßgeblicher Zeitpunkt

Überwiegend wird auf den Zeitpunkt der Klageerhebung abgestellt: Der Gesellschafter soll demnach dann nicht von der Rechtskrafterstreckung nach § 129 I HGB erfasst werden, wenn er vor der Klageerhebung aus der Gesellschaft ausgeschieden ist.[307] Dies wird etwa damit begründet, dass der ausgeschiedene Gesellschafter die Prozessführung der Gesellschaft nicht mehr beeinflussen könne und er sich nicht darauf verlassen könne, dass die Gesellschaft im eigenen Interesse alle Einwendungen sorgsam geltend machen werde. Er habe daher ein schützenswertes Interesse daran, die der Gesellschaft zustehenden Einwendungen selbst geltend machen zu können. Das Interesse des Gesellschaftsgläubigers an einer Rechtskrafterstreckung müsse hinter dieses Interesse zurücktreten.[308] Zum Teil wird auch betont, dass der ausgeschiedene Gesellschafter in diesem Fall nicht mehr seine Interessenvertreter im Prozess auftreten lässt.[309] Diese Lösung ergibt sich laut BGH[310] aus dem Rechtsgedanken des § 425 BGB, der in

---

305 BGH NJW 1966, 499 (500); BGH NJW 1981, 175 (176); *Gottwald*, in: MüKo-ZPO, § 325 Rn. 77; *Klimke*, ZGR 2006, 540 (555); *Oberhammer*, OHG im Zivilprozeß, S. 108 ff.; *K. Schmidt*, in: MüKo-HGB, § 129 Rn. 16 m.w.N.

306 Das beschränkt sich freilich aber auch nur auf die Rechtskrafterstreckung zulasten des ausgeschiedenen Gesellschafters; zu seinen Gunsten greift sie ebenso wie beim Gesellschafter, der noch Mitglied der Gesellschaft ist, was sich aus der Akzessorietät seiner Haftung ergibt, vgl. oben unter B. I. 1. a) bb), S. 31 f.

307 BGH NJW 1966, 499 (500); BGH NJW 1981, 175 (176); *Gottwald*, in: MüKo-ZPO, § 325 Rn. 77; *Klimke*, ZGR 2006, 540 (555); *K. Schmidt*, in: MüKo-HGB, § 129 Rn. 16.

308 BGH NJW 1966, 499 (500).

309 *K. Schmidt*, in: MüKo-HGB, § 129 Rn. 16.

310 BGH NJW 1966, 499 (500).

diesem Fall aufgrund einer umfassenden Berücksichtigung der jeweils verschiedenartigen Interessen der Beteiligten entsprechende Anwendung finden soll. Ein Teil der Literatur[311] befürwortet hingegen unter Berufung auf die Akzessorietät der Gesellschafterhaftung eine entsprechende Anwendung der auch für den Bürgen geltenden Regeln – der Bürge muss, wie bereits erwähnt, keine Rechtskrafterstreckung zu seinen Lasten hinnehmen –, da die Rechtsstellung des ausgeschiedenen Gesellschafters eher der Stellung des Bürgen ähnele als der des beteiligten Gesellschafters.

bb) Ausscheiden vor materieller Rechtskraft des Urteils als maßgeblicher Zeitpunkt

Insbesondere in der älteren Literatur[312] wird teilweise auf den Zeitpunkt der materiellen Rechtskraft abgestellt. Danach soll der Gesellschafter auch dann nicht von der Rechtskrafterstreckung nach § 129 I HGB tangiert werden, wenn er während des Prozesses, aber noch vor Rechtskraft des Urteils, aus der Gesellschaft ausscheidet. Dies wird etwa damit begründet, dass die Gesellschaft die Rechtslage des Gesellschafters nach dessen Ausscheiden ebenso wenig verschlechtern könne, wie der Hauptschuldner diejenige des Bürgen;[313] die Abhängigkeit der Gesellschafterhaftung soll im Zeitpunkt seines Ausscheidens erlöschen.[314] Teilweise wird auch behauptet, der Gesellschafter könne, selbst wenn er dem Gesellschaftsprozess als Nebenintervenient beitrete, nicht verhindern, dass die Gesellschaft auf Einreden verzichtet, was er nicht gegen sich gelten lassen müsse.[315]

cc) Bindung des Gesellschafters an die Prozesslage zum Zeitpunkt seines Ausscheidens

Eine vermittelnde Lösung schlägt *Oberhammer*[316] vor: Der bis zu seinem Ausscheiden aus der Gesellschaft repräsentierte Gesellschafter soll im Umfang des § 129 I HGB an die bis zu diesem Zeitpunkt erreichte Prozesslage gebunden

---

311 *Hadding*, ZGR 2001, 712 (741 f.); *Klimke*, ZGR 2006, 540 (555 Fn. 58); *K. Schmidt*, in: MüKo-HGB, § 129 Rn. 15 f.; *K. Schmidt*, Gesellschaftsrecht, S. 1421 f.

312 *Hellwig*, Anspruch und Klagerecht, S. 273 Fn. 22; *Jaeger*, FG Sohm, 1915, S. 1 (65); vgl. aber auch *Brandes*, FS Stimpel, 1985, 105 (120).

313 *Hellwig*, Anspruch und Klagerecht, S. 273 Fn. 22.

314 *Jaeger*, FG Sohm, 1915, S. 1 (65).

315 *Brandes*, FS Stimpel, 1985, 105 (120).

316 OHG im Zivilprozeß, S. 113 ff.

werden. Der Gesellschaftsgläubiger sei schutzwürdig, wenn er im Vertrauen auf die Rechtskrafterstreckung nach § 129 I HGB keine Klagen gegen die einzelnen persönlich haftenden Gesellschafter erhoben hat.[317] Die bis zum Ausscheiden des Gesellschafters erreichte Prozesslage müsse dem Gesellschaftsgläubiger daher erhalten bleiben.[318] Wenn der Gesellschaftsgläubiger also im Anschluss Klage gegen den ausgeschiedenen Gesellschafter erhebt, habe das Gericht an die im Gesellschaftsprozess zum Zeitpunkt seines Ausscheidens erreichte Prozesslage anzuknüpfen. Diese Bindung habe sich am Umfang des § 129 I HGB zu orientieren. Dadurch werde zum einen das Rechtsschutzziel des Gesellschaftsgläubigers – die Verurteilung der Gesellschaft mit Bindungswirkung gegenüber dem Gesellschafter – erreicht;[319] zum anderen sei die Bindung des Gesellschafters für diesen aufgrund seiner Mitgliedschaft zur Gesellschaft bis zum Zeitpunkt seines Ausscheidens auch zumutbar.[320] Sobald der Gesellschafter ausscheide, könne der Gläubiger unmittelbar darauf Klage gegen ihn erheben und dieser Prozess könne wiederum sofort mit dem Gesellschaftsprozess zur gemeinsamen Verhandlung verbunden werden.[321]

dd) Stellungnahme

Der herrschenden Meinung ist im Ergebnis jedenfalls darin zuzustimmen, dass die Rechtskraftwirkung des § 129 I HGB bestehen bleibt, wenn der Gesellschafter erst nach Klageerhebung ausscheidet. In dogmatischer Hinsicht überzeugt aber weder eine analoge Anwendung des § 425 BGB noch ein Rückgriff auf die für den Bürgen geltenden allgemeinen Regeln. Entscheidend ist, dass durch das Erlöschen des Mitgliedschaftsverhältnisses von einer prozessualen Repräsentation keine Rede mehr sein kann, wenn der Gesellschafter vor Klageerhebung aus der Gesellschaft ausscheidet.[322] Wenn man mit der hier vertretenen Ansicht[323] davon ausgeht, dass die prozessuale Repräsentation der Geltungsgrund für die Anordnung der Rechtskrafterstreckung in § 129 I HGB ist, dann ist im Fall einer fehlenden prozessualen Repräsentation eine teleologische Reduktion des § 129 I HGB geboten. Scheidet er hingegen erst nach Klageerhebung aus, ist er

---

317 Vgl. *Oberhammer*, OHG im Zivilprozeß, S. 110, 113.
318 *Oberhammer*, OHG im Zivilprozeß, S. 113.
319 *Oberhammer*, OHG im Zivilprozeß, S. 115.
320 *Oberhammer*, OHG im Zivilprozeß, S. 113.
321 *Oberhammer*, OHG im Zivilprozeß, S. 115.
322 So auch *Oberhammer*, OHG im Zivilprozeß, S. 108.
323 Vgl. oben unter B. I. 1. a) ee) (3) (c) und (d), S. 48 ff.

weniger schutzwürdig. Hier greift die Argumentation, die schon im Falle des von der Vertretung ausgeschlossenen Gesellschafters für eine Anwendung des § 129 I HGB sprach,[324] entsprechend: Der Gesellschafter hat sich (ursprünglich) freiwillig in die Position begeben, dass seine Interessen im Gesellschaftsprozess repräsentiert werden. Nach Klageerhebung wäre es daher, unter Abwägung seines Interesses mit dem des Gesellschaftsgläubigers an einer Rechtskrafterstreckung, ungerechtfertigt, wenn er die Bindung nach § 129 I HGB einfach durch sein Ausscheiden aus der Gesellschaft umgehen könnte. Das Interesse des Gläubigers, der womöglich im Vertrauen auf die Rechtskrafterstreckung nach § 129 I HGB keine Klagen gegen die einzelnen Gesellschafter erhoben hat, ist schutzwürdiger. Es lässt sich in diesem Fall nicht rechtfertigen, den für ihn nach § 128 HGB angeordneten Schutz durch die persönliche Gesellschafterhaftung mangels Anwendung des § 129 I HGB einzuschränken.

Es vermag auch nicht einzuleuchten, warum der Gesellschafter im Falle seines Ausscheidens während des Prozesses nur an die bis dahin erreichte Prozesslage gebunden sein soll. Es stellt sich schon die Frage, wie diese von *Oberhammer* gewünschte Bindungswirkung rechtstechnisch erreicht werden soll. Da sich der Umfang der (objektiven) Rechtskraft grundsätzlich nur auf den Tenor beschränkt, kann nicht von einer Rechtskrafterstreckung oder Rechtskraftwirkung gesprochen werden, wenn eine Bindung etwa (auch) an bisherige Beweisergebnisse erfolgen soll. Es wäre m.E. mit einer erhöhten Rechtsunsicherheit verbunden, wenn im Gesellschafterprozess der Umfang der Bindungswirkung durch den bisherigen Gesellschaftsprozess erst im Einzelnen präzise ermittelt werden müsste, was dem Zweck der Rechtskraft – Rechtssicherheit zu schaffen – widerspricht. Auch wird es nach Ausscheiden des Gesellschafters nicht ohne Weiteres zu einer Verbindung von Gesellschafts- und Gesellschafterprozess kommen. Zum einen stellt § 147 ZPO die Entscheidung über eine gemeinsame Verhandlung in das Ermessen des Gerichts – gleichwohl wäre eine Verbindung in der Regel aus prozessökonomischen Gründen geboten. Zum anderen kann der Gesellschaftsgläubiger ein legitimes, prozesstaktisches Interesse daran haben, den ausgeschiedenen Gesellschafter nicht direkt mitzuverklagen, insbesondere wegen des höheren Prozesskostenrisikos. Der Gläubiger mag gute Gründe gehabt haben, warum er den später ausscheidenden Gesellschafter nicht von Anfang an mitverklagt hat; diese Gründe können bei einem Ausscheiden des Gesellschafters während des Prozesses fortbestehen. Es erscheint daher nicht gerechtfertigt, den Gläubiger nachträglich, durch das Ausscheiden

---

324 Vgl. oben unter B. I. 1. a) ee) (3) (c) und (d), S. 48 ff.

des Gesellschafters, dennoch dazu zu zwingen, den Gesellschafter direkt mitverklagen zu müssen, um das Bestehen der Gesellschaftsverbindlichkeit auch ihm gegenüber rechtskräftig festzustellen.

Die fehlende Schutzbedürftigkeit des ausgeschiedenen Gesellschafters nach Klageerhebung lässt sich damit rechtfertigen, dass er sich, unabhängig vom Bestehen einer Vertretungsbefugnis, vor seinem Ausscheiden über etwaige anhängige Gerichtsverfahren der Gesellschaft informieren kann. Wenn er dann noch Einfluss auf die Prozessführung nehmen möchte, so kann er dies tun, indem er dem Verfahren als Nebenintervenient beitritt; wenn er, trotz Kenntnis des Verfahrens, auf eine Einflussnahme verzichtet, ist er erst recht nicht schutzwürdig. Die Argumente der Gegenansicht[325] können nicht überzeugen. Die Abhängigkeit der Gesellschafterhaftung für Altverbindlichkeiten endet nach § 160 I HGB eben nicht schon mit dem Ausscheiden des Gesellschafters aus der Gesellschaft.[326] Ob sich der Gesellschafter die Rechtskrafterstreckung nach § 129 I HGB entgegenhalten lassen muss, hängt, wie schon gezeigt wurde,[327] aber ohnehin nicht mit der Akzessorietät der Gesellschafterhaftung zusammen; entscheidend ist allein, ob der Gesellschafter – zum Zeitpunkt des Verfahrensbeginns – prozessual repräsentiert wurde. Auch die Behauptung, der Gesellschafter sei durch den Beitritt zum Gesellschaftsprozess als Nebenintervenient nicht ausreichend geschützt, weil er nicht verhindern könne, dass die Gesellschaft auf Einreden verzichtet,[328] vermag nicht zu überzeugen. Selbst wenn man – zu Recht[329] – der Ansicht ist, dass der Gesellschafter dem Gesellschaftsprozess nur als einfacher Nebenintervenient beitreten könne, dann kann er somit zumindest unredliches Prozessieren der Gesellschaft zu seinen Lasten offenkundig machen und so die Rechtskrafterstreckung durchbrechen.[330] War er im Übrigen vertretungsbefugt und tritt nach Klageerhebung aus der Gesellschaft aus, verzichtet er freiwillig darauf, Einfluss auf den Prozess zu nehmen, und erklärt sich im Prinzip damit einverstanden, dass ihm die (weitere) Prozessführung der Gesellschaft zugerechnet wird. Waren Meinungsverschiedenheiten über den konkret anhängigen Rechtsstreit der Anlass für sein Ausscheiden, verbleibt die Möglichkeit, dem Verfahren als Nebenintervenient beizutreten. War er nicht vertretungsbefugt, so

---

325 Vgl. oben unter B. III. 2. a) bb), S. 84.

326 Vgl. nur *K. Schmidt*, in: MüKo-HGB, § 128 Rn. 40.

327 Vgl. oben unter B. I. 1. a) bb), S. 31 f.

328 *Brandes*, FS Stimpel, 1985, 105 (120).

329 Vgl. oben unter B. I. 1. a) ee) (2), S. 43.

330 Vgl. oben unter B. I. 1. a) ee) (2), S. 43 und B. II. 1. b) bb), S. 73 f.

unterscheidet sich seine Situation nicht von einem Gesellschafter, der noch Mitglied ist, aber ebenfalls keinerlei Vertretungsbefugnisse hatte: In beiden Fällen lagen – jedenfalls im Zeitpunkt der Klageerhebung – die Voraussetzungen der prozessualen Repräsentation vor, sodass die Zurechnung der Prozessführung der Gesellschaft grundsätzlich interessengerecht ist. Wenn schon der nicht vertretungsberechtigte Gesellschafter, der ggf. nicht einmal Kenntnis vom Verfahren hat, sich die Prozessführung der Gesellschaft zurechnen lassen muss, dann muss dies erst recht für den Gesellschafter gelten, der Kenntnis vom Rechtsstreit hat und dennoch aus der Gesellschaft ausscheidet, oder der sich vor dem Ausscheiden nicht einmal darüber informiert, ob ein Rechtsstreit anhängig ist und dadurch fahrlässig Einflussmöglichkeiten im Prozess verliert. Des Weiteren hat der ausscheidende Gesellschafter prinzipiell auch wieder die Möglichkeit, sein Ausscheiden davon abhängig zu machen, dass die übrigen Gesellschafter ihn im Innenverhältnis von der Haftung insoweit freistellen, oder dass der konkrete Gläubiger ihn von der Haftung befreit – Letzteres erscheint freilich unwahrscheinlich, da ein solcher Haftungsausschluss dem Gläubiger, anders als bei einer entsprechenden Vereinbarung mit einem neueintretenden Gesellschafter, grundsätzlich keinerlei Vorteile bringt. Dem Gesellschafter verbleiben somit im Allgemeinen wieder einige Möglichkeiten, sich möglichst umfassend vor einer schlechten Prozessführung der Gesellschaft zu schützen.

Sollte ein ausgeschiedener Gesellschafter letztendlich für die Gesellschaftsverbindlichkeit aufkommen, stehen ihm ebenfalls Regressansprüche gegen die Gesellschaft und die Mitgesellschafter zu, wobei die Gesellschaftsverbindlichkeit auch in diesen Verhältnissen wegen § 129 I HGB feststeht.[331] Dabei wird der ausgeschiedene Gesellschafter hinsichtlich des Ausgleichsanspruchs gegen die Gesellschaft von der herrschenden Meinung sogar als schutzwürdiger eingestuft als der beteiligte Gesellschafter: Wenn ein Gesellschafter im Zeitpunkt der Leistung an den Gesellschaftsgläubiger bereits aus der Gesellschaft ausgeschieden ist, soll sich sein Regressanspruch gegen die Gesellschaft nicht nach § 110 HGB,[332] sondern nach § 426 II BGB analog[333] richten. Dies sollen nach der Rechtsprechung

331 Vgl. B. I. 1. a) ee) (3) (c), S. 52 ff.

332 Vgl. BGH NJW 1963, 1873 (1874 f.); *Hillmann*, in: Boujong/Ebenroth/Joost/Strohn, HGB, § 128 Rn. 31; *K. Schmidt*, in: MüKo-HGB, § 128 Rn. 32; *Hadding*, FS Stimpel, 1985, 139 (153 f.), befürwortet hingegen eine analoge Anwendung des § 110 HGB.

333 So insbesondere BGH NJW 1963, 1873 (1874 f.); in der Literatur wird stattdessen teilweise eine analoge Anwendung des § 774 I BGB befürwortet, so etwa *Kubis*, Regreß des Personenhandelsgesellschafters, S. 124 ff. und *Preuß*, ZHR 160 (1996), 163 (174), die meinen, dass die Rechtslage des ausgeschiedenen Gesellschafters mit derjenigen

sowohl Wortlaut („Gesellschafter in den Gesellschaftsangelegenheiten") als auch Zweck nahelegen, da für § 110 HGB gesellschaftsrechtliche Gesichtspunkte maßgeblich seien. Der ausgeschiedene Gesellschafter unterliege keinen gesellschaftlichen Bindungen, weshalb er noch schutzwürdiger als ein der Gesellschaft noch angehörender Gesellschafter sei, wenn er einen Altgläubiger befriedigt. Daher soll ihm ein Anspruch aus § 426 II BGB – auch gegenüber der Gesellschaft – zuzubilligen sein, weil die Interessenlage des zahlenden ausgeschiedenen Gesellschafters mit der des zahlenden Gesamtschuldners übereinstimme. Der ausgeschiedene Gesellschafter sei darüber hinaus sogar noch schutzwürdiger als der Gesamtschuldner, sodass auch der ausgeschiedene Gesellschafter auf etwaige Sicherheiten und Vorrechte zurückgreifen können soll, die womöglich zugunsten der Forderung des Gläubigers bestanden haben.

Fraglich bleibt allerdings im Übrigen, ob der maßgebliche Zeitpunkt für das Ausscheiden des Gesellschafters – insoweit weitergehender als die herrschende Meinung – nicht noch weiter vorverlegt werden sollte, namentlich auf den Zeitpunkt der Anhängigkeit bei Gericht. Der Gesellschaftsgläubiger hat bereits zu diesem Zeitpunkt darüber disponiert, den später ausscheidenden Gesellschafter nicht mitzuverklagen, das heißt, sein Vertrauen auf die Rechtskraftwirkung des § 129 I HGB ist ab diesem Zeitpunkt schutzwürdig. Andererseits kann der ausscheidende Gesellschafter erst ab dem Zeitpunkt der Rechtshängigkeit, also der Zustellung der Klageschrift (§§ 253 I, 261 I ZPO), sicher Kenntnis von der Anhängigkeit des konkreten Rechtsstreits haben. Erst ab diesem Zeitpunkt besteht ein Prozessrechtsverhältnis. Fraglich ist daher, wer das Risiko für ein Ausscheiden zwischen Anhängigkeit und Rechtshängigkeit trägt. Mit anderen Worten: Geht es zulasten des Gläubigers, wenn der Gesellschafter im Zeitraum zwischen Anhängigkeit und Rechtshängigkeit die Gesellschaft verlässt oder wird der Gesellschafter selbst dann von der Rechtskrafterstreckung des § 129 I HGB erfasst, wenn er zwar vor Rechtshängigkeit, aber erst nach Anhängigkeit aus der Gesellschaft ausscheidet?

Für den Vorrang des Gläubigerschutzes spricht zunächst der Rechtsgedanke des § 167 ZPO: Damit lässt sich argumentieren, dass es für die Bestimmung des maßgeblichen Zeitpunkts auf die Anhängigkeit ankommt, wenn die Zustellung der Klageschrift demnächst erfolgt. Zum Zeitpunkt der Anhängigkeit hat der Gläubiger alles in seiner Macht Stehende getan, um das Verfahren in Gang zu

---

des Bürgen vergleichbar sei: Mangels Beteiligung am Gesellschaftsvermögen und Einflussmöglichkeiten stelle die Gesellschaftsverbindlichkeit für ihn wirtschaftlich eine fremde Schuld dar.

setzen; die Verzögerung durch die Weiterleitung der Klageschrift an die Gesellschaft darf danach grundsätzlich nicht zu seinen Lasten gehen. Der Gesellschafter kann sich demgegenüber – auch wenn er sich vor Zustellung der Klageschrift nicht über einen konkret anhängigen Rechtsstreit informieren kann – zumindest über einen drohenden bzw. bevorstehenden Rechtsstreit informieren. Denn in aller Regel wird ein Gesellschaftsgläubiger die Gesellschaft schon vorprozessual zur begehrten Leistung aufgefordert und hilfsweise einen Rechtsstreit angedroht haben – alleine schon, um die negativen Kostenfolgen des § 93 ZPO zu vermeiden. Dann hat der Gesellschafter prinzipiell auch wieder die vorhin schon genannten Möglichkeiten, gewisse Schutz- und Kontrollvorkehrungen zu treffen (Beitritt als Nebenintervenient; Haftungsübernahme der übrigen Gesellschafter im Innenverhältnis; Vereinbarung eines Haftungsausschlusses mit dem Gläubiger). Zu beachten ist in diesem Zusammenhang auch Folgendes: Schon vor Zustellung der Klageschrift kann ein Gesellschafter zufällig in Erfahrung gebracht haben, dass die Klageerhebung unmittelbar bevorsteht. Dann wäre es besonders kritisch zu sehen, wenn der ausscheidende Gesellschafter den Zeitraum zwischen Anhängigkeit und Rechtshängigkeit nutzen könnte, um zumindest der Bindungswirkung des § 129 I HGB zu entgehen, und dadurch den Gläubiger zu einem weiteren Prozess über das Bestehen der Gesellschaftsverbindlichkeit zwingen würde.

Schließlich spricht auch der Rechtsgedanke des § 130 HGB – auch wenn er nur den umgekehrten Fall des eintretenden Gesellschafters regelt – für den Gläubigerschutz, denn m.E. lässt sich der Vorschrift folgende Aussage entnehmen: Der Gläubiger soll sich grundsätzlich unabhängig vom wechselnden Gesellschafterbestand stets auch an die Gesellschafter halten können. Ein Wechsel im Gesellschafterbestand soll sich grundsätzlich nicht zum Nachteil des Gläubigers auswirken können. Die Gesellschaft darf dem Gläubiger also nicht so ohne Weiteres durch Wechsel im Gesellschafterbestand die Durchsetzung bzw. Vollstreckung seiner Forderungen erschweren. Daher müssen die Gesellschafter, wenn sie sich von der Bindungswirkung des § 129 I HGB befreien wollen, rechtzeitig aus der Gesellschaft ausgeschieden sein, also vor der Anhängigkeit der Klage. Da es sich um einen überschaubaren Zeitraum zwischen Anhängigkeit und Rechtshängigkeit handelt, dürfte das Risiko für den Gesellschafter, ausgerechnet in diesem Zeitraum aus der Gesellschaft auszuscheiden, gering und damit zumutbar sein. Wenn sich die Zustellung der Klageschrift einmal derart verzögert, dass sie nicht mehr demnächst i.S.d. § 167 ZPO erfolgen kann, dann lässt sich auch der Standpunkt vertreten, dass der Gesellschafter, der dann vor der verspäteten Zustellung aus der Gesellschaft austritt, nicht mehr an den

Gesellschaftsprozess gebunden wird, weil er womöglich nicht mehr mit einem Prozess rechnen musste.

Folglich sprechen die besseren Argumente für einen Vorrang des Gläubigerschutzes. Maßgeblicher Zeitpunkt für eine teleologische Reduktion des § 129 I HGB ist daher der Zeitpunkt der Anhängigkeit der Klage – der Gesellschafter muss zuvor ausgeschieden sein.

ee) Zusammenfassung

Scheidet ein Gesellschafter vor Anhängigkeit der Klage des Gesellschaftsgläubigers aus der Gesellschaft aus, entfällt durch das Erlöschen des Mitgliedschaftsverhältnisses die Rechtskrafterstreckung des § 129 I HGB mangels prozessualer Repräsentation der Gesellschafterinteressen im Gesellschaftsprozess. War der Gesellschafter im Zeitpunkt der Anhängigkeit der Klage noch nicht aus der Gesellschaft ausgeschieden, so kann er die Rechtskrafterstreckung nach § 129 I HGB nicht mehr durch ein Ausscheiden während des Prozesses umgehen, weil dies den Gesellschaftsgläubiger unangemessen benachteiligen würde. Zum Schutz des Gesellschafters ist ausreichend, dass seine Interessen zum und ab dem Zeitpunkt der Anhängigkeit der Klage noch repräsentiert wurden; nach seinem Ausscheiden hat er zudem die Möglichkeit, dem Gesellschaftsprozess als einfacher Nebenintervenient beizutreten. Zudem kann er seinen Austritt von gewissen Sicherheiten seitens der übrigen Gesellschafter oder seitens des Gläubigers abhängig machen. Im Falle der Inanspruchnahme durch den Gesellschaftsgläubiger stünden ihm im Übrigen Regressansprüche gegen die Gesellschaft und die Mitgesellschafter zu.

b) Rechtslage bei der KG

Die Ausführungen zum OHG-Gesellschafter[334] lassen sich im Wesentlichen auf den Kommanditisten übertragen. Dieser haftet nach seinem Ausscheiden aus der Gesellschaft – mit der zeitlichen Grenze des § 160 I i.V.m. § 161 II HGB – nach § 171 I Hs. 1 HGB, etwa wenn er ein Abfindungsguthaben erhalten hat, was die Rückzahlung seiner Einlage und damit das Wiederaufleben der Haftung zur Folge hätte, wenn nicht ein bloßer Gesellschafterwechsel, also eine Übernahme der Einlage, vorliegt.[335] Wegen seiner beschränkten Haftung ist er im Übrigen sogar weniger schutzwürdig als ein Komplementär.

334 Vgl. oben unter B. III. 2. a) dd), S. 85 ff.
335 *Klunzinger*, Grundzüge des Gesellschaftsrechts, S. 130.

c) *Rechtslage bei der GbR*

Fraglich ist, ob sich die Feststellungen zur OHG und KG auch auf die GbR übertragen lassen. Im Unterschied zu den Personenhandelsgesellschaften besteht bei der GbR keine Registerpublizität, sodass die Möglichkeit für den Gläubiger festzustellen, wer zu welchem Zeitpunkt Gesellschafter war, eingeschränkt ist.[336] Laut *Morawietz*[337] läuft der Gläubiger einer GbR daher Gefahr, dass ein in Anspruch genommener Gesellschafter einwendet, er sei zum Zeitpunkt der Klageerhebung bereits aus der Gesellschaft ausgeschieden. Die Möglichkeit des Gesellschaftsgläubigers, bereits im Verfahren gegen die GbR alle vorher aus der Gesellschaft ausgeschiedenen Gesellschafter mitzuverklagen, um so auch eine Rechtskraftwirkung zu ihren Lasten sicherzustellen, würde den Gläubiger nicht ausreichend schützen, da sich der Gläubiger – neben einem erhöhten Kostenrisiko – mangels Registerpublizität nie sicher sein könne, ob er wirklich alle ausgeschiedenen Gesellschafter mitverklagt hat. Daher nimmt *Morawietz*[338] diese Gefahr zum Anlass, die Rechtskrafterstreckung gegenüber dem ausgeschiedenen Gesellschafter auszudehnen, also auf Fälle zu erweitern, in denen der Gesellschaftsgläubiger schutzwürdig darauf vertrauen durfte, dass ein BGB-Gesellschafter im Zeitpunkt der Klageerhebung noch Mitglied der Gesellschaft ist. Danach müsste sich ein ausgeschiedener BGB-Gesellschafter also ein gegen die GbR ergangenes Urteil entgegenhalten lassen, wenn ein schutzwürdiges Vertrauen eines Gesellschaftsgläubigers an den Fortbestand der Gesellschafterstellung vorlag. Ein schutzwürdiges Vertrauen des Gläubigers setze zunächst voraus, dass ein Vertrauenstatbestand vorlag.[339] Dies sei dann der Fall, wenn die Gesellschafterstellung eines bestimmten Gesellschafters dem Rechtsverkehr irgendwann bekannt wurde. Für die Setzung eines solchen Rechtsscheins würde es etwa ausreichen, wenn ein Gesellschafter im Rahmen von Vertragsverhandlungen der GbR in Erscheinung tritt oder er auf dem Briefkopf der GbR als Gesellschafter bezeichnet wird. Dieser Vertrauenstatbestand müsse dem Gesellschafter ferner zurechenbar gewesen sein.[340] Dabei erfolge die Zurechnung

---

336 Vgl. *Morawietz*, GbR im Zivilprozess, S. 132, dessen Ansicht nach die herrschende Meinung bei Personenhandelsgesellschaften stillschweigend davon ausgeht, dass der Gesellschaftsgläubiger die Möglichkeit besitzt, mithilfe des Handelsregisters festzustellen, wer zu welchem Zeitpunkt Gesellschafter war.

337 GbR im Zivilprozess, S. 132.

338 GbR im Zivilprozess, S. 132 ff.

339 *Morawietz*, GbR im Zivilprozess, S. 133.

340 *Morawietz*, GbR im Zivilprozess, S. 133 f.

nach dem Risikoprinzip: Wer einer GbR beitrete und so bewusst auf Registerpublizität verzichte, müsse Nachteile und Risiken in Kauf nehmen, die sich aus der fehlenden Registerpublizität des Gesellschafterbestandes ergeben. Ein ausscheidender Gesellschafter habe es selber in der Hand, den Rechtsschein für den Fortbestand seiner Gesellschafterstellung in gleicher Weise zu zerstören, wie dieser Rechtsschein gesetzt wurde, etwa durch ein Rundschreiben an die Geschäftspartner der Gesellschaft. Unterlasse er dies oder wirke er nicht auf eine entsprechende Bekanntgabe durch die Gesellschaft hin, könne er sich nicht darauf verlassen, dass Gesellschaftsgläubiger von seinem Ausscheiden aus der GbR erfahren und ihn als Konsequenz bereits im Gesellschaftsprozess mitverklagen. Eine Ausnahme bzw. Durchbrechung der Zurechenbarkeit komme nur dann in Betracht, wenn die GbR im Gesellschaftsprozess absichtlich oder grob fahrlässig die ihr zustehenden Angriffs- oder Verteidigungsmittel nicht geltend gemacht hat und der ausgeschiedene Gesellschafter dem Gesellschaftsprozess nicht beitreten konnte, weil er davon keine Kenntnis hatte.[341] In diesem Fall sei der ausgeschiedene Gesellschafter schutzwürdig und müsste eine Rechtskrafterstreckung zu seinen Lasten nicht hinnehmen, da der Gesellschaftsgläubiger in diesem Fall nicht auf die erweiterte Rechtskraftwirkung zulasten des ausgeschiedenen Gesellschafters vertrauen dürfe. Sofern aber ein dem ausgeschiedenen Gesellschafter zurechenbarer Vertrauenstatbestand vorliegt, sei dritte und letzte Voraussetzung für die Rechtskrafterstreckung, dass der Gläubiger gutgläubig auf den Fortbestand der Gesellschafterstellung vertraut hat.[342] Bei der Frage, welche Anforderungen an den guten Glauben des Gesellschaftsgläubigers zu stellen sind, geht *Morawietz* zunächst kurz auf die Möglichkeit ein, ob nur Kenntnis des Gläubigers vom Ausscheiden des Gesellschafters schaden solle. Danach wäre ein Gesellschaftsgläubiger nur dann nicht gutgläubig, wenn ihm das Ausscheiden des Gesellschafters positiv bekannt ist. Dies lehnt er jedoch ab, da der Rechtsschein für den Fortbestand der Gesellschafterstellung, der im Wesentlichen darauf beruhe, dass früher einmal eine Gesellschafterstellung bestand, nur einen schwachen Rechtsschein darstelle. Bei einem schwachen Rechtsschein treffe den vertrauenden Dritten aber eine erhöhte Nachforschungsobliegenheit. Der Gesellschaftsgläubiger müsse daher Anhaltspunkten nachgehen, die auf das Ausscheiden eines Gesellschafters hindeuten und dürfe sich solchen Anhaltspunkten nicht verschließen. Dies sei etwa der Fall, wenn ein ursprünglich aufgelisteter Gesellschafter plötzlich nicht mehr auf dem Briefkopf der GbR erscheine;

341 *Morawietz*, GbR im Zivilprozess, S. 134.
342 *Morawietz*, GbR im Zivilprozess, S. 134 f.

dann müsse der Gesellschaftsgläubiger nachfragen, ob der auf dem Briefkopf fehlende Gläubiger aus der GbR ausgeschieden sei. Unterlasse er solche Nachforschungen sei er nicht mehr gutgläubig. Liegen hingegen die Voraussetzungen des Vertrauensschutzes vor, dann werde der ausgeschiedene Gesellschafter im Hinblick auf die Rechtskrafterstreckung so behandelt, als wäre er zum Zeitpunkt der Klageerhebung gegen die GbR noch Gesellschafter gewesen.

Zwar ist *Morawietz* darin zuzustimmen, dass die Nachweisbarkeit für den Gläubiger einer GbR hinsichtlich des Zeitpunkts des Ausscheidens eines Gesellschafters erschwert ist, sodass es tatsächlich problematisch erscheint, die Rechtslage bei den Personenhandelsgesellschaften auf die GbR zu übertragen. Allerdings kann die von ihm vorgeschlagene Rechtsscheinhaftung des ausgeschiedenen BGB-Gesellschafters im Einzelfall ebenfalls schwierige Fragen aufwerfen, wenn jedes Mal festgestellt werden müsste, ob ein zurechenbarer Vertrauenstatbestand sowie Gutgläubigkeit des Gläubigers vorlagen.

Stattdessen kann man dem Gläubiger auf praktisch einfachere Art und Weise mit einer Verlagerung der Darlegungslast bezüglich der Gesellschaftereigenschaft helfen. Nach der Rechtsprechung[343] kann ein Beklagter eine Behauptung des eigentlich darlegungspflichtigen Klägers über ein Geschehen nicht einfach bestreiten, wenn ihm alle wesentlichen Tatsachen bekannt und nähere Angaben dazu zumutbar sind, dem Kläger hingegen nicht; vielmehr trifft ihn dann eine sekundäre Darlegungslast und er muss die behauptete Tatsache substantiiert bestreiten, indem er die für das Gegenteil sprechenden Tatsachen und Umstände vorträgt. Wenn der Gesellschafter nun also einwendet, im Zeitpunkt der Anhängigkeit der Klage bereits aus der Gesellschaft ausgeschieden zu sein, dann sollte man die Darlegungslast für die Gesellschaftereigenschaft im fraglichen Zeitpunkt auf ihn verlagern, denn dem Gesellschafter dürfte es wesentlich leichter fallen, darzulegen, wann er aus der Gesellschaft ausgeschieden ist, während der Gläubiger dies nicht ohne Weiteres kann. Letzterer müsste dann lediglich – neben dem Bestehen der Forderung gegen die Gesellschaft – darlegen, dass der persönlich in Anspruch genommene Gesellschafter im Zeitpunkt der Forderungsbegründung Gesellschafter war. Sollte im Übrigen der Gesellschafter sein (rechtzeitiges) Ausscheiden aus der Gesellschaft zwar ausreichend darlegen, sich aber weigern, ein nur ihm bekanntes Beweismittel vorzulegen, so könnte dies im Rahmen der Beweiswürdigung als Beweisvereitelung zu seinen Lasten berücksichtigt werden.[344]

---

343 Vgl. nur BGH NJW 1999, 579 (580); BGH NJW 2008, 982 (Rn. 16).
344 Vgl. BGH NJW 2008, 982 (Rn. 18).

Im Vergleich zum Lösungsvorschlag von *Morawietz* hat eine solche Handhabung für den ausgeschiedenen Gesellschafter den Vorteil, dass er von der Last zur rechtzeitigen Mitteilung seines Ausscheidens gegenüber den Gesellschaftsgläubigern befreit wird und damit keine Gefahr läuft, sich den Gesellschaftsprozess zurechnen lassen zu müssen, obwohl seine Interessen nach Erlöschen des Mitgliedschaftsverhältnisses nicht mehr prozessual repräsentiert worden sind. Zu berücksichtigen ist auch, dass der Gesellschafter nur gegenüber den Geschäfts- bzw. Vertragspartnern der Gesellschaft die Möglichkeit hat, sie direkt über sein Ausscheiden zu informieren. Zwar dürfte es sich bei den Gesellschaftsgläubigern regelmäßig um Geschäfts- bzw. Vertragspartner handeln, allerdings ist es auch möglich, dass – vermeintliche – Gläubiger Ansprüche z.B. aus GoA oder Delikt geltend machen. Der BGH[345] und die wohl herrschende Lehre[346] lehnen eine Beschränkung der Gesellschafterhaftung auf rechtsgeschäftlich begründete Verbindlichkeiten ab. Zutreffend wird betont, dass der Gläubigerschutz für eine Ausdehnung auf gesetzliche Verbindlichkeiten spricht.[347] Kritische Gegenstimmen,[348] die eine Analogie zu § 128 HGB ablehnen, soweit es sich um eine Deliktsschuld handelt, weil dies der gesetzgeberischen Unterschiedlichkeit des Haftungsregimes bei der GbR einerseits und den Personenhandelsgesellschaften andererseits nicht gerecht werde, können nicht überzeugen. Dies hätte zur Konsequenz, dass den Geschädigten nur der handelnde Täter, der zugleich Gesellschaftsorgan ist, und durch Analogie zu § 31 BGB die GbR mit ihrem Gesellschaftsvermögen haften.[349] Dem ist entgegenzuhalten, dass ein Gläubiger sich bei gesetzlichen Verbindlichkeiten seinen Schuldner nicht aussuchen kann; ist die Schuldnerin eine Gesellschaft, muss ihm daher erst recht das Privatvermögen der Gesellschafter als Haftungsmasse zur Verfügung stehen.[350] Andernfalls würden Deliktsgläubiger massiv benachteiligt werden, wenn sie sich aufgrund einer unerlaubten Handlung, die das Gesellschaftsorgan in Verrichtung von Angelegenheiten der Gesellschaft verübt, nur an das Organ und das Gesellschaftsvermögen halten könnten. Eine solche Differenzierung

345 BGH NJW 2003, 1445.

346 *Gesmann-Nuissl*, WM 2001, 973 (978); *Habersack*, BB 2001, 477 (481); *K. Schmidt*, NJW 2001, 993 (998); *Wiedemann*, JZ 2001, 661 (663).

347 BGH NJW 2003, 1445 (1446 f.).

348 So etwa *Canaris*, ZGR 2004, 69 (112 ff.).

349 So in der Tat *Canaris*, ZGR 2004, 69 (113 f.), der meint, dass sich „keine überzeugenden Gerechtigkeitsargumente" für die Mithaftung der Mitgesellschafter für eine Deliktsschuld der GbR fänden lassen.

350 So zutreffend BGH NJW 2003, 1445 (1446 f.).

würde nicht zur Rechtssicherheit beitragen.[351] Sie wäre auch mit dem Modell der akzessorischen Haftung und der Anerkennung der Rechtsfähigkeit der GbR nur schwerlich zu vereinbaren.[352] Für die Mitgesellschafter ist die Haftung für Deliktsschulden auch zumutbar, da sie grundsätzlich Einfluss auf Auswahl und Tätigkeit der Organmitglieder ausüben können[353] und es sich dabei zudem auch wieder um die Kehrseite der Partizipationsmöglichkeiten an der Gesellschaft und deren Vermögen handelt.

Nach hier vertretener Lösung kann und muss ein ausgeschiedener Gesellschafter daher auch gesetzlichen Gläubigern gegenüber sein rechtzeitiges Ausscheiden substantiiert darlegen. Offen bleibt, wie *Morawietz* solche Fälle handhaben würde. Wendet man seine Rechtsscheinlösung konsequent an, müsste man wohl annehmen, dass gegenüber gesetzlichen Gläubigern schon gar kein Rechtsschein gesetzt, also gar kein Vertrauenstatbestand begründet wurde. Fraglich bleibt dann, inwieweit solche Gläubiger auf die Rechtskraftwirkung des § 129 I HGB vertrauen dürfen. Es vermag jedenfalls nicht einzuleuchten, dass z.B. Gläubiger, die einen Anspruch aus Delikt geltend machen, anders behandelt werden als Gläubiger, die einen vertraglichen Anspruch geltend machen.

Der Schutz des Gläubigers wird im Vergleich zur Lösung von *Morawietz* nur geringfügig eingeschränkt. Die Rechtskrafterstreckung nach § 129 I HGB entfällt ja nur dann, wenn der ausgeschiedene Gesellschafter letztendlich ausreichend nachweisen kann, dass er rechtzeitig aus der Gesellschaft ausgeschieden ist. Wenn dies aber der Fall ist, dann ist er schutzwürdiger als der Gläubiger. Diesem ist es in diesem Fall zuzumuten, dass er – mangels Registerpublizität – nicht sicher darauf vertrauen darf, dass durch seine Klage gegen die Gesellschaft sämtliche von ihm erwarteten Gesellschafter nach § 129 I HGB miterfasst werden. Dieses Risiko kann er aber durch eigene Nachforschungen reduzieren. Erkundigt er sich etwa bei einem bestimmten Gesellschafter, ob dieser noch Mitglied der Gesellschaft ist, dürfte dieser wegen § 242 BGB (widersprüchliches Verhalten) in einem späteren Gesellschafterprozess nicht einwenden können, rechtzeitig aus der Gesellschaft ausgeschieden zu sein, wenn er eine Auskunft gegenüber dem nachfragenden Gläubiger verweigert bzw. danach über einen

---

351 Vgl. BGH NJW 2003, 1445 (1447), der es wegen der Möglichkeit der identitätswahrenden Umwandlung der GbR und der OHG in beide Richtungen für unvereinbar mit dem Grundsatz der Rechtssicherheit halten würde, wenn GbR und OHG unterschiedlich behandelt werden würden.

352 BGH NJW 2003, 1445 (1447).

353 So auch BGH NJW 2003, 1445 (1447).

bevorstehenden oder erfolgten Ausstieg nicht informiert hat. Im Übrigen dürfte der Gesellschaftsgläubiger gegen den oder die geschäftsführenden Gesellschafter aus § 242 BGB einen Auskunftsanspruch darüber haben, welche Gesellschafter mitverpflichtet sind.[354]

Ferner kommt es nach der hier vertretenen Lösung auch nicht mehr auf den Ausnahmefall von *Morawietz* an, dass der ausgeschiedene Gesellschafter dann nicht an den Gesellschaftsprozess gebunden sein soll, wenn die Gesellschaft absichtlich oder grob fahrlässig die Erhebung bestimmter Angriffs- oder Verteidigungsmittel unterlassen hat und er keine Kenntnis vom Verfahren hatte. Hat der Gesellschafter nämlich die Möglichkeit, im Gesellschafterprozess darzulegen, dass er rechtzeitig aus der Gesellschaft ausgeschieden ist, entfällt die Rechtskrafterstreckung ihm gegenüber schon deshalb.

Im Ergebnis erstreckt sich die Rechtskraft eines Urteils gegen die Gesellschaft also auch nicht auf einen BGB-Gesellschafter, der im Zeitpunkt der Anhängigkeit der Klage gegen die Gesellschaft bereits aus dieser ausgeschieden war; allerdings trifft den Gesellschafter die substantiierte Darlegungslast hinsichtlich des rechtzeitigen Ausscheidens aus der Gesellschaft.

Im Übrigen lässt sich die Rechtslage des ausgeschiedenen OHG-Gesellschafters[355] entsprechend auf die Rechtslage des ausgeschiedenen BGB-Gesellschafters übertragen.

d) Zusammenfassung

Scheidet ein Gesellschafter vor Anhängigkeit der Klage gegen die Gesellschaft aus dieser aus, entfällt die Rechtskrafterstreckung nach § 129 I HGB mangels prozessualer Repräsentation der Gesellschafterinteressen im Gesellschaftsprozess. Dies gilt grundsätzlich sowohl für die Gesellschafter einer Personenhandelsgesellschaft als auch für den BGB-Gesellschafter. Da bei der GbR mangels Registerpublizität die Möglichkeit für den Gläubiger, festzustellen, wer zu welchem Zeitpunkt Gesellschafter war, eingeschränkt ist, ist der Gläubiger einer GbR allerdings durch eine Umkehr der Darlegungslast zu schützen: In diesem Fall muss der Gesellschafter substantiiert darlegen, dass er im Zeitpunkt der Anhängigkeit der Klage gegen die Gesellschaft bereits aus dieser ausgeschieden war.

---

354 Vgl. *Grüneberg*, in: Palandt, BGB, § 260 Rn. 4 ff.; *Lange*, NZG 2002, 401 (403).
355 Vgl. oben unter B. III. 2. a) dd), S. 85 ff.

C. Rechtskrafterstreckung auf die Gesellschaft nach vorheriger Klage gegen die Gesellschafter?

Die Rechtskrafterstreckung des § 129 I HGB erfasst nur den Fall, dass ein rechtskräftiges Urteil gegen die Gesellschaft hinsichtlich des Bestehens der Gesellschaftsverbindlichkeit auch gegen die Gesellschafter wirkt. In der Praxis ist es daher üblich, dass die Klage gegen die Gesellschaft vorausgeht bzw. die Gesellschaft und die Gesellschafter zusammen verklagt werden.[356] In letzterem Fall sind die Gesellschaft und ihre Gesellschafter einfache Streitgenossen, da die Gesellschafter individuelle Einreden erheben können.[357] Auch für den Passivprozess einer GbR empfiehlt der BGH[358] neben der Gesellschaft auch die Gesellschafter mitzuverklagen, insbesondere bei schwieriger Identifizierungsmöglichkeit der GbR als solcher, um den Prozess nicht nur deshalb zu verlieren, weil sich die Gesellschaft als inexistent erweist. Zudem soll dadurch zum einen die Haftungsmasse vergrößert werden, zum anderen sollen so auch Vermögensverschiebungen bzw. -umdeklarierungen zwischen Gesellschaft und Gesellschaftern verhindert werden können.[359] Der Gesellschaftsgläubiger kann die Gesellschafter aber auch in Anspruch nehmen, ohne zuvor gegen die Gesellschaft vorgegangen zu sein. Teilweise wurde und wird für den Passivprozess einer GbR bzw. deren Gesellschafter – entgegen der Ansicht des BGH – sogar empfohlen, nur die Gesellschafter zu verklagen, wenn gemäß § 736 ZPO nach wie vor ein gegen die Gesellschafter gerichteter Titel ausreicht, um in das Gesellschaftsvermögen zu vollstrecken.[360] Hätte diese Klage nämlich Erfolg, so könne der Gesellschaftsgläubiger einschließlich der Kosten des Rechtsstreits sowohl gegen die Gesellschafter persönlich vorgehen als auch in ein eventuell vorhandenes Gesellschaftsvermögen vollstrecken.[361]

---

356 *Haas/Müller*, DStR 2002, 643 (644); *Wertenbruch*, ZIP 2019, 2082 (2089), spricht von einer „tradierten Anwaltsregel".

357 *Morawietz*, GbR im Zivilprozess, S. 117.

358 BGH NJW 2001, 1056 (1060).

359 *Wagner*, ZZP 2004 (117. Band), 305 (339).

360 *K. Schmidt*, NJW 2001, 993 (1000); so mittlerweile auch *Stangl*, NZG 2016, 568 (569 f.), der dieses Vorgehen als Klage „gegen den Akzessorietätsverlauf" bzw. als „gegen-akzessorische" Strategie bezeichnet.

361 *K. Schmidt*, NJW 2001, 993 (1000); *Stangl*, NZG 2016, 568 (569).

Derleder[362] war sogar der Ansicht, dass bei einer erfolgreichen Klage gegen die Gesellschafter kein Rechtsschutzbedürfnis für eine zusätzliche Titulierung des Anspruchs gegen die Gesellschaft bestehe; im Übrigen würde die Justiz unnötig mit einer Prozessvermehrung belastet werden, wenn Gesellschaft und Gesellschafter zusammen verklagt werden würden.[363] Skeptisch hinsichtlich dieses Vorgehens zeigt sich hingegen *Wieser*, der meint, dass ein Gesellschaftsgläubiger, der in das Gesellschaftsvermögen vollstrecken will, eher einen Titel gegen die Gesellschaft erwirken werde, da er wegen persönlicher Einwendungen der Gesellschafter nicht sicher sein könne, dass er mit einer Klage gegen alle Gesellschafter durchdringen wird.[364] Demgegenüber könnte sich aber noch ein weiterer Vorteil für den Gläubiger einer GbR ergeben, wenn er zuerst gegen die Gesellschafter vorgeht:[365] Wenn seine Klage gegen die Gesellschafter persönlich abgewiesen wird, könnte er ein weiteres Mal gegen die Gesellschaft als solche vorgehen, um zumindest Zugang zum Gesellschaftsvermögen erhalten zu können, wenn die Rechtskraft des Urteils aus dem Gesellschafterprozess nicht entgegensteht. Fraglich ist also, ob sich in diesem (umgekehrten) Fall die Rechtskraft des zuerst ergangenen Urteils ebenfalls auf eine dritte Partei erstreckt – hier also die Rechtskraft des Urteils gegen den oder die Gesellschafter auf die Gesellschaft. Einen solchen Fall hatte der BGH[366] im Jahr 2011 zu entscheiden: Der Gesellschaftsgläubiger hatte in einem ersten Rechtsstreit ohne Erfolg alle vier Gesellschafter einer GbR als Gesamtschuldner auf Zahlung von Schadensersatz in Anspruch genommen, bevor er den Schadensersatzanspruch gegen die Gesellschaft selbst verfolgte. Der BGH entschied, dass die Rechtskraft aus dem Vorprozess keine Wirkung auf den Folgeprozess entfalten konnte. In der Vorinstanz hatte das OLG Hamm[367] noch anders entschieden und eine Rechtskrafterstreckung bejaht. Im Folgenden wird der vom BGH entschiedene Fall – mitsamt bisher kaum beachteten Konsequenzen für die Beratungspraxis[368] – im Hinblick

362 BB 2001, 2485 (2488).

363 Ähnlich auch *Müther*, MDR 2002, 987 (990), der ein Rechtsschutzbedürfnis bei einer zugleich gegen die Gesellschaft erhobene Klage nur dann bejaht, wenn ein Beklagter seine Gesellschafterstellung bestreitet, wenn zweifelhaft ist, ob alle Gesellschafter verklagt worden sind, oder wenn ein Gesellschafter persönliche Einwendungen erhebt.

364 *Wieser*, MDR 2001, 421 (422).

365 Vgl. auch *Stangl*, NZG 2016, 568 (569 f.).

366 BGH NJW 2011, 2048.

367 OLG Hamm vom 14.09.2009 – 22 U 43/09, BeckRS 2009, 26873.

368 Auch *Stangl*, NZG 2016, 568 (569), wies – nach rund fünf Jahren Abstand – darauf hin, dass sich die gesellschaftsrechtliche (und prozessrechtliche) Literatur bisher kaum

auf eine mögliche Rechtskrafterstreckung auf eine BGB-Gesellschaft nach vorheriger Klage gegen die Gesellschafter näher untersucht, bevor die Rechtslage für die Personenhandelsgesellschaften erörtert wird.

I. Rechtslage bei der GbR

Da dem maßgeblichen Urteil des BGH[369] ein Fall mit Beteiligung von BGB-Gesellschaftern bzw. einer GbR zugrunde lag, liegt es nahe, zunächst die Rechtslage bei der GbR zu untersuchen, zumal die Rechtslage hinsichtlich der GbR, wie noch zu zeigen sein wird, mehr Rechtsfragen und Probleme aufwirft.

1. Die Ansicht des OLG Hamm

Das OLG Hamm[370] hat folgenden Leitsatz aufgestellt:

> *„Ist eine gegen sämtliche Gesellschafter einer Personengesellschaft (hier: GbR) gerichtete Klage, mit der ein Anspruch aus einem namens der Gesellschaft vorgenommenen Rechtsgeschäft geltend gemacht worden ist, rechtskräftig abgewiesen worden, so ist eine erneute, auf den identischen Sachverhalt gestützte Klage mit demselben Begehren gegen die Gesellschaft als solche wegen entgegenstehender Rechtskraft unzulässig".*

Das OLG Hamm geht also zunächst davon aus, dass es sich im Gesellschafter- und späterem Gesellschaftsprozess um denselben Streitgegenstand handele. Beiden Klagen lag, so das OLG Hamm, „offensichtlich" derselbe Sachverhalt zugrunde; inhaltsgleich seien zudem die gestellten Klageanträge. Die Tatsache, dass die (Außen-)GbR seit dem maßgeblichen BGH-Urteil[371] rechts- und parteifähig ist, soll, trotz der damit verbundenen Folge, dass in beiden Prozessen auf Beklagtenseite formell unterschiedliche Rechtssubjekte – zum einen die Gesellschaftergemeinschaft, zum anderen die Gesellschaft als solche – beteiligt waren, nichts daran ändern, dass in beiden Prozessen eine Identität der Streitgegenstände vorliege. Etwas anderes gelte nur dann, wenn im Vorprozess nicht alle Gesellschafter beteiligt waren. Dann könne nicht die vollständige Gesamtheit der Gesellschafter Einfluss auf das Ergebnis des Vorprozesses nehmen. Zudem müsse das Prozessergebnis in diesem Fall nicht auf der rechtlichen Beurteilung des Verhältnisses zwischen Gläubiger und Gesellschaft beruhen. In Betracht

---

mit den Konsequenzen dieses Urteils für die prozessrechtliche Beratung beschäftigt hat; das hat sich auch im Verlauf der weiteren Jahre kaum geändert.

369 BGH NJW 2011, 2048.

370 OLG Hamm vom 14.09.2009 – 22 U 43/09, BeckRS 2009, 26873.

371 BGH NJW 2001, 1056.

komme vielmehr auch, dass es aus einem besonderen Rechtsverhältnis des Gläubigers mit dem jeweiligen Gesellschafter resultiert. Wenn hingegen eine gegen alle Gesellschafter gerichtete Klage einheitlich abgewiesen wurde, dann liege das daran, dass der Anspruch gegen die Gesellschaft insgesamt als nicht bestehend angesehen wurde. Bei dieser Sachlage sei es nicht gerechtfertigt, lediglich wegen der Rechtsfähigkeit und formellen Parteifähigkeit der GbR eine erneute Inanspruchnahme der Justiz für das bereits endgültig abgewiesene Begehren zuzulassen.

Hinsichtlich der Einwände der Klägerin weist das OLG Hamm auf Folgendes hin: Der Einwand, dass mangels Registerpublizität der GbR nie die vollständige Beteiligung sämtlicher Gesellschafter an dem Vorprozess sicher festgestellt werden könne, verkenne den Beibringungsgrundsatz der ZPO, wonach der von der Gegenseite nicht bestrittene Vortrag der Klägerin maßgeblich sei. Danach sei im vorliegenden Verfahren von der Identität sämtlicher an der Gesellschaft beteiligten Gesellschafter auszugehen, da nach dem Vortrag der Klägerin die Gesellschaft aus den Gesellschaftern bestehe, die im Vorprozess die Beklagtenstellung innehatten. Unschädlich sei im Übrigen, dass die Beklagten im Vorprozess nicht im Klagerubrum ausdrücklich mit einem auf die GbR-Mitgliedschaft hinweisenden Zusatz gekennzeichnet gewesen seien, da sich aus dem Klägervortrag ergeben habe, dass die Beklagten an dem streitigen Rechtsverhältnis „als Gesellschafter bürgerlichen Rechts" der „X5 Erschließungsgesellschaft bürgerlichen Rechts" beteiligt gewesen und als solche in Anspruch genommen worden seien.[372] Alleine dadurch, dass die Klägerin im Nachtrag die theoretische Möglichkeit einer veränderten Gesellschafterzusammensetzung aufgezeigt hat, sei sie von ihrem bisherigen Vortrag, wonach die Gesellschaft nur aus den beklagten Gesellschaftern des Vorprozesses bestehe, nicht substantiiert abgerückt. Ferner führt das OLG Hamm aus, dass das Argument der Klägerin, eine erneute Klage gegen die GbR müsse ihr zwecks Vollstreckung in das Gesellschaftsvermögen gestattet werden, nicht zutreffe, da sich aus § 736 ZPO ergebe, dass dies auch mit einem gegen sämtliche Einzelgesellschafter erwirkten Titel möglich sei.[373] Sollte eine GbR im Vollstreckungsverfahren im Rahmen einer gemäß § 736 ZPO

372 Konkret ging es um eine der Klageschrift anliegende notarielle Kaufangebotsurkunde, bei der das Angebot Grundlage der Klageforderung war.

373 Dabei ist dieses Argument des OLG Hamm wohl so zu verstehen, dass die Klägerin ihre Möglichkeit, in das Gesellschaftsvermögen zu vollstrecken, wohl mit dem verlorenen Vorprozess gegen alle Einzelgesellschafter verwirkt hat; ausdrücklich klargestellt hat das OLG Hamm dies aber nicht.

gegen sie gerichteten Vollstreckung mit Erfolg geltend machen können, dass die Personen, gegen die sich die vorgelegten Titel richten, nicht ihre sämtlichen Gesellschafter seien, so bleibe dem Gesellschaftsgläubiger die Möglichkeit, die weiteren Gesellschafter nachträglich zu verklagen oder auch die GbR selbst, weil dann die Voraussetzung der Rechtskrafterstreckung, ein gegen sämtliche Gesellschafter geführter Vorprozess, nicht vorliege.[374]

2. Kritik

Im Ergebnis vermag das Urteil des OLG Hamm Sympathien zu wecken, denn es erscheint gerecht und prozessökonomisch. Die rechtliche Auseinandersetzung mit den Problemen, die unter der Oberfläche schlummern, erscheint jedoch stark vertiefungsfähig.

Verwirrend erscheint bereits der Leitsatz, der ausdrücklich – ohne weitere Differenzierung im Anschluss – alle Personengesellschaften gleichstellt. Wie die weitere Untersuchung zeigen wird, bestehen jedoch gravierende Unterschiede zwischen der Behandlung der Personenhandelsgesellschaften und der GbR.

Die Annahme der Identität der Streitgegenstände im Gesellschafter- und Gesellschaftsprozess erscheint voreilig bzw. leichtfertig. Überwiegend wird für Personenhandelsgesellschaften nämlich angenommen, dass es sich wegen unterschiedlicher Rechtssubjekte auf Passivseite (vgl. auch § 129 IV HGB) sowie unterschiedlicher Schuldverhältnisse – die Gesellschaftsverbindlichkeit und die akzessorische Schuld der Gesellschafter – um unterschiedliche Streitgegenstände handelt.[375] Auch die Möglichkeit der Gesellschafter persönliche Einwendungen zu erheben, spricht für unterschiedliche Streitgegenstände.[376] Auch im Übrigen bezieht das OLG Hamm diese Möglichkeit der persönlichen Einwendungen der Gesellschafter nicht ausreichend in seine Überlegungen ein bzw. nur für den Fall, dass nicht sämtliche Gesellschafter am Vorprozess beteiligt waren. Außerdem lässt sich eine Rechtskrafterstreckung nicht allein durch Identität der Streitgegenstände rechtfertigen; dies macht das OLG Hamm – neben prozessökonomischen Erwägungen – aber zum maßgeblichen Gesichtspunkt

---

374 Offen bleibt diesbezüglich der Zusammenhang zum entschiedenen Fall, da dort der Vorprozess verloren wurde.

375 *Haas*, in: Röhricht/Graf von Westphalen/Haas, HGB, § 129 Rn. 6; *Oberhammer*, OHG im Zivilprozeß, S. 94 f; *Roth*, in: Baumbach/Hopt, HGB, § 124 Rn. 41.

376 So auch *Oberhammer*, OHG im Zivilprozeß, S. 95: Die Möglichkeit persönlicher Einwendungen der Gesellschafter lege dringend nahe, anzunehmen, dass es im Gesellschafterprozess „um etwas anderes geht" als im Gesellschaftsprozess.

seiner Argumentation. Eine Erörterung, aus welcher Vorschrift man die Rechtskrafterstreckung ableiten könnte – was angesichts des *inter partes*-Grundsatzes (vgl. § 325 I ZPO) zwingend geboten ist –, fehlt völlig. Die Auseinandersetzung des OLG Hamm mit § 736 ZPO bezieht nicht explizit die Möglichkeit ein, dass sich die Rechtskrafterstreckung aus dieser Vorschrift ergeben könnte, sondern beschränkt sich darauf, dass die Vorschrift einer Rechtskrafterstreckung nicht entgegenstehe.

Folglich lässt das Urteil des OLG Hamm viele Fragen offen.

3. Die Ansicht des BGH

Der BGH[377] folgte dem OLG Hamm nicht:

> *„Nimmt ein Dritter in einem Rechtsstreit die Gesellschafter einer Gesellschaft bürgerlichen Rechts aus ihrer persönlichen Haftung für eine Gesellschaftsschuld in Anspruch, entfaltet die Rechtskraft eines in diesem Prozess ergangenen Urteils keine Wirkung in einem weiteren Prozess, in dem er nunmehr den Anspruch gegen die Gesellschaft verfolgt. Dies gilt auch dann, wenn alle Gesellschafter am Vorprozess beteiligt waren".*

Der BGH nimmt stattdessen also an, dass eine Rechtskrafterstreckung nicht in Betracht komme, da eben doch zwei unterschiedliche Rechtssubjekte auf der Beklagtenseite vorliegen würden – es müsse also beim Grundsatz des § 325 I ZPO bleiben, nach dem das Urteil nur *inter partes* Rechtskraft wirkt.[378] Eine Rechtskrafterstreckung auf einen nicht am Vorprozess beteiligten Dritten sei nur dann möglich, wenn dies im Einzelfall vom Gesetz ausdrücklich angeordnet worden oder zumindest nach dem Sinn einer Gesetzesvorschrift geboten ist.[379] Diese Voraussetzung sei in diesem Fall aber nicht erfüllt: Weder nach § 129 I HGB noch § 736 ZPO sei eine Rechtskrafterstreckung geboten.

§ 129 I HGB regelt nach Ansicht des BGH nur den umgekehrten Fall, also die Bindungswirkung eines gegen die Gesellschaft ergangenen rechtskräftigen Urteils für und gegen die Gesellschafter.[380] § 129 I HGB sei Ausdruck und Folge der in § 128 I HGB geregelten akzessorischen Haftung der Gesellschafter für

---

377 BGH NJW 2011, 2048.

378 BGH NJW 2011, 2048 (Rn. 7).

379 BGH NJW 2011, 2048 (Rn. 8); Vorschläge aus der Literatur, die subjektiven Grenzen der Rechtskraft allgemein zu erweitern, eine Rechtskrafterstreckung auf einen Dritten etwa auch dann zuzulassen, wenn ihm dies zumutbar sei, hat der BGH dabei im Übrigen im Anschluss an seine bisherige Rechtsprechung erneut ausdrücklich abgelehnt, vgl. auch BGH NJW 1996, 395 (396); BGH NJW-RR 2005, 338 (339).

380 BGH NJW 2011, 2048 (Rn. 9).

die Schuld der Gesellschaft. Da die Gesellschaft aber nicht akzessorisch für die Schuld der Gesellschafter hafte, bedarf es, so der BGH, einer § 129 I HGB entsprechenden, die Bindungswirkung eines gegen alle Gesellschafter ergangenen Urteils gegenüber der Gesellschaft regelnden Bestimmung nicht.

Auch § 736 ZPO gebiete keine Rechtskrafterstreckung.[381] Die Vorschrift ordne keine Rechtskrafterstreckung an, sondern bestimme, dass zur Zwangsvollstreckung in das Gesellschaftsvermögen ein gegen alle Gesellschafter ergangenes Urteil erforderlich sei.[382] Einen darüber hinaus gehenden Sinn habe die Vorschrift nicht. Die Vorschrift sei mit der Anerkennung der Rechtsfähigkeit der Außen-GbR auch nicht überflüssig geworden. Sie sei so zu verstehen, dass – anders als bei der OHG (§ 124 II HGB) – zur Vollstreckung in das Gesellschaftsvermögen nicht zwingend ein Titel gegen die Gesellschaft erforderlich sei, sondern auch mit einem Titel gegen alle einzelnen Gesellschafter, der im Hinblick auf ihre persönliche Mithaftung ergangen sei, in das Gesellschaftsvermögen vollstreckt werden könne. Daraus folge nicht, dass die Rechtskraft eines gegen alle Gesellschafter ergangenen Urteils zugleich für und gegen die Gesellschaft wirkt.[383] Daran ändere auch die durch die fortgeltende Anwendung des § 736 ZPO bedingte Durchbrechung des Grundsatzes nichts, wonach die Vollstreckung in das Vermögen eines eigenständigen Rechtssubjekts grundsätzlich einen Titel voraussetze, dessen Gegenstand eine nach materiellem Recht bestehende Verpflichtung dieses Schuldners sei und ein Titel nur die Vollstreckung in das Vermögen des im Titel bezeichneten Schuldners eröffnen könne. Dies sei hinnehmbar, wenn Gegenstand der titulierten Verpflichtung eine Verbindlichkeit der Gesellschaft ist, für die die in Anspruch genommenen Gesellschafter haften, und alle Gesellschafter dem Vollstreckungszugriff unterworfen sind. Auch der gestörte Gleichlauf zwischen materieller Rechtskraft und Vollstreckbarkeit – der Gläubiger kann aus dem gegen alle Gesellschafter ergangenen stattgebenden Urteil in das Gesellschaftsvermögen vollstrecken und ein zweites Mal aus einem ihm günstigen Urteil gegen die Gesellschaft – sorge für kein Bedürfnis nach einer Rechtskrafterstreckung.[384] Die Interessen der Gesellschaft werden laut BGH nicht unzumutbar beeinträchtigt, wenn wegen derselben Gesellschaftsschuld unterschiedliche Titel ergehen können. Der Gefahr einer doppelten Inanspruchnahme des Gesellschaftsvermögens könne die Gesellschaft mit

381 BGH NJW 2011, 2048 (Rn. 10).
382 BGH NJW 2011, 2048 (Rn. 11).
383 BGH NJW 2011, 2048 (Rn. 12).
384 BGH NJW 2011, 2048 (Rn. 13).

der Geltendmachung des Erfüllungseinwands oder der Erhebung einer Vollstreckungsabwehrklage begegnen. Unabhängig davon sei eine das Verfahren und die Rechtskraft legitimierende Repräsentation der Gesellschaft durch ihre Gesellschafter im Gesellschafterprozess nicht gewährleistet.[385] Dafür spricht laut BGH die von ihm befürwortete Auslegung des § 736 ZPO, wonach mehrere in getrennten Verfahren erwirkte Titel gegen alle Gesellschafter für eine Vollstreckung in das Gesellschaftsvermögen genügen. Aber selbst wenn die Klage gegen alle Gesellschafter gerichtet ist, werden nach Ansicht des BGH nicht zwingend die Interessen der Gesellschaft durch ihre Gesellschafter gewahrt, weil die Interessen der Gesellschafter oder einzelner von ihnen gegenläufig sein können. Ferner vertritt der BGH die Auffassung, dass ohne Rechtskrafterstreckung auch kein Rechtskraftkonflikt droht: Einer erneuten Inanspruchnahme der Gesellschafter aus ihrer akzessorischen Haftung stehe die Rechtskraft des klageabweisenden Urteils aus dem gegen sie geführten Vorprozess entgegen.[386] Divergierende Entscheidungen über das Bestehen der Gesellschaftsschuld seien hinzunehmen. Eine Ausnahme sei lediglich in dem Sonderfall geboten, dass im Gesellschafterprozess über die Grundlagen der Gesellschaft entschieden worden ist.[387]

4. Kritik

Die Argumentation des BGH, insbesondere zu § 736 ZPO, wirkt sehr gläubigerfreundlich. Während er Ausnahmen zu § 325 I ZPO und § 129 I HGB mit teils streng formalistischer Argumentation ablehnt, nimmt er im Rahmen des § 736 ZPO diverse Durchbrechungen von Grundsätzen zulasten der Gesellschaft – und damit zugunsten des Gesellschaftsgläubigers – in Kauf. Dazu im Einzelnen:

Der Hinweis zu § 325 I ZPO, dass unterschiedliche Rechtssubjekte vorliegen und eine Rechtskrafterstreckung deshalb grundsätzlich ausscheide, mag zutreffen.[388] Das Argument, dass eine entsprechende Anwendung des § 129 I HGB nicht in Betracht komme, weil die Gesellschaft nicht akzessorisch für die Schulden der Gesellschafter hafte, erscheint jedoch sehr oberflächlich; es wurde bereits gezeigt, dass der Geltungsgrund für die in § 129 I HGB geregelte Rechtskrafterstreckung

385 BGH NJW 2011, 2048 (Rn. 14).
386 BGH NJW 2011, 2048 (Rn. 15).
387 BGH NJW 1967, 2159; BGH NJW 2011, 2048 (Rn. 16).
388 Siehe zu § 325 I ZPO noch unter C. I. 10., S. 117.

nicht die Akzessorietät der Gesellschafterhaftung ist, sondern die prozessuale Repräsentation der Gesellschafterinteressen im Gesellschaftsprozess.[389]

Im Rahmen des § 736 ZPO geht der BGH m.E. leichtfertig davon aus, dass die Gesellschaft nicht unzumutbar beeinträchtigt werde, wenn gegen sie wegen ein und derselben Gesellschaftsschuld zwei Titel ergehen können. Wenn sie zur Erhebung der Vollstreckungsgegenklage gezwungen wird, um den zweiten Titel aus der Welt schaffen, dann wird sie in eine schwächere Rechtsposition gedrängt: Sie muss dann auf eigenes Prozesskostenrisiko die Erfüllung der Gesellschaftsverbindlichkeit nachweisen.[390] Nur ergänzend sei zudem darauf hingewiesen, dass eine solche Handhabung nicht gerade zur Rechtssicherheit und zur Prozessökonomie beiträgt.

Besonders befremdlich ist schließlich der Einwand des BGH, dass die Interessen von Gesellschaft und Gesellschaftern durchaus auch gegenläufig sein können und deshalb eine die Rechtskrafterstreckung legitimierende prozessuale Repräsentation der Gesellschaft nicht gewährleistet sei. Zum einen erscheint dieser pauschale Einwand[391] ohne konkrete Beispiele haltlos, da die Interessen jedenfalls abstrakt-generell in jedem Fall gleichgerichtet sind.[392] Zum anderen würdigt der BGH dabei nicht, dass es sich im vorliegenden Fall um eine Rechtskrafterstreckung zugunsten der (repräsentierten) Gesellschaft handeln würde. Die Ausführungen des BGH verwundern daher auch deshalb, weil sie gar nicht zwischen der Rechtskrafterstreckung zulasten und derjenigen zugunsten der Gesellschaft unterscheiden. Dies legt die Vermutung nahe, dass der BGH sich nicht ausreichend mit den Interessen der betroffenen Parteien auseinandergesetzt hat. Da es sich im vorliegenden Fall um eine Rechtskrafterstreckung zugunsten der Gesellschaft gehandelt hätte, lag es natürlich im Interesse der Gesellschaft, dass das von ihren Gesellschaftern erstrittene Urteil auch für sie wirkt. Dies scheint der BGH zu verkennen. Zumindest hätte er sich die Frage stellen müssen, ob es nicht einen Unterschied macht, ob das Urteil gegen die Gesellschafter zugunsten oder zulasten der Gesellschaft Wirkung entfalten würde. Abgesehen davon, dass eine Rechtskrafterstreckung zugunsten der Gesellschaft in ihrem Interesse liegt, wäre

---

389 Siehe oben unter B. I. 1. a) ee) (3) (c) und (d), S. 48 ff.; zur Möglichkeit einer reziproken Anwendung des § 129 I HGB siehe unter C. II. 2., S. 161 ff.

390 Zur Beweislast des Schuldners für die Erfüllung vgl. statt vieler *Grüneberg*, in: Palandt, BGB, § 363 Rn. 1.

391 Ähnlich *Weller*, ZZP 2011 (124. Band), 491 (501): „Einwand […] freilich unsubstantiiert".

392 Vgl. zu diesem Einwand auch schon oben unter B. I. 1. a) ee) (3) (c), S. 49 f.

eine solche Rechtskrafterstreckung auch im Sinne der Gesellschafter. Letztendlich profitiert im vorliegenden Fall also nur der Gläubiger von einer Ablehnung der Rechtskrafterstreckung, indem er eine doppelte Gewinnchance hinsichtlich der Feststellung der Gesellschaftsschuld erhält. Der Frage, ob der Gläubiger in dieser Hinsicht überhaupt schutzwürdig ist, ging der BGH nicht nach.

Daher erscheint eine tiefer gehende Betrachtung der sich gegenüberstehenden Interessen samt Abwägung dieser geboten.

5. Die Ansicht *Lenenbachs*

Lenenbach[393] vertritt den Standpunkt, dass die Weitergeltung des § 736 ZPO, nachdem der BGH[394] die Außen-GbR für rechts- und parteifähig erklärt hat – und die GbR damit im Wesentlichen mit den Personenhandelsgesellschaften gleichgestellt hat –, ein Folgeproblem verursacht habe. Es stelle sich die Frage, ob der Gesellschaftsgläubiger nach Klage gegen die Gesellschaftergemeinschaft die Möglichkeit hat, das Ergebnis des ersten Prozesses in einem zweiten Prozess gegen die Gesellschaft zu negieren bzw. zu duplizieren, oder ob dem zweiten Prozess die Rechtskraft des ersten Prozesses entgegenstehe. Laut *Lenenbach*[395] kann dieses Problem nur gelöst werden, wenn man annimmt, dass die Weitergeltung des § 736 ZPO zu einer Änderung der Rechtslage geführt hat und dieser Norm nunmehr auch die Funktion einer Rechtskrafterstreckungsnorm zukommt. Vor Anerkennung der Rechts- und Parteifähigkeit der Außen-GbR habe sich die Frage der Rechtskrafterstreckung nicht gestellt, da ein Urteil gegen sämtliche Gesellschafter in ihrer Eigenschaft als Gesellschafter zugleich ein Urteil gegen die Gesellschaft selbst war, da die Gesellschaft nicht als Rechtssubjekt, sondern nur in der gesamthänderisch gebundenen Gemeinschaft der Gesellschafter existierte. Daher sei auch eine Klage gegen die Gesellschaft mangels Parteifähigkeit unzulässig gewesen. Nach Anerkennung der Rechts- und Parteifähigkeit drohe ohne eine Rechtskrafterstreckungsfunktion ein prozessuales und – wegen Art. 14 I GG und Art. 103 I GG – sogar verfassungsrechtliches Problem: Aus einem Urteil gegen die Gesellschafter könnte auch in das Vermögen der Gesellschaft vollstreckt werden, also in das Vermögen einer Partei, die im Prozess gar nicht als Rechtssubjekt beteiligt worden ist.[396] Diese Rechtslage könne nicht mit derjenigen bei einer Prozessstandschaft auf der Passivseite vergleichen

393 WM 2011, 385.

394 BGH NJW 2001, 1056.

395 WM 2011, 385 (386).

396 *Lenenbach*, WM 2011, 385 (387).

werden, auch wenn die Gesellschafter die Interessen der GbR im eigenen Namen wahrnehmen würden: Im Vergleich zur Prozessstandschaft fehle es an einer besonderen gesetzlichen oder rechtsgeschäftlichen Legitimation sowie an der ausdrücklichen Offenlegung der Fremdprozessführung. Dürfe nun aus einem gegen die Gesellschafter erlassenen Urteil in das Gesellschaftsvermögen vollstreckt werden, könne das nur bedeuten, dass Gegenstand des von den Gesellschaftern geführten Verfahrens auch die Verpflichtung der Gesellschaft bzw., dass die BGB-Gesellschaft als Subjekt in das Verfahren einbezogen war. Dies zeige insbesondere ein Vergleich mit Normen, welche eine gesetzliche Prozessstandschaft explizit anordnen (§§ 432 I 2 BGB, 744 II, 1011, 2039 BGB). Daher sei die Fortgeltung des § 736 ZPO nur deshalb gerechtfertigt, weil die Gesellschafter im ersten Prozess die Interessen der Gesellschaft wahrnehmen – wegen der akzessorischen Haftung der Gesellschafter liege es in ihrem „ureigenen Interesse", sich mit allen Mitteln gegen ihre Inanspruchnahme zu verteidigen.[397] Befremdlich bleibe in diesem Verfahren aber die fehlende Offenlegung der Einbeziehung der GbR in den Gesellschafterprozess: Bei einer Klage nach § 736 ZPO gegen die Gesellschafter werde vom Kläger weder die Stellung der Gesellschaft als Beklagte noch als Schuldnerin, deren Interessen im Wege der Prozessstandschaft von ihren Gesellschaftern vertreten werden, vorgetragen. Letztendlich stuft *Lenenbach*[398] die Klage nach § 736 ZPO als verdeckte Prozessstandschaft ein, weil die Beteiligung der Gesellschaft am Prozess nicht offengelegt werde, was eigentlich einen schweren prozessualen Mangel darstelle (vgl. § 579 I Nr. 4 ZPO). Allerdings sei dies nach dem Funktionswandel des § 736 ZPO unschädlich, zumal für alle Parteien klar sei, welches Recht den Gegenstand des Verfahrens bilde und § 736 ZPO die Prozessführung auch gegen die Gesellschaft ohne Aufnahme der Prozessstandschaft in den Klageantrag erlaube.[399] Sollte im Übrigen ein Gesellschafter ausnahmsweise von der Vertretung der Gesellschaft ausgeschlossen sein, ergebe sich seine Prozessführungsbefugnis unmittelbar aus § 736 ZPO. Wenn die Gesellschaft bei der Klage aus § 736 ZPO also beteiligt werde, dann müsse das Urteil, das gegen die Gesellschafter ergeht, auch für und gegen die

397 Dabei lässt *Lenenbach* (zunächst) offen, ob es bei dieser Interessenwahrung um eine besondere Form der Prozessstandschaft durch die Gesellschafter, eine verfahrensrechtliche Repräsentation sui generis oder eine schlichte Vertretung der GbR durch ihre Organe handelt: „Für die Rechtfertigung der Klage gegen die Gesellschaft ist diese Qualifikationsfrage jedoch ohne Belang".

398 WM 2011, 385 (387 f.).

399 *Lenenbach*, WM 2011, 385 (388).

Gesellschaft wirken. Dies sei eine „Selbstverständlichkeit“ und daran dürfe „kein Zweifel“ bestehen. Andernfalls könne ein Gläubiger zwei Titel erlangen, um in das Gesellschaftsvermögen zu vollstrecken bzw. könne er nach einem verlorenen Erstprozess dieselbe Forderung in einem zweiten Prozess geltend machen. Sinn und Zweck der Rechtskraft sei es aber, ein zweites Verfahren zwischen denselben Personen über denselben Streitgegenstand auszuschließen. Ferner würde der Zusammenhang zwischen Erkenntnisverfahren, materieller Rechtskraft und Vollstreckbarkeit ohne Rechtskraftwirkung gegenüber der Gesellschaft durchbrochen werden: Die Zwangsvollstreckung sei „durch die justiziellen Kautelen“ gerechtfertigt, welche das zivilrechtliche Erkenntnisverfahren biete; die Vollstreckung für den Schuldner sei hinzunehmen, weil nach dem rechtskräftigen Abschluss eines Zivilverfahrens zwischen den Parteien ein für alle Male feststehe, dass der Anspruch besteht bzw. nicht besteht.[400] Zudem drohe ein Rechtskraftkonflikt bei Ablehnung einer Rechtskraftwirkung gegenüber der GbR: In einem dritten Verfahren zwischen einem Gesellschaftsgläubiger und einem Gesellschafter – insbesondere, wenn der Gläubiger im ersten Verfahren gegen die Gesellschafter unterliegt und dann im zweiten Verfahren gegen die Gesellschaft obsiegt – käme es dann zu einem „unauflösbaren Widerspruch“ zwischen den beiden früheren Entscheidungen, weil dann ggf. die Rechtskraft aus dem ersten Prozess mit der Rechtskraftwirkung nach § 129 I HGB analog aus dem zweiten Prozess kollidiere.

Lenenbach hält daher fest, dass wenn ein Verfahren über eine Gesellschaftsverbindlichkeit gegen sämtliche Gesellschafter in ihrer Funktion als Gesellschafter der GbR geführt werde, alle Gesichtspunkte für eine Rechtskrafterstreckung auf die Gesellschaft sprechen würden. Sämtliche Gesellschafter als Gesellschaftergesamtheit würden als geborenes Vertretungsorgan eine hinreichende Repräsentation der BGB-Gesellschaft gewährleisten, da die Gesellschafter den Interessen der Gesellschaft Gehör verschaffen würden und sie im Sinne der Gesellschaft auf den Ausgang des Prozesses Einfluss nehmen könnten.

Der Anwendungsbereich des § 736 ZPO müsse jedoch auf Klagen aus einer Gesellschaftsschuld eingeschränkt werden, weil nur dann die Interessen der Gesellschaft Verfahrensgegenstand seien.[401] Unschädlich sei es dann aber, wenn die Titel gegen alle Gesellschafter nicht in einem einzigen Zivilprozess erlangt werden, sondern bei getrennten Klagen gegen die einzelnen Gesellschafter.[402]

400 *Lenenbach*, WM 2011, 385 (389).
401 *Lenenbach*, WM 2011, 385 (389 f.).
402 *Lenenbach*, WM 2011, 385 (390).

Im Übrigen bedarf § 736 ZPO laut *Lenenbach* einer teleologischen Reduktion, wenn sich die Gesellschafter bei ihrer Verteidigung auf persönliche Einwendungen beschränken, weil dann die Legitimationskette reiße, die eine Rechtskraftwirkung für und gegen die Gesellschaft rechtfertige.

6. Kritik

Die Thesen und Argumente *Lenenbachs* sind in Ansätzen vielfach gut nachvollziehbar und weisen auch, wie noch zu zeigen sein wird, einige Ähnlichkeiten zu dem hier vertretenen Lösungsweg auf. Einige Fragen wurden jedoch nur oberflächlich oder auch gar nicht erörtert. Zudem lassen sich einige Argumente leicht entkräften. Dazu im Einzelnen:

Zunächst fehlt eine Bestimmung der objektiven Grenzen der Rechtskraft im Vorprozess gegen die Gesellschafter, gerade auch wegen der Möglichkeit der Gesellschafter, persönliche Einwendungen zu erheben[403] – dies wurde von *Lenenbach* zwar im Ansatz erkannt, allerdings verortet er die Problematik an falscher Stelle.

Im Ansatz zutreffend ist auch seine Überlegung, dass die Rechtskrafterstreckung auf die Gesellschaft vor dem Hintergrund des Anspruchs auf rechtliches Gehör (Art. 103 I GG) nur durch eine hinreichende prozessuale Repräsentation der Interessen der Gesellschaft gerechtfertigt werden kann. Die Annahme einer verdeckten Prozessstandschaft[404] vermag diesbezüglich aber nicht zu überzeugen.[405] Nicht die fehlende Offenlegung der Prozessstandschaft sorgt für die größten Bedenken,[406] sondern – wie *Lenenbach* zwar anmerkt, aber nicht weiter begründet – das Fehlen einer besonderen gesetzlichen oder rechtsgeschäftlichen Legitimation. Zum einen dient die Prozessführungsbefugnis im Gesellschafterprozess in erster Linie dem eigenen Interesse der Gesellschafter wegen ihrer akzessorischen Haftung analog § 128 HGB, was bereits gegen eine Rechtskrafterstreckung auf die Gesellschaft anhand der anerkannten Maßstäbe bei der Prozessstandschaft sprechen würde. Zum anderen hat die Gesellschaft den Gesellschaftern auch nicht die Wahrnehmung ihrer

---

403 Siehe zum Umfang der objektiven Rechtskraft im Gesellschafterprozess unter C. I. 11. a), S. 117 ff.

404 Dabei geht *Lenenbach* offenbar von einer gesetzlichen Prozessstandschaft aus.

405 Vgl. zum Unterschied zwischen Prozessstandschaft und prozessualer Repräsentation der Gesellschafter im Passivprozess der Gesellschaft schon oben unter B. I. 1. a) ee) (3) (b), S. 47 f.

406 Insoweit kann *Lenenbach* die Bedenken überzeugend ausräumen.

Interessen übertragen. Die Gesellschafter verfügen im Rahmen der gegen sie nach § 736 ZPO bzw. 128 HGB analog gerichteten Klage in ihrer Stellung als akzessorisch haftende Gesamtschuldner nicht materiell unmittelbar über Rechte der Gesellschaft; dies können sie nur als Vertretungsorgane, dann aber primär mit unmittelbarer Wirkung für und gegen die Gesellschaft. Zudem ist die Gesellschaft auch nicht von der eigenen Prozessführung ganz ausgeschlossen, da sie als eigenes Rechtssubjekt nach allgemeinen Regeln weiterhin parteifähig und prozessführungsbefugt ist.

Berechtigt sind *Lenenbachs* Bedenken hinsichtlich des Umstands, dass der Gesellschaftsgläubiger ohne Rechtskrafterstreckung zwei Titel wegen ein und derselben Forderung erwirken könnte, die jeweils eine Vollstreckung ins Gesellschaftsvermögen ermöglichen würden.[407] Hingegen mag sein Einwand, dass ohne Rechtskrafterstreckung der Zusammenhang zwischen Erkenntnisverfahren, materieller Rechtskraft und Vollstreckbarkeit durchbrochen werde, zwar inhaltlich richtig sein, dies trägt in der Sache aber nichts zur Rechtfertigung der Rechtskrafterstreckung bei. Auch sein Einwand, dass ohne Rechtskraftwirkung gegenüber der GbR in einem dritten Verfahren ein Rechtskraftkonflikt drohe, läuft ins Leere, da sich dieser potenzielle Konflikt durch eine konsequente Anwendung des § 322 I ZPO auflösen lässt.[408]

Besonders bedenklich ist schließlich *Lenenbachs* Auffassung, dass mehrere getrennte Verfahren gegen die einzelnen Gesellschafter für die Annahme einer Rechtskrafterstreckung unschädlich sein sollen. Abgesehen davon, dass in den getrennten Verfahren gegen die Gesellschafter die Interessen der Gesellschaft nicht jeweils ohne Weiteres hinreichend repräsentiert werden, würde das zu dem systemwidrigen Schluss führen, dass mehrere Urteile erst in ihrer Gesamtheit Rechtskraftwirkungen gegenüber einer Partei – hier der Gesellschaft – entfalten würden. Die §§ 325 ff. ZPO als gesetzlich anerkannte Fälle der Rechtskrafterstreckung stellen aber ausdrücklich klar, dass nur das – einzelne – „(rechtskräftige) Urteil" Rechtskraftwirkungen gegenüber einen dritten Partei entfalten kann.

Daher ist *Lenenbachs* grundsätzlich überzeugender Ansatz, in § 736 ZPO eine Rechtskrafterstreckungsnorm zu sehen, ausbau- und vertiefungsfähig.

---

407 Vgl. diesbezüglich auch oben die Kritik am BGH unter C. I. 4., S. 107.

408 Insoweit überzeugend der BGH, in: NJW 2011, 2048 (Rn. 15).

7. Die Ansicht *Wellers*

Weller[409] war – soweit ersichtlich – der Einzige, der sich unter expliziter Bezugnahme auf die Urteile des OLG Hamm[410] und des BGH[411] mit der Frage der Rechtskrafterstreckung zwischen der GbR und ihren Gesellschaftern befasst hat.

Dabei arbeitet er zunächst die Rechtskrafterstreckung nach § 129 I HGB kurz auf,[412] und hält als These fest, dass der Geltungsgrund für die Rechtskrafterstreckung entscheidend für die Frage sei, ob eine Rechtskrafterstreckung auch im umgekehrten Fall – zuerst Klage gegen sämtliche Gesellschafter, danach Klage gegen die Gesellschaft – möglich sei.[413] Wenn man dann die gehörssubstituierende Repräsentation für entscheidend halte, dann greife dieser Grund in beide Richtungen, sodass auch die Gesellschaft an das Urteil gegen die Gesellschaftergemeinschaft im Wege der Rechtskrafterstreckung gebunden sein müsse.

Im Anschluss an *Lenenbach*[414] erörtert er anschließend kurz die Möglichkeit, ob § 736 ZPO infolge seiner Umdeutung eine versteckte Rechtskrafterstreckung auf die Gesellschaft zu entnehmen ist.[415] Insoweit hält er eine gesetzliche, passive Prozessstandschaft der Gesellschafter für denkbar, da sie im Prozess zugleich faktisch die Gesellschaft repräsentieren würden, deren Vermögen als Haftungsmasse für die Vollstreckung des Titels nach § 736 ZPO in Rede stehe.[416] Die Klage gegen die Gesellschaftergemeinschaft sei wegen § 736 ZPO immer auch Klage gegen die Gesellschaftergemeinschaft in ihrer Eigenschaft als Sachwalter des Gesellschaftsvermögens.[417] Im Hinblick auf die Entscheidung des BGH[418] stimmt er den Entscheidungsgründen, die § 736 ZPO als Rechtskrafterstreckungsnorm ablehnen,[419] größtenteils zu.[420] Den Einwand des BGH, dass die Interessen der Gesellschaftergemeinschaft nicht immer mit deren der Gesellschaft gleichlaufend seien, hält er jedoch für unsubstantiiert; dieser Einwand

---

409 ZZP 2011 (124. Band), 491.
410 OLG Hamm vom 14.09.2009 – 22 U 43/09, BeckRS 2009, 26873.
411 BGH NJW 2011, 2048.
412 *Weller*, ZZP 2011 (124. Band), 491 (492 ff.).
413 *Weller*, ZZP 2011 (124. Band), 491 (498).
414 WM 2011, 385; vgl. auch oben unter C. I. 5., S. 108 ff.
415 *Weller*, ZZP 2011 (124. Band), 491 (498 ff.).
416 *Weller*, ZZP 2011 (124. Band), 491 (499 f.).
417 *Weller*, ZZP 2011 (124. Band), 491 (500).
418 BGH NJW 2011, 2048.
419 Vgl. dazu oben unter C. I. 3, S. 104 ff.
420 Vgl. *Weller*, ZZP 2011 (124. Band), 491 (500).

müsse erst überprüft werden.[421] Als mögliche zu überprüfende Fälle nennt er beispielhaft „Fälle der Aufrechnung mit schwachen Forderungen der Gesellschafter gegen die Gesellschaft, Gesellschaftergemeinschaften mit mehr als einer GbR, oder aber der individuellen Haftungsbeschränkungen der Gesellschafter".[422] Im Übrigen relativiert *Weller*[423] den Einwand: Selbst wenn sich dieser Einwand erhärten lasse, folge daraus nicht notwendig, dass die dogmatische Begründung der Rechtskrafterstreckung durch eine passive Prozessstandschaft scheitere, da es auch in anderen Fällen der Prozessstandschaft ausreiche, dass die Interessen des Standschafters und des Rechtsträgers nur im Grundsatz gleichgerichtet sind. Daher schlage die Begründung des BGH gegen die Deutung des § 736 ZPO als versteckte Rechtskrafterstreckungsnorm nicht durch.

Letztendlich lehnt *Weller*[424] die Rechtskrafterstreckung aber aus einem anderen Grund ab: Er weist darauf hin, dass bei der Klage gegen die Gesellschaftergemeinschaft die Rechtsfeststellung, ob eine Gesellschaftsschuld besteht oder nicht, ein präjudizielles Rechtsverhältnis für die Hauptrechtsfeststellung, ob die Gesellschafter akzessorisch haften oder nicht, sei. Präjudizielle Rechtsverhältnisse seien aber nicht vom Umfang der objektiven Rechtskraft erfasst. Daraus zieht er den Schluss, dass eine Rechtskrafterstreckung im vorliegenden Fall schon deshalb ausscheiden muss, weil eine Rechtskrafterstreckung auf die Gesellschaft gar nicht erst in Betracht komme, wenn die Feststellung über die Gesellschaftsverbindlichkeit nicht in objektive Rechtskraft erwachsen ist („Was nicht in objektive Rechtskraft erwächst, kann auch nicht im Wege der Rechtskrafterstreckung auf Dritte erstreckt werden").

8. Kritik

Zutreffend weist *Weller* darauf hin, dass nicht die Akzessorietät der Gesellschafterhaftung, sondern die prozessuale Repräsentation der Gesellschafterinteressen der Geltungsgrund für die in § 129 I HGB angeordnete Rechtskrafterstreckung ist.[425] Wie noch zu zeigen sein wird, reicht diese Feststellung alleine aber nicht aus, um eine reziproke Anwendung des § 129 I HGB zu rechtfertigen.[426]

---

421 *Weller*, ZZP 2011 (124. Band), 491 (501).
422 *Weller*, ZZP 2011 (124. Band), 491 (501 Fn. 47).
423 ZZP 2011 (124. Band), 491 (501).
424 ZZP 2011 (124. Band), 491 (502).
425 Dazu ausführlich unter B. I. 1. a), S. 30 ff.
426 Dazu näher unter C. II. 2., S. 161 ff.

Zutreffend ist auch seine Anmerkung, dass der Einwand des BGH, dass die Interessen von Gesellschaftern und Gesellschaft nicht notwendig gleichgerichtet seien, unsubstantiiert sei.[427] Ebenso unsubstantiiert dargelegt sind freilich die von ihm vorgeschlagenen Fälle, um diesen Einwand zu untersuchen. Hinsichtlich der Konstellation, dass die Gesellschaftergemeinschaft ihrerseits aus „mehr als einer“ Gesellschaft bestehe, sei angemerkt, dass diese Konstellation den Einwand des BGH abstrakt-generell nicht zu untermauern vermag. Werden Gesellschaften als Gesellschafter in Anspruch genommen, gibt es abstrakt-generell keinen Grund daran zu zweifeln, dass die jeweils vertretungsberechtigten Organe sowohl die Interessen der Gesellschaft, die die angebliche Verbindlichkeit eingegangen bzw. verursacht hat, als auch die Interessen der Gesellschaft, die für ebenjene Verbindlichkeiten nach § 128 HGB (analog) haftet, fair und angemessen vertreten. Extreme Ausnahmefälle, die einen Missbrauch der Vertretungsmacht nahelegen (Fälle von Kollusion und Evidenz), können freilich immer noch zu Rechtskraftdurchbrechungen führen.[428] Hinsichtlich der ferner von *Weller* genannten Fälle der „individuellen Haftungsbeschränkungen der Gesellschafter“ sei zudem noch angemerkt, dass es sich dabei jeweils um persönliche Einwendungen der Gesellschafter handeln würde, die aus anderen Gründen Einfluss auf die Möglichkeit einer Rechtskrafterstreckung nehmen.[429] Im Ergebnis stellt aber auch *Weller* zutreffend fest, dass eine abstrakt-generelle Gleichrichtung der Interessen von Gesellschaft und Gesellschaftern genügt, um eine etwaige Rechtskrafterstreckung zu rechtfertigen. Die Annahme, dass es sich dabei in dogmatischer Hinsicht um eine gesetzliche Prozessstandschaft handele, vermag jedoch nicht gänzlich zu überzeugen.[430]

Von großer Bedeutung ist aber schließlich *Wellers* Hinweis, dass präjudizielle Rechtsverhältnisse – und dazu gehört die Gesellschaftsverbindlichkeit im Gesellschafterprozess – grundsätzlich nicht vom Umfang der objektiven

427 Vgl. oben unter C. I. 4., S. 107 f.

428 Beispielhaft sei der vom BGH entschiedene Fall genannt, als ein Gesellschaftsgläubiger zugleich Geschäftsführer der zur Vertretung berechtigten Komplementär-GmbH einer GmbH & Co. KG war und der Zweck der Klage darin bestand, die Gesellschaftsverbindlichkeit der vermögenslosen KG nach § 129 I HGB rechtskräftig auch gegenüber einem von der Vertretung ausgeschlossenen Gesellschafter festzustellen, um diesem die Einwendungen der Gesellschaft im Rahmen seiner persönlichen Haftung abzuschneiden; näher dazu unter B. II. 1. a), S. 71 f.

429 Vgl. unten unter C. I. 11. a) cc), S. 122 ff. und unter C. I. 11. b) bb) (2) (c), S. 145 f.

430 Näher dazu unter C. I. 6., S. 111 f.

Rechtskraft erfasst sind.[431] Der Schluss, dass deshalb eine Rechtskrafterstreckung vorliegend ausscheiden müsse, ist aber nur dann richtig, wenn die Feststellung über das Bestehen der Gesellschaftsverbindlichkeit tatsächlich nicht – das heißt auch nicht ausnahmsweise – in objektive Rechtskraft erwächst.[432] Immerhin scheint *Weller*[433] selbst mit seiner Schlussfolgerung nicht gänzlich zufrieden zu sein: Prozessökonomisch sei eine Ablehnung der Rechtskrafterstreckung im vorliegenden Fall nicht befriedigend; daher sehe er Anlass, über die objektiven und subjektiven Grenzen nachzudenken.

9. Die Ansicht *Müthers*

Ergänzend sei noch auf einen Aufsatz von *Müther*[434] hingewiesen. *Müther* war – soweit ersichtlich – nach Anerkennung der Rechts- und Parteifähigkeit der Außen-GbR der erste, und bis zur Entscheidung des OLG Hamm[435] auch der einzige, der (kurz) auf die Frage der Rechtskrafterstreckung eingegangen ist. Er ist der Ansicht, dass die Regelung des § 736 ZPO im Falle der vorherigen Klage gegen die Gesellschafter „stört". [436] Wenn zur Vollstreckung in das Gesellschaftsvermögen auch immer eine Klage gegen die BGB-Gesellschafter selbst möglich gewesen sei, betreffe die entsprechende Entscheidung einen Fall, der bei einer späteren Klage gegen die Gesellschaft dem Gericht in gleichem Umfang noch einmal unterbreitet werde. Bei der Inanspruchnahme aller Gesellschafter werde durch § 736 ZPO auch die Gesellschaft selbst faktisch zur Partei. Die Annahme der Parteifähigkeit der GbR führe zu einem Bruch in der Anwendung der prozessrechtlichen Regelungen, da der Gesetzgeber von der fehlenden Parteifähigkeit der GbR ausgegangen sei. Diese nun entstandene Lücke sei durch eine Rechtskrafterstreckung analog § 325 I Alt. 1 ZPO zu schließen, die immer dann zu gelten habe, wenn im Vorprozess alle Gesellschafter verklagt worden seien.

---

431 BGH NJW 2010, 2210 (Rn. 9); *Althammer*, in: Stein/Jonas, ZPO Kommentar, § 322 Rn. 80 ff.; *Gottwald*, in: MüKo-ZPO, § 322 Rn. 100 ff.; *Musielak*, in: Musielak/Voit, ZPO Kommentar, § 322 Rn. 17; *Vollkommer*, in: Zöller, ZPO Kommentar, Vor § 322 Rn. 34.

432 Siehe zu dieser Frage unter C. I. 11. a), S. 117 ff.

433 ZZP 2011 (124. Band), 491 (503).

434 MDR 2002, 987.

435 OLG Hamm vom 14.09.2009 – 22 U 43/09, BeckRS 2009, 26873.

436 MDR 2002, 987 (991).

10. Kritik

Lobenswert ist, dass *Müther* einen im Ergebnis plausiblen Lösungsansatz geliefert hat. Methodisch überzeugt der Ansatz von *Müther* jedoch nicht. Zwar trifft es zu, dass § 736 ZPO zu einem Bruch in der Anwendung der prozessrechtlichen Regelungen führt – und dass damit die Auslegung des § 736 ZPO zum Kern der Analyse gemacht werden muss. Für eine Lösung durch eine analoge Anwendung des § 325 I Alt. 1 BGB fehlt es jedoch an einer vergleichbaren Interessenlage: Die Gesellschaft wird durch § 736 ZPO nicht zur Rechtsnachfolgerin der Gesellschafter, denn sie tritt nicht in irgendeiner Form an die Stelle der Gesellschafter, vielmehr sind beide Parteien – die Gesellschafter und die Gesellschaft – während des Verfahrens stets zugleich und nebeneinander betroffen. Eine etwaige Rechtskrafterstreckung müsste und könnte sich daher allenfalls unmittelbar aus dem Sinn und Zweck des § 736 ZPO ergeben.

11. Stellungnahme

Die bisherige Darstellung und Analyse des Meinungsstandes hat gezeigt, dass Rechtsprechung und Literatur noch nicht auf alle relevanten Rechtsfragen der Rechtskraftproblematik eingegangen sind. Teilweise bleiben die Ausführungen auch nur an der Oberfläche. Im Folgenden wird daher noch Stellung zum Umfang der objektiven Rechtskraft im Vorprozess genommen, bevor eine Auseinandersetzung mit der Frage erfolgt, ob § 736 ZPO eine Rechtskrafterstreckungsnorm darstellt.

a) Umfang der objektiven Rechtskraft im Vorprozess

Wie schon erwähnt, hat *Weller*[437] zutreffend darauf hingewiesen, dass bei der Klage gegen die Gesellschaftergemeinschaft die Rechtsfeststellung, ob eine Gesellschaftsschuld besteht oder nicht, ein präjudizielles Rechtsverhältnis für die Hauptrechtsfeststellung, ob die Gesellschafter akzessorisch haften oder nicht, ist. Dieser Aspekt ist vom BGH[438] und vom OLG Hamm[439] sowie von *Lenenbach*[440] übergangen worden. Fraglich ist, ob die Feststellung über das Bestehen der Gesellschaftsverbindlichkeit im Gesellschafterprozess dennoch in objektive Rechtskraft erwächst. Dass man das so sehen kann, wird etwa bei

437 ZZP 2011 (124. Band), 491 (502).
438 Vgl. BGH NJW 2011, 2048.
439 Vgl. OLG Hamm vom 14.09.2009 – 22 U 43/09, BeckRS 2009, 26873.
440 Vgl. WM 2011, 385.

Oberhammer[441] – für die OHG – deutlich, in dessen Augen es „kaum eines weiteren Erklärungsaufwandes“ bedarf, „um zu zeigen, daß der Gegenstand der Rechtskraftwirkung gegenüber Gesellschaft und Gesellschafter derselbe ist, nämlich eben die rechtskräftige Feststellung der Leistungspflicht der Gesellschaft“. Ähnlich äußert sich *Lenenbach*[442] für die GbR: „Darf aus einem gegen die Gesellschafter erlassenen Urteil in das Gesellschaftsvermögen wegen einer Verbindlichkeit der Gesellschaft vollstreckt werden, kann das somit eigentlich nur bedeuten, dass Gegenstand des von den Gesellschaftern geführten Verfahrens auch die Verpflichtung der Gesellschaft war“. *Lenenbach* nimmt also offenbar an, dass auch im Gesellschafterprozess konstruktiv über das Bestehen der Gesellschaftsverbindlichkeit rechtskräftig entschieden wird – davon gingen scheinbar (stillschweigend) auch das OLG Hamm und der BGH aus. Dies setzt voraus, dass (ausnahmsweise) eine objektive Rechtskrafterstreckung auf die Urteilsgründe geboten ist. Im Folgenden werden die grundsätzlichen Grenzen der objektiven Rechtskraft nach der herrschenden Meinung und teilweise anerkannte und diskutierte Ausnahmen näher beleuchtet, bevor eine Lösung für die vorliegende Konstellation entwickelt wird.

aa) Grenzen der objektiven Rechtskraft nach der herrschenden Meinung

Der Gesetzgeber hat die Lehren *Savignys*,[443] der die Rechtskraft nicht nur auf den Inhalt der Entscheidung beschränken, sondern auch auf die Urteilselemente, also etwa auch auf präjudizielle Rechtsverhältnisse, ausdehnen wollte, abgelehnt, und entschied sich stattdessen für ein enges Rechtskraftkonzept.[444] An der Lehre *Savignys* wurde zwar geschätzt, dass sie widersprechende Urteile vermeiden würde, allerdings soll sie über die Absicht der Parteien hinausgehen: Diese würden den Gegenstand des Prozesses beschränken und nur über diesen eine Entscheidung erwarten.[445] Das Urteil dürfe nicht weiter gehen, als die Absicht der Parteien gegangen sei, und es dürfe keine Folgen erzeugen, deren sich die Parteien im Laufe des Prozesses nicht bewusst geworden sind. Diese Rücksicht auf den (vermeintlichen) Willen der Parteien sei „so überwiegend“ gewesen, dass sich der Gesetzesentwurf von dieser Prämisse habe leiten lassen müssen. Um trotzdem ein Ergebnis erzielen zu können, das dem Standpunkt

---

441 OHG im Zivilprozeß, S. 96.
442 WM 2011, 385 (387).
443 System des heutigen römischen Rechts, S. 355 ff.
444 *Hahn/Mugdan*, Materialien zur ZPO, S. 290 ff., 607 ff.
445 *Hahn/Mugdan*, Materialien zur ZPO, S. 291.

Savignys entspricht, wurde auf die Zwischenfeststellungsklage verwiesen; durch sie soll nicht das Gesetz, sondern die Parteien sollen darüber entscheiden, was über den Streitgegenstand hinaus von der Rechtskraft umfasst sein soll.[446]

Dem folgt die herrschende Meinung[447] noch heute, sodass grundsätzlich anerkannt ist, dass der Gegenstand der Rechtskraft nur der richterliche Subsumtionsschluss als Ganzes ist.

bb) Teilweise anerkannte oder diskutierte Ausnahmen

Obwohl die engen Grenzen der objektiven Rechtskraft im Grundsatz anerkannt sind, finden sich immer wieder Fälle, in denen – zum Teil auch von den Vertretern der herrschenden Meinung – befürwortet wird, den Umfang der objektiven Rechtskraft zu erweitern. *Althammer*[448] setzt sich etwa dafür ein, „Auslegungsspielräume" anzuerkennen, und zwar auch „im Rahmen der gesetzlichen Entscheidung für eine enge Begrenzung der Rechtskraft". Zur Vermeidung von widersprüchlichen Entscheidungen und aus prozessökonomischen Gründen solle insbesondere die Unterscheidung zwischen Schlussfrage und Vorfrage „nicht auf die Spitze getrieben" werden. Eine objektive Rechtskrafterstreckung soll demnach in wertender Betrachtung auch auf Aspekte, die den Kern des entschiedenen Streits bildeten, in Betracht kommen, auch wenn man diese Aspekte formal von der Schlussfrage unterscheiden könne.

Der BGH[449] lehnt eine Rechtskrafterstreckung auf präjudizielle Rechtsverhältnisse im Rahmen von sog. Ausgleichszusammenhängen oder Sinnzusammenhängen, die im Anschluss an *Zeuner* von einigen Autoren befürwortet worden ist,[450] zwar grundsätzlich weiterhin ab – solche Bestrebungen seien mit Wortlaut und Systematik des § 322 ZPO sowie mit der Absicht des Gesetzgebers nicht zu vereinbaren –, allerdings dehnt auch der BGH in Einzelfällen die objektive Rechtskraftwirkung aus. So etwa im Fall eines titulierten Freistellungsanspruchs und dem nachfolgend eingeklagten Zahlungsanspruch: Nach Ansicht

---

446 *Hahn/Mugdan*, Materialien zur ZPO, S. 291 f.

447 BGH NJW 2003, 3058 (3059); BGH NJW 2010, 2210 (Rn. 9 f.); BGH NJW 2017, 893 (Rn. 13 f.); *Althammer*, in: Stein/Jonas, ZPO Kommentar, § 322 Rn. 71; *Gottwald*, in: MüKo-ZPO, § 322 Rn. 86; *Musielak*, in: Musielak/Voit, ZPO Kommentar, § 322 Rn. 16; *Vollkommer*, in: Zöller, ZPO Kommentar, Vor § 322 Rn. 31.

448 In: Stein/Jonas, ZPO Kommentar, § 322 Rn. 73; ähnlich *Gottwald*, in: MüKo-ZPO, § 322 Rn. 57; *Koussoulis*, Rechtskraftlehre, S. 230.

449 BGH NJW 2003, 3058 (3059).

450 Vgl. BGH NJW 2003, 3058 (3059) mit umfassenden Nachweisen zum Streitstand.

des BGH[451] handelt es sich bei einem Freistellungsanspruch um einen Schadensersatzanspruch nach § 249 I BGB auf Naturalrestitution, der sich in einen Zahlungsanspruch nach § 249 II BGB wandelt, wenn die belastende Verbindlichkeit vom Geschädigten getilgt wird oder der Schuldner die Freistellung ernsthaft und endgültig verweigert und der Geschädigte Geldersatz fordert. Dann handele sich lediglich um „verschiedene Ausprägungen ein und desselben Schadensersatzanspruchs auf Vermögensausgleich". Demnach schaffe die rechtskräftige Abweisung einer Klage auf Naturalrestitution wegen Fehlens einer Ersatzpflicht auch für den Anspruch auf Geldersatz Rechtskraft; umgekehrt schließe die Rechtskraft der Verurteilung zur Freistellung Einwendungen des Verurteilten gegen den Grund seiner Schadensersatzpflicht in einem nachfolgenden Zahlungsprozess aus.[452] Für die erstgenannte Fallvariante führt der BGH[453] an, dass es keinen überzeugenden Grund gebe, einem Kläger nach Abweisung seiner Klage auf Naturalrestitution mangels Ersatzpflicht des Beklagten die Möglichkeit zu geben, in einem weiteren Prozess nun Geldersatz zu verlangen. Dies entspricht mittlerweile herrschender Meinung[454] – trotz kritischer Gegenstimmen aus der Literatur, wonach über den Anspruchsgrund als Vorfrage im Vorprozess nicht rechtskräftig entschieden werden könne.[455]

Teilweise wird noch vertreten, dass die Rechtskraft des negatorischen Unterlassungsurteils auch auf den nachfolgenden Schadensersatzanspruch erstreckt werden müsse.[456] Wenn also ein Beklagter vom Gericht rechtskräftig zur Unterlassung verurteilt worden ist, er aber trotzdem sein Verhalten fortsetzt, so darf er nach dieser Ansicht im nachfolgenden Schadensersatzprozess nicht mehr mit dem Vorbringen gehört werden, sein Verhalten verletzte kein geschütztes Rechtsgut des Klägers. Umgekehrt dürfe der Kläger in einem nachfolgenden Schadensersatzprozess nicht mit der Behauptung gehört werden, er sei rechtswidrig in einem Recht oder geschützten Rechtsgut verletzt worden, wenn schon im Unterlassungsprozess rechtskräftig festgestellt worden ist, dass das beanstandete Verhalten – das später auch im Schadensersatzprozess gerügt wird – nicht

451 BGH NJW 1991, 2014.

452 BGH NJW 1991, 2014 f.

453 BGH NJW 1991, 2014.

454 *Althammer*, in: Stein/Jonas, ZPO Kommentar, § 322 Rn. 196; *Gottwald*, in: MüKo-ZPO, § 322 Rn. 42; *Vollkommer*, in: Zöller, ZPO Kommentar, Vor § 322 Rn. 29.

455 So *Gottwald* noch in einer früheren Auflage, vgl. *Gottwald*, in: MüKo-ZPO, 4. Aufl., § 322 Rn. 41; *Otte*, Streitentscheidung, S. 30.

456 *Althammer*, in: Stein/Jonas, ZPO Kommentar, § 322 Rn. 207; *Zeuner*, Sinnzusammenhänge, S. 59.

rechtswidrig ist. Begründet wird dies zum einem damit, dass ein teleologischer Sachzusammenhang zwischen negatorischer Unterlassungsklage im Verhältnis zum Schadensersatzprozess vorliege;[457] zum anderen wird hier ein Präjudizialitätsverhältnis bejaht, weil die Schadensersatzpflicht zwar rein konstruktiv als Verletzung des absoluten Rechts normiert sei, dem Sinn nach aber nichts anderes sei als die Sanktion für die Verletzung der Unterlassungspflicht, die einen Teilgehalt des absoluten Rechts bilde.[458] Die mittlerweile herrschende Meinung[459] lehnt jedoch eine objektive Rechtskrafterstreckung ab. Danach betreffen beide Ansprüche – der Unterlassungs- sowie der Schadensersatzanspruch – unterschiedliche Handlungen: Während der Schadensersatzanspruch sich allein auf die bereits geschehene Verletzungshandlung stütze, gehe es beim Unterlassungsanspruch allein um in der Zukunft liegende Verletzungshandlungen. Zudem könne es sein, dass dem Beklagten an der Verteidigung des einen Anspruchs wenig gelegen sein mag, während er an der Verteidigung gegenüber dem anderen Anspruch ein hohes Interesse haben könne, sodass auch potenziell verschiedene Rechtsschutzziele aufseiten des Beklagten gegen eine objektive Rechtskrafterstreckung sprächen.

Vielfach wird auch vertreten, dass bei der Entscheidung über den Grundbuchberichtigungsanspruch (§ 894 BGB) auch über das Bestehen des dinglichen Rechts rechtskräftig entschieden wird,[460] während eine entsprechende objektive Rechtskrafterstreckung im Rahmen des § 985 BGB ganz überwiegend

---

457 *Zeuner*, Sinnzusammenhänge, S. 58 f.; freilich lehnt der BGH diese Argumentation *Zeuners* ab, vgl. BGH NJW 2003, 3058 (3059).

458 *Althammer*, in: Stein/Jonas, ZPO Kommentar, § 322 Rn. 207.

459 BGH NJW-RR 2002, 1617 (1618 f.); BGH NJW 2012, 3577 (Rn. 36); *Gottwald*, in: MüKo-ZPO, § 322 Rn. 58.

460 RG ZZP 1936/37 (60. Band), 339 (340 f.); *Althammer*, in: Stein/Jonas, ZPO Kommentar, § 322 Rn 209; *Gottwald*, in: MüKo-ZPO, § 322 Rn 57; *Gursky*, in: Staudinger, BGB Kommentar, § 894 Rn. 166; *Reischl*, Grenzen der Rechtskraft, S. 194 ff.; *Zeuner*, Sinnzusammenhänge, S. 139 f.; a.A. (Feststellung des Eigentums, wie bei § 985 BGB, nur als nicht von der Rechtskraft erfasste Vorfrage) BGH NJW-RR 2002, 516 (517); *Musielak*, in: Musielak/Voit, ZPO Kommentar, § 322 Rn. 24; *Vollkommer*, in: Zöller, ZPO Kommentar, Vor § 322 Rn. 36; offen gelassen von BGH NJW-RR 2008, 1397 (Rn. 19 f.), jedoch eine objektive Rechtskrafterstreckung tendenziell ablehnend: „Es liegt daher zumindest nahe, dass für den rechtsähnlichen – auf ‚Herausgabe des Buchbesitzes' gerichteten – Anspruch aus § 894 BGB nichts anderes gilt" (als für den Anspruch aus § 985 BGB); mittlerweile hat sich der BGH zu dieser Ansicht bekannt, vgl. BGH NJW 2019, 71 (Rn. 20 ff.): Die Frage nach dem Eigentum sei nur Vorfrage, die nicht in Rechtskraft erwachse.

verneint wird.[461] Als Begründung wird angeführt, dass die Grundbuchberichtigungsklage nur die technische Form sei, um die Feststellung des dinglichen Rechts zu erreichen, da das Grundbuch selbst der Bekundung der Rechtslage diene. Die Frage, auf die es im Rechtsstreit ankommt und derentwegen die Parteien den Prozess führen, sei die bindende Entscheidung über das Zustehen des dinglichen Rechts und diese Entscheidung über das dingliche Recht komme in der Schlussentscheidung deutlich zum Ausdruck – auch wenn rein konstruktiv betrachtet das Bestehen des dinglichen Rechts nur Vorfrage für den Grundbuchberichtigungsanspruch sei.

Es ist nun nicht das Ziel dieser Untersuchung, zu den soeben dargelegten Standpunkten bzw. Streitständen Stellung zu beziehen. Diese Ausführungen sollten lediglich zeigen, dass in bestimmten Ausnahmefällen – aus unterschiedlichen Gründen – eine objektive Rechtskrafterstreckung auf die Urteilsgründe denkbar ist. Eine allgemeingültige Lösung für eine Erweiterung der objektiven Rechtskraft kann und soll hier nicht entwickelt werden. Wie im Folgenden zu zeigen sein wird, kommt eine Erweiterung der objektiven Rechtskraft im Gesellschafterprozess auch nur wegen des durch Fortgeltung des § 736 ZPO bedingten prozessualen Systembruchs in Betracht.

cc) Gesellschaftsverbindlichkeit als Gegenstand der Rechtskraft im Gesellschafterprozess?

Die bisherigen Darstellungen zeigen, dass die These *Wellers*[462] mit dem engen Rechtskraftkonzept der herrschenden Meinung übereinstimmt. Rein formal betrachtet, stellt die Feststellung der Gesellschaftsverbindlichkeit nur eine Vorfrage im Gesellschafterprozess dar. Die Parteien könnten die rechtskräftige Feststellung der Gesellschaftsverbindlichkeit im Gesellschafterprozess demnach nur durch Erhebung einer Zwischenfeststellungsklage (§ 256 II ZPO) erreichen. Wenn man sich aber den vom BGH[463] entschiedenen Ausgangsfall näher vor Augen führt, erscheint dies befremdlich: Gesellschaftsgläubiger und Gesellschafter haben im Gesellschafterprozess lediglich über das Bestehen der

---

461 BGH NJW-RR 1999, 376 (377); *Althammer*, in: Stein/Jonas ZPO Kommentar, § 322 Rn. 82, 209; *Gottwald*, in: MüKo-ZPO, § 322 Rn 103; *Gursky*, in: Staudinger, BGB Kommentar, § 985 Rn. 155; *Vollkommer*, in: Zöller, ZPO Kommentar, Vor § 322 Rn. 36; a.A. *Reischl*, Grenzen der Rechtskraft, S. 194 ff.; *Zeuner*, Sinnzusammenhänge, S. 145 ff.

462 Vgl. oben unter C. I. 7., S. 114.

463 BGH NJW 2011, 2048.

Gesellschaftsverbindlichkeit gestritten – und die Klage des Gläubigers wurde letztendlich auch nur mangels Bestehens dieser Verbindlichkeit abgewiesen. Es erscheint gekünstelt, wenn die rechtskräftige Feststellung der Gesellschaftsverbindlichkeit von einem zusätzlichen Feststellungsprozess abhängen soll, in dem nur über denselben Aspekt wie im Hauptprozess gestritten wird. Die Zwischenfeststellungsklage erscheint in diesem Fall als „reiner Formalismus".[464]

Fraglich ist auch, ob der Schutzzweck des § 322 I ZPO überhaupt betroffen ist. Wie bereits gezeigt, soll das enge Rechtskraftkonzept die Parteien in erster Linie vor Überrumpelung schützen.[465] Im Ausgangsfall erscheint es jedoch nur schwer vorstellbar, dass die Parteien sich durch eine rechtskräftige Feststellung der Gesellschaftsverbindlichkeit überrumpelt fühlen könnten – streiten sie doch *de facto* über nichts anderes. Vielmehr scheint es – jedenfalls im Ausgangsfall – der Absicht der Parteien zu entsprechen, eine rechtskräftige Feststellung gerade über die Gesellschaftsverbindlichkeit zu erzielen. Zu berücksichtigen ist auch, dass die ZPO-Kommission bei den Beratungen zu den objektiven Grenzen der Rechtskraft Fallgestaltungen zur Haftung von Personengesellschaften und ihren Gesellschaftern – und damit die Unterscheidung zwischen Gesellschaftsprozess und Gesellschafterprozess – nicht im Blick hatte; vielmehr wurden andere Fälle diskutiert: etwa die Überrumpelung bei Versäumnisurteilen[466] und die negatorische Unterlassungsklage.[467] Die dargestellte Rechtskraftproblematik im Personengesellschaftsrecht stellt sich aufgrund des Umstands, dass den Personengesellschaften[468] Rechts- und Parteifähigkeit zuerkannt wird. Auch wenn bei formaler Betrachtung mit Gesellschaft und Gesellschaftergemeinschaft zwei unterschiedliche Parteien vorliegen, macht es etwa im Ausgangsfall *de facto* keinen Unterschied, ob der Gesellschaftsgläubiger alle Gesellschafter aufgrund ihrer akzessorischen Haftung in Anspruch nimmt und mit diesen nur über das

---

464 So – allgemein zum Erfordernis der Zwischenfeststellungsklage, um präjudizielle Rechtsverhältnisse in Rechtskraft erwachsen lassen zu können – bereits der Abg. Struckmann in den Protokollen der ZPO-Kommission, vgl. *Hahn/Mugdan*, Materialien zur ZPO, S. 608; ähnlich *Foerste*, ZZP 1995 (108. Band), 167 (174 f.): In der Praxis werde weithin kein Anlass gesehen, noch eine Zwischenfeststellungsklage zu erheben; zwinge man die Parteien hierzu, werde die Zwischenfeststellungsklage zur Regel (jedenfalls bei Ausgleichszusammenhängen).

465 Vgl. oben unter C. I. 11. a) aa), S. 118.

466 Vgl. *Hahn/Mugdan*, Materialien zur ZPO, S. 608.

467 Vgl. *Hahn/Mugdan*, Materialien zur ZPO, S. 608 f.

468 Bei der (Außen-)GbR stellt sich das Problem sogar erst seit der Anerkennung der Rechts- und Parteifähigkeit durch den BGH im Jahr 2001.

Bestehen der Gesellschaftsverbindlichkeit streitet oder ob er die Gesellschaft als solche, die von ebenjenen Gesellschaftern vertreten wird, in Anspruch nimmt und mit diesen über das Bestehen der Gesellschaftsverbindlichkeit streitet. Es entspricht auch dem allgemeinen Zweck der Rechtskraft, im Interesse der Parteien und im öffentlichen Interesse für Rechtsfrieden und Rechtsgewissheit zu sorgen.[469]

Neben diesen prozessökonomischen Erwägungen gilt es aber speziell für die GbR noch Folgendes zu berücksichtigen: Wenn nach § 736 ZPO aus einem Titel gegen die Gesellschafter auch – wegen einer Gesellschaftsverbindlichkeit – in das Vermögen der Gesellschaft vollstreckt werden kann, müsste dies bedeuten, dass die Gesellschaftsverbindlichkeit im Gesellschafterprozess zum Gegenstand des Verfahrens, und damit grundsätzlich auch zum Gegenstand der Rechtskraft, gehört.[470] Dabei ist aber folgender Aspekt problematisch: Hat die Klage des Gesellschaftsgläubigers gegen die Gesellschaftergemeinschaft Erfolg, so resultiert die akzessorische Haftung der Gesellschafter einzig und allein aus dem Bestehen der Gesellschaftsverbindlichkeit; wird die Klage des Gesellschaftsgläubigers dagegen abgewiesen, so kann dies zum einen daran liegen, dass die Gesellschaftsverbindlichkeit nicht besteht, zum anderen aber auch daran, dass den Gesellschaftern persönliche Einwendungen gegenüber dem Gläubiger zustanden. Daher kommt im Gesellschafterprozess eine objektive Rechtskrafterstreckung auf die Feststellung über das Bestehen der Gesellschaftsverbindlichkeit nur in solchen Fällen in Betracht, in denen eine Klage des Gläubigers nicht aufgrund von persönlichen Einwendungen der Gesellschafter abgewiesen worden ist – also bei erfolgreicher Klage oder Klageabweisung mangels Bestehens der Gesellschaftsverbindlichkeit. Zwar käme die Entscheidung über das Bestehen der Gesellschaftsverbindlichkeit in der Schlussentscheidung nur bei erfolgreicher Klage unzweideutig zum Ausdruck – da die Verurteilung zur akzessorischen Haftung der als solchen in der Klageschrift bezeichneten Gesellschaftern der GbR nur auf dem Bestehen der Gesellschaftsverbindlichkeit beruhen kann. Aufgrund des Prinzips der prozessualen Waffengleichheit[471] müsste dies aber auch bei Klageabweisung mangels Bestehens der Gesellschaftsverbindlichkeit gelten: Wenn der Gläubiger bei erfolgreicher Klage eine rechtskräftige Feststellung über die Gesellschaftsverbindlichkeit erreichen kann, müssten die

---

469 Vgl. *Althammer*, in: Stein/Jonas, ZPO Kommentar, § 322 Rn. 27 ff.

470 Darauf hatten auch *Lenenbach*, WM 2011, 385 (387), sowie *Müther*, MDR 2002, 987 (991), hingewiesen.

471 Vgl. dazu bereits oben unter B. I. 1. a) ee) (3) (e), S. 59 f.

Gesellschafter im Falle der Klageabweisung zumindest dann eine rechtskräftige Feststellung über die Gesellschaftsverbindlichkeit erzielen können, wenn sie sich auf Einwendungen der Gesellschaft beschränken.

Fraglich ist, wie eine solche objektive Rechtskrafterstreckung in diesen Fällen dogmatisch gerechtfertigt werden kann. Es wurde bereits erwähnt, dass im Gesellschafterprozess der Schutzzweck des § 322 I ZPO – der Schutz vor Überrumpelung – nicht betroffen ist und die Parteien grundsätzlich keinen Anlass sehen dürften, Zwischenfeststellungsklage zu erheben.[472] Dann kommt eine teleologische Extension des § 322 I ZPO,[473] also eine Erweiterung des zu engen Wortsinns, ohne, dass es sich um eine Analogie handelt,[474] in Betracht, um einen Wertungswiderspruch zu vermeiden.[475] Der Wertungswiderspruch würde nämlich darin bestehen, dass auf der einen Seite, wie schon erwähnt, die Feststellung der Gesellschaftsverbindlichkeit bei einer Klage aus § 736 ZPO zum Gegenstand der Rechtskraft gemacht wird, während auf der anderen Seite der Wortlaut des § 322 I ZPO (durch das Wort „nur") den Umfang der Rechtskraft auf den Subsumtionsschluss, also hier auf die Feststellung über die akzessorische Haftung der Gesellschafter beschränkt. Da folglich der Schutzzweck des § 322 I ZPO nicht betroffen ist und um einen Wertungswiderspruch zu vermeiden, sollte hier über den Wortsinn des § 322 I ZPO hinaus auch die Vorfrage vom Umfang der Rechtskraft umfasst werden.

Somit bleibt Folgendes festzuhalten: Da im Gesellschafterprozess, in dem sich die Gesellschafter bei ihrer Verteidigung auf Einwendungen der Gesellschaft beschränken, der Schutzzweck des § 322 I ZPO nicht betroffen ist, sollte sich die Rechtskraft nicht nur auf den Subsumtionsschluss beschränken, sondern auch auf die Feststellung über das Bestehen der Gesellschaftsverbindlichkeit erstrecken, da in diesem Fall bei wertender Betrachtung nur formal eine Unterscheidung zwischen Schluss- und Vorfrage möglich ist, andernfalls ein Wertungswiderspruch zu § 736 ZPO droht und *de facto* auch eine Feststellung über das Bestehen der Gesellschaftsverbindlichkeit erfolgt.

---

472 Vgl. aber noch zur Zwischenfeststellungsklage der Gesellschafter als Prozessstandschafter der Gesellschaft unter C. I. 12. d) bb), S. 152 ff.

473 Vgl. *Foerste*, ZZP 1995 (108. Band), 167 (176 f.) für Ausgleichszusammenhänge – dort aber teleologische Reduktion.

474 Vgl. *Larenz/Canaris*, Methodenlehre, S. 216.

475 Vgl. *Larenz/Canaris*, Methodenlehre, S. 218.

dd) Ergebnis

Wenn sich die Einwendungen der Gesellschafter auf solche der Gesellschaft beschränken und die Klage des Gesellschaftsgläubigers mangels Bestehens der Gesellschaftsverbindlichkeit abgewiesen wird, ist § 322 I ZPO teleologisch zu extendieren, sodass sich der Umfang der Rechtskraft nicht nur auf den Subsumtionsschluss, also die Feststellung, dass die Gesellschafter nicht akzessorisch haften, beschränkt, sondern sich auch auf die Feststellung, dass die Gesellschaftsverbindlichkeit nicht besteht, erstreckt. Das gleiche gilt, wenn die Klage des Gläubigers erfolgreich war: Auch dann wird das Bestehen der Gesellschaftsverbindlichkeit rechtskräftig festgestellt.

b) § 736 ZPO als Rechtskrafterstreckungsnorm?

Nachdem festgestellt worden ist, unter welchen Voraussetzungen die Feststellung der Gesellschaftsverbindlichkeit im Vorprozess gegen die Gesellschaft von der objektiven Rechtskraft umfasst ist, stellt sich die eigentliche Frage nach der Rechtskrafterstreckung. Es wurde bereits dargelegt, dass sich das OLG Hamm,[476] *Lenenbach*[477] und *Müther*[478] im Ergebnis einig sind, dass ein Urteil gegen sämtliche Gesellschafter einer GbR für und gegen die GbR wirkt, während der BGH[479] dies ablehnt.

Im Folgenden wird zur umstrittenen Weitergeltung des § 736 ZPO sowie zu einer etwaigen neuen Funktion dieser Vorschrift als Rechtskrafterstreckungsnorm Stellung genommen.

aa) Weitergeltung des § 736 ZPO nach dem Grundsatzurteil des BGH zur Rechts- und Parteifähigkeit der GbR

Bevor über eine etwaige neue Funktion des § 736 ZPO – eine Funktion als Rechtskrafterstreckungsnorm – diskutiert werden kann, muss geklärt werden, ob bzw. welche Funktion dem § 736 ZPO nach dem Grundsatzurteil des BGH[480] zur Rechts- und Parteifähigkeit der GbR noch zukommt. In dem Urteil spielte § 736 ZPO vor allem für die Frage, ob diese Norm der Anerkennung

---

476 OLG Hamm vom 14.09.2009 – 22 U 43/09, BeckRS 2009, 26873; Vgl. oben unter C. I. 1, S. 101 ff.

477 WM 2011, 385; vgl. oben unter C. I. 5, S. 108 ff.

478 MDR 2002, 987 (991); vgl. oben unter C. I. 9, S. 116.

479 BGH NJW 2011, 2048; vgl. oben unter C. I. 3, S. 104 ff.

480 BGH NJW 2001, 1056.

der Parteifähigkeit der GbR im Wege steht, eine Rolle.[481] Diese Frage hat der BGH – im Anschluss an *Wertenbruch*[482] – verneint. Hinsichtlich der Fortgeltung des § 736 ZPO hat der BGH[483] entschieden, dass diese Bestimmung durch die Anerkennung der Parteifähigkeit der GbR nicht überflüssig werde. Anders als bei den Personenhandelsgesellschaften, bei denen gemäß § 124 II HGB (i.V.m. § 161 II HGB) die Zwangsvollstreckung in das Gesellschaftsvermögen ausschließlich mit einem gegen die Gesellschaft gerichteten Titel möglich ist, soll § 736 ZPO für BGB-Gesellschaften nun so verstanden werden, dass der Gesellschaftsgläubiger nicht nur mit einem Titel gegen die Gesellschaft als solche in das Gesellschaftsvermögen vollstrecken kann, sondern alternativ auch mit einem Titel gegen alle einzelnen Gesellschafter aus ihrer akzessorischen Haftung.

Dies wurde in der Literatur überwiegend[484] – zum Teil trotz Bedenken[485] – begrüßt, von einigen Autoren, die sich für eine analoge Anwendung des § 124 II HGB aussprechen,[486] jedoch auch als inkonsequent erachtet.

Im Folgenden soll § 736 ZPO im Zuge der Rechtsfortbildung durch den BGH näher betrachtet werden.

(1) Auslegung des § 736 ZPO

Der Wortlaut des § 736 ZPO besagt: „Zur Zwangsvollstreckung in das Gesellschaftsvermögen einer nach § 705 des Bürgerlichen Gesetzbuchs eingegangenen Gesellschaft ist ein gegen alle Gesellschafter ergangenes Urteil *erforderlich*".

---

481 Vgl. BGH NJW 2001, 1056 (1059 f.).

482 Haftung von Gesellschaften, S. 122 ff.

483 BGH NJW 2001, 1056 (1060).

484 *Heßler*, in: MüKo-ZPO, § 736 Rn. 1; *Kindl*, in: Saenger, ZPO Kommentar, § 736 Rn. 1; *Lackmann*, in: Musielak/Voit, ZPO Kommentar, § 736 Rn. 4; *Morawietz*, GbR im Zivilprozess, S. 124 f.; *K. Schmidt*, NJW 2001, 993 (1000); *Seibel*, in: Zöller, ZPO Kommentar, § 736 Rn. 2; *Wagner*, ZZP 2004 (117. Band), 305 (342); *Wieser*, MDR 2001, 421 (422).

485 Vgl. *K. Schmidt*, NJW 2008, 1841 (1843 f.), der in der Weitergeltung des „überholten § 736 ZPO […] etwas Provisorisches" sieht, sich aber dennoch dafür ausspricht, es „vorerst bei der Anwendung eines teleologisch reduzierten § 736 ZPO […] zu belassen".

486 *Gesmann-Nuissl*, WM 2001, 973 (976 f.); *Habersack*, BB 2001, 477 (480 f.); *Scholz*, NZG 2002, 153 (163); *Weller*, ZZP 2011 (124. Band), 491 (498 f.); *Wertenbruch*, ZIP 2019, 2082 (2089 ff.), spricht sich nicht *de lege lata* für eine Analogie zu § 124 II HGB aus, sondern befürwortet *de lege ferenda* eine Streichung des bisherigen § 736 ZPO und dafür eine Übernahme des § 124 II HGB in das Recht der GbR.

Der Wortlaut schreibt scheinbar also zwingend vor, dass ausschließlich mit einem Titel gegen die Gesellschaftergemeinschaft in das Gesellschaftsvermögen vollstreckt werden kann. Historisch betrachtet war das nötig, um in das Gesellschaftsvermögen einer nicht rechtsfähigen Gesellschaft vollstrecken zu können. Fraglich ist, wie viel vom originären Anwendungsbereich der Norm noch übrig bleibt, nachdem die Rechts- und Parteifähigkeit der GbR anerkannt worden ist. Der BGH[487] nimmt freilich an, dass ein Urteil gegen die – nunmehr parteifähige – Gesellschaft ein Urteil „gegen alle Gesellschafter" im Sinne des § 736 ZPO sei. Ein solches Verständnis der Norm hatte der Gesetzgeber natürlich nicht zugrunde gelegt, was schon der Vergleich mit § 124 II HGB zeigt, der ausdrücklich von einem Titel „gegen die Gesellschaft" spricht. Bei einer weiten Auslegung des Wortlautes (die Gesellschaft umfasst die Gesellschafter) scheint es allerdings vertretbar, bei einem Titel gegen die Gesellschaft einen Titel „gegen die Gesellschafter" anzunehmen. Wenn die Gesellschaft parteifähig ist, muss ein Urteil gegen sie als Rechtsträger freilich auch genügen.[488] Problematischer ist, dass der BGH[489] alternativ trotzdem auch ein Urteil gegen die Gesellschafter zur Vollstreckung in das Gesellschaftsvermögen genügen lassen will. Denn wenn ein Urteil gegen die Gesellschaft ein Urteil „gegen alle Gesellschafter" sein soll, dann müsste ein Urteil gegen die Gesellschaft auch „erforderlich" sein, um in das Gesellschaftsvermögen vollstrecken zu können; das heißt, ein Urteil gegen die Gesellschafter dürfte alternativ nicht mehr genügen. Dieses Verständnis des § 736 ZPO verstößt daher klar gegen den Wortlaut der Norm, was auch ein Vergleich mit § 735 ZPO, wonach ein Urteil gegen den – nicht rechtsfähigen – Verein „genügt", untermauert.[490] Sowohl in grammatikalischer als auch in historischer und systematischer Hinsicht kann das neue Verständnis des BGH hinsichtlich § 736 ZPO daher nicht überzeugen.[491] Allerdings hat

487 BGH NJW 2001, 1056 (1059).

488 So auch *Wieser*, MDR 2001, 421 (422); vgl. auch *Wertenbruch*, ZIP 2019, 2082 (2083), der meint, dass dies aus der Anwendung des § 750 ZPO folge, der § 736 ZPO insoweit konsumiere.

489 BGH NJW 2001, 1056 (1060).

490 So auch *Prütting*, FS Wiedemann, 2002, 1177 (1189); *Weller*, ZZP 2011 (124. Band), 491 (498 f.).

491 Vgl. dazu bereits die deutliche Kritik von *Heil*, NZG 2001, 300 (302): „Wertenbruch und der BGH unterstellen dem historischen Gesetzgeber sprachliches Unvermögen, wenn sie mit der These, die GbR sei ‚die Gesellschafter' i.S.d. § 736 ZPO, über die ausdifferenzierte Wortwahl in den §§ 735, 736 ZPO, 124 II HGB meinen hinweggehen zu können"; vgl. auch *Gesmann-Nuissl*, WM 2001, 973 (976), die von einem „Systembruch" spricht; ähnlich *Hadding*, ZGR 2001, 712 (734): „inkonsequent".

die herrschende Meinung[492] den Wortlaut des § 736 ZPO schon früher eingeschränkt und lässt mehrere Titel – auch unterschiedlicher Art – zur Vollstreckung ins Gesellschaftsvermögen genügen, obwohl der Wortlaut der Norm „ein [...] ergangenes Urteil" voraussetzt.[493]

Fraglich ist letztendlich aber auch noch, ob das Telos der Norm der Fortgeltung entgegensteht. *Wertenbruch*[494] – und ihm folgt der BGH[495] – hat nachgewiesen, dass der Hauptzweck des § 736 ZPO darin besteht, die Vollstreckung von Privatgläubigern *einzelner* Gesellschafter in das Gesellschaftsvermögen zu verhindern. § 736 ZPO ist somit das vollstreckungsrechtliche Äquivalent zu § 719 I BGB und regelt das gleiche Prinzip wie § 719 II BGB, der die „Selbstvollstreckung" durch Aufrechnung eines Privatgläubigers eines einzelnen Gesellschafters gegen Forderungen der Gesellschaft ausschließt;[496] daher wird § 736 ZPO von *Wertenbruch* auch als „719 Abs. 3 BGB" bezeichnet. Dieser Zweck wird durch die Fortgeltung des § 736 ZPO nicht beeinträchtigt, denn Privatgläubiger *einzelner* Gesellschafter können auch weiterhin nicht ins Gesellschaftsvermögen vollstrecken. Immerhin ist dem BGH also darin zuzustimmen, dass der Hauptzweck der Vorschrift dem neuen Verständnis dieser Norm nicht entgegensteht.

Dennoch zeigt die Auslegung der Vorschrift, dass die Kritik der Befürworter einer analogen Anwendung des § 124 II HGB nicht unberechtigt ist; denn auch § 124 II HGB hat zum Zweck, den Zugriff von Privatgläubigern einzelner Gesellschafter auf das Gesellschaftsvermögen zu verhindern.[497]

Trotzdem bestehen, wie noch zu zeigen sein wird, Bedenken gegen einen kompletten Austausch von § 736 ZPO durch § 124 II HGB.

(2) Bedenken gegen eine Analogie zu § 124 II HGB

Auch wenn auf den ersten Blick einiges für eine Analogie zu § 124 II HGB sprechen mag, bestehen dagegen Bedenken. Fraglich ist, ob die Zulässigkeitsvoraussetzungen für eine Rechtsfortbildung, nach der § 736 ZPO – ohne einen eigenen verbleibenden Anwendungsbereich – durch § 124 II HGB analog ersetzt werden

---

492 BGH NJW 2011, 2048 (Rn. 14); *Heßler*, in: MüKo-ZPO, § 736 Rn. 9; *Lackmann*, in: Musielak/Voit, ZPO Kommentar, § 736 Rn. 4; *Schäfer*, in: MüKo-BGB, § 718 Rn. 53; *Seibel*, in: Zöller, ZPO Kommentar, § 736 Rn. 3.

493 Siehe dazu aber noch unter C. I. 11. b) bb) (1) (b), S. 137 ff.

494 Haftung von Gesellschaften, S. 122 ff.

495 BGH NJW 2001, 1056 (1059 f.).

496 *Wertenbruch*, Haftung von Gesellschaften, S. 129.

497 *Gesmann-Nuissl*, WM 2001, 973 (976); *Habersack*, BB 2001, 477 (480).

würde, gegeben sind. Einen Ansatz für eine Rechtsfortbildung könnte die Anerkennung der Rechts- und Parteifähigkeit der GbR sein, wobei diese Rechtsfortbildung ihrerseits als zutreffend unterstellt wird. Demnach muss geklärt werden, ob sich eine Analogie zu § 124 II HGB als Konsequenz aus der Anerkennung der Rechts- und Parteifähigkeit der GbR legitimieren lässt.

Die wesentlichen Gesichtspunkte, auf die sich der BGH[498] bei der Anerkennung der Rechtsfähigkeit – und als Konsequenz daraus auch der Parteifähigkeit – der GbR stützt, sind: ein praktikables Modell für die rechtliche Absonderung des Gesellschaftsvermögens vom Privatvermögen der Gesellschafter; die Gewährleistung, dass ein Wechsel im Mitgliederbestand keinen Einfluss auf den Fortbestand der mit der Gesellschaft bestehenden Rechtsverhältnisse hat, sowie die bessere Rechtfertigung für identitätswahrende Umwandlungen von Gesellschaften bürgerlichen Rechts in andere Rechtsformen und umgekehrt. Zu klären ist daher, ob zur weiteren Erreichung dieser Zwecke eine analoge Anwendung des § 124 II HGB erforderlich oder zumindest geboten erscheint.

Dabei lässt sich zunächst einmal festhalten, dass die soeben genannten Zwecke teilweise auch Bereiche der Zwangsvollstreckung tangieren. Für eine Analogie könnte sprechen, dass man mit den §§ 124 II, 129 IV HGB ein praktikables Modell in der Zwangsvollstreckung für die rechtliche Absonderung des Gesellschaftsvermögens vom Privatvermögen der Gesellschafter hätte, da nur mit einem Titel gegen die Gesellschaft in deren Vermögen vollstreckt werden könnte. Zudem hätten Wechsel im Mitgliederbestand keinen Einfluss auf die Zwangsvollstreckung in das Gesellschaftsvermögen, da ohnehin ein Titel gegen die Gesellschaft erforderlich wäre. Dagegen lässt sich jedoch einwenden, dass diese Vermögensseparierung auch durch die vom BGH gewollte Fortgeltung des § 736 ZPO erreicht werden könnte. Nur wenn man der Ansicht ist, dass eine Vollstreckung in das Gesellschaftsvermögen nach § 736 ZPO auch dann möglich sein soll, wenn der Gesellschaftsgläubiger aufgrund von Privatverbindlichkeiten gegen *alle* Gesellschafter vorgeht,[499] wäre die Vermögensseparierung nicht gesichert. Diese Ansicht beruft sich zunächst auf die Historie: Der Gesetzgeber habe eine Differenzierung zwischen der persönlichen Inanspruchnahme wegen einer Gesellschaftsverbindlichkeit der GbR und den rein privaten Gesamtschulden der Gesellschafter abgelehnt.[500] Ferner wird angeführt, dass sich eine

---

498 BGH NJW 2001, 1056 (1057).

499 Dafür etwa *Heßler*, in: MüKo-ZPO, § 736 Rn. 27; *Seibel*, in: Zöller, ZPO Kommentar, § 736 Rn. 3; *Wagner*, ZZP 2004 (117. Band), 305 (342); *Wertenbruch*, ZIP 2019, 2082 (2083 ff.); *Wieser*, MDR 2001, 421 (422 f.).

500 Vgl. dazu *Wertenbruch*, ZIP 2019, 2082 (2083 f.).

Prüfung des materiell-rechtlichen Grundes der titulierten Gesellschafterschuld im Vollstreckungsverfahren nicht mit dem Grundsatz der Formalisierung der Zwangsvollstreckung vertrage; die Vollstreckungsorgane würden den materiellrechtlichen Schuldgrund nicht ohne Weiteres feststellen können.[501] Gegen diese Ansicht wird vorgebracht, dass sie die Verselbstständigung der GbR missachte, die insbesondere in der Widmung des Gesellschaftsvermögens für die Verfolgung und Erreichung des Gesellschaftszwecks liege.[502] Wenn anerkannt sei, dass das Gesellschaftsvermögen dem Privatgläubiger eines *einzelnen* Gesellschafters nicht als Haftungsmasse zur Verfügung stehe, dürfe auch einem Privatgläubiger *aller* Gesellschafter der Zugriff auf das Gesellschaftsvermögen nicht ermöglicht werden.[503] Die Schuld eines Einzelnen unterscheide sich von der Schuld Mehrerer nur dadurch, dass ein Gesamtschuldgläubiger zwischen mehreren Gesamtschuldnern wählen könne; einen Zugriff auf das Gesellschaftsvermögen und damit einer von den Schuldnern unabhängigen Haftungsmasse rechtfertige dies nicht.[504] Zudem hätten Privatgläubiger gemäß § 859 I 1 ZPO die Möglichkeit, die zum Privatvermögen eines Gesellschafters gehörenden Gesellschaftsanteile zu pfänden, weshalb es weder erforderlich noch gerechtfertigt sei, Privatgläubigern einen direkten Vollstreckungszugriff auf das Gesellschaftsvermögen zu ermöglichen.[505] Daher soll eine Vollstreckung in das Gesellschaftsvermögen nur in Betracht kommen, wenn der Gläubiger die Gesellschafter aufgrund ihrer akzessorischen Haftung in Anspruch nimmt.[506] Durch Anerkennung der Rechtsfähigkeit der GbR und die gewollte Vermögensseparierung dürfte der BGH – auch wenn er sich bisher nicht ausdrücklich zu diesem Streit geäußert hat – die letztgenannte Ansicht befürworten. Immerhin betont er, dass für die Vollstreckung nach § 736 ZPO ein gegen sämtliche Gesellschafter gerichteter Titel „aus ihrer persönlichen Mithaftung" erforderlich sei.[507] Zuzustimmen ist dieser Ansicht jedenfalls insoweit, als eine strikte Vermögensseparierung nach Anerkennung der Rechts- und Parteifähigkeit der GbR gewährleistet sein muss,

501 So insbesondere *Wertenbruch*, ZIP 2019, 2082 (2086 f.), der beispielhaft auf einige instanzgerichtliche Urteile verweist, die sich mit dieser Problematik konfrontiert sahen.

502 *Scholz*, NZG 2002, 153 (163).

503 *Morawietz*, GbR im Zivilprozess, S. 26.

504 *Morawietz*, GbR im Zivilprozess, S. 26.

505 *Morawietz*, GbR im Zivilprozess, S. 122.

506 *Lackmann*, in: Musielak/Voit, ZPO Kommentar, § 736 Rn. 4; *Morawietz*, GbR im Zivilprozess, S. 24 ff., 120 ff; *K. Schmidt*, NJW 2001, 993 (1001).

507 BGH NJW 2001, 1056 (1060); seitdem ständige Rechtsprechung, vgl. BGH NJW 2008, 1378 (Rn. 10); BGH NJW 2011, 2048 (Rn. 11); BGH NJW 2019, 365 (Rn. 9).

ein Privatgläubiger der Gesellschafter daher – selbst wenn es sich um sämtliche Gesellschafter handelt – nicht ins Gesellschaftsvermögen vollstrecken darf. Die vollstreckungstechnischen Praktikabilitätsbedenken lassen sich jedoch nicht von der Hand weisen. Wenn das Vollstreckungsorgan den materiell-rechtlichen Schuldgrund nicht feststellen kann, muss eine Zwangsvollstreckung aus einem Titel gegen alle Gesellschafter gemäß § 736 ZPO zunächst grundsätzlich erst einmal zulässig sein. Die Folge daraus ist, dass das Gesellschaftsvermögen gegen den Zugriff von Privatgläubigern durch Erhebung einer Drittwiderspruchsklage nach §§ 774, 771 ZPO analog geschützt werden muss, mit der die Gesellschaft die Nichthaftung ihres Vermögens für die Privatschulden ihrer Mitglieder geltend machen kann.[508] Ein Vollstreckungsversuch eines Privatgläubigers der Gesellschafter in das Gesellschaftsvermögen wäre daher im Ergebnis nicht erfolgversprechend. Zwar stößt diese Konstruktion – nicht zu Unrecht – ebenfalls auf Bedenken, weil die Drittwiderspruchsklage so *de facto* zu einem zweiten Erkenntnisverfahren führen würde, in der der nähere Rechtsgrund der Schuld erst festgestellt werde.[509] Dies sei in rechtsstaatlicher Hinsicht bedenklich, da der erlangte Vollstreckungstitel keine Rechtssicherheit für den Gläubiger schaffen und umgekehrt Unannehmlichkeiten für die Gesellschaft zur Folge haben würde.[510] Dies zwingt jedoch nicht zu einer Analogie zu § 124 II HGB, da ein Vollstreckungsgläubiger auch allgemein das Risiko zu tragen hat, dass ein Interventionsrecht im Vollstreckungsverfahren besteht. Folglich ist für die erstrebte Vermögensseparierung eine analoge Anwendung des § 124 II HGB nicht zwingend erforderlich, da sie auch unter Fortgeltung des § 736 ZPO erreicht wird.

Auch das zweite Ziel, dass ein Wechsel im Mitgliederbestand keinen Einfluss auf den Fortbestand der mit der Gesellschaft bestehenden Rechtsverhältnisse hat, erfordert keine Analogie zu § 124 II HGB, da dieses Ziel unmittelbar und allein durch die Rechtsfähigkeit der GbR schon erreicht wird. Dadurch verbleibt dem Gläubiger in jedem Fall die Möglichkeit, einen Titel gegen die Gesellschaft selbst zu erwirken.

Schließlich erfordert auch das dritte Ziel, identitätswahrende Umwandlungen von Gesellschaften bürgerlichen Rechts in andere Rechtsformen und umgekehrt besser zu rechtfertigen, keine analoge Anwendung des § 124 II HGB.

---

508 OLG Schleswig NJOZ 2006, 852 (853); *Heßler*, in: MüKo-ZPO, § 736 Rn. 25; *Kindl*, in: Saenger, ZPO Kommentar, § 736 Rn. 3; *Münzberg*, in: Stein/Jonas, ZPO Kommentar, § 736 Rn. 8; *K. Schmidt*, NJW 2001, 993 (1001).

509 *Wertenbruch*, ZIP 2019, 2082 (2090).

510 *Wertenbruch*, ZIP 2019, 2082 (2090).

Identitätswahrende Umwandlungen einer Gesellschaft haben während des Vollstreckungsverfahrens keine Auswirkungen auf die Zwangsvollstreckung, denn sie berühren die Vollstreckbarkeit eines Titels nicht. Selbst wenn ein nach § 736 ZPO gegen alle Gesellschafter einer GbR gerichteter Titel vorliegt und die GbR danach zur OHG (oder KG) geworden ist, kann mit diesem Titel auch gegen die OHG (bzw. KG) vollstreckt werden, denn es handelt sich lediglich um eine Änderung der Rechtsform, während die Identität der Gesellschaft, also des Schuldners, gewahrt bleibt.[511]

Eine zwingende Notwendigkeit für eine analoge Anwendung des § 124 II HGB scheint daher schon deshalb nicht gegeben zu sein, weshalb verfassungsrechtliche Bedenken bei Annahme einer Analogie bestehen würden. Nach der Rechtsprechung des Bundesverfassungsgerichts[512] ist nämlich grundsätzlich anzunehmen, dass eine richterliche Rechtsfortbildung gegen die Bindung des Richters an Gesetz und Recht und das Prinzip vom Vorrang des Gesetzes gegenüber der Rechtsprechung gemäß Art. 20 III GG verstößt, wenn es an der erforderlichen Lücke im Gesetz fehlt.

Zu berücksichtigen sind im Übrigen aber nicht nur die Ziele, die durch eine analoge Anwendung des § 124 II HGB – im Vergleich zur Fortgeltung des § 736 ZPO unter Berücksichtigung der Rechts- und Parteifähigkeit der GbR – ggf. besser erreicht werden könnten, sondern auch, welche Konsequenzen eine fehlende Fortgeltung des § 736 ZPO für die Beteiligten hätte. Zu beachten ist nämlich Folgendes: Im Gegensatz zur OHG, für die gemäß § 106 HGB Registerzwang besteht, kann die GbR selbst dann nicht ins Handelsregister eingetragen werden, wenn die Gesellschafter dies wollten.[513] Zudem ist die Erscheinungsvielfalt einer Außen-GbR zu beachten: So gibt es nicht etwa nur solche Außengesellschaften, die mit einer eigenen Identitätsausstattung am Rechtsverkehr teilnehmen, sondern auch solche, wie etwa Gelegenheitsgesellschaften, bei denen die Gesellschafter nicht planmäßig und zielgerichtet, sondern eben nur im Einzelfall und ohne für Außenstehende erkennbare Organisation und Identität nach außen in Erscheinung treten.[514] Dies ändert nach der Rechtsprechung des BGH[515] zwar nichts daran, dass jeder Außen-GbR, also jeder Gesellschaft, die im Gesellschaftsvertrag eine Teilnahme der GbR am Rechtsverkehr durch

511 *Heßler*, in: MüKo-ZPO, § 736 Rn. 43.
512 Vgl. nur BVerfG NJW 1990, 1593 f.; BVerfG NJW 2000, 3635 (3636); jeweils m.w.N.
513 Vgl. *Wagner*, ZZP 2004 (117. Band), 305 (322).
514 *Schäfer*, in: MüKo-BGB, § 705 Rn. 314.
515 Vgl. nur BGH NJW 2001, 1056.

ihre Organe vorsieht, ungeachtet einer eindeutigen Identifizierungsmöglichkeit, Rechtsfähigkeit und damit auch Parteifähigkeit zuerkannt wird. Allerdings sorgt der Umstand der fehlenden Registerpublizität sowie die Erscheinungsvielfalt einer Außen-GbR im Passivprozess der Gesellschaft für eine gewisse Schwierigkeit, eine GbR als solche zu identifizieren, da nicht immer leicht zu ermitteln ist, ob ein Zusammenschluss Mehrerer als Außen-GbR organisiert ist.[516] Deshalb soll es laut BGH[517] „praktisch immer ratsam" sein, – neben der Gesellschaft – die Gesellschafter aufgrund ihrer akzessorischen Haftung zu verklagen. Bei schwieriger Identifizierungsmöglichkeit, ob überhaupt eine (Außen-)GbR vorliegt, dürfte der (Gesellschafts-)Gläubiger aber keinen Anlass sehen bzw. würde er nicht auf die Idee kommen, die Gesellschaft als solche zu verklagen, sondern wird sich auf die Klage gegen den Personenzusammenschluss (hier also die Gesellschafter) beschränken. Dann hätte der Gläubiger ohne § 736 ZPO bzw. bei einer analogen Anwendung des § 124 II HGB an dessen Stelle aber nicht mehr die Möglichkeit, mit einem Titel gegen diese Personenmehrheit (also die Gesellschaftergemeinschaft) in das – möglicherweise vorhandene – Gesellschaftsvermögen zu vollstrecken. Dagegen könnte man einwenden, dass der Gläubiger in diesem Szenario mit einer Vollstreckungsmöglichkeit in das Gesellschaftsvermögen ohnehin nicht gerechnet hat, jedoch würde die fehlende Anwendung von § 736 ZPO den Gesellschaftsgläubiger benachteiligen, weil ein weiterer Titel, somit ein weiterer Rechtsstreit erforderlich wäre, um in das Gesellschaftsvermögen vollstrecken zu können. Würde er im Übrigen ohne Bestehen des § 736 ZPO die Klage gegen eine in Wahrheit nicht bestehende Gesellschaft erheben, wäre die Klage mangels Parteifähigkeit der Beklagten unzulässig. Diese Schlechterstellung des Gläubigers, die eine analoge Anwendung des § 124 II HGB statt einer Fortgeltung des § 736 ZPO mit sich bringen würde, dürfte angesichts von Art. 20 III GG kaum zu rechtfertigen sein. Dies käme einer „Rechtsverweigerung" gleich.[518] Der Gläubigerschutz gebietet also eine Weitergeltung des § 736 ZPO, damit ihm durch etwaige Unsicherheiten hinsichtlich des Bestehens einer GbR keine prozessualen Nachteile entstehen.[519]

---

516 BGH NJW 2001, 1056 (1060); *Prütting*, in: FS Wiedemann, 2002, 1177 (1184 f.); *Wagner*, ZZP 2004 (117. Band), 305 (342).

517 BGH NJW 2001, 1056 (1060).

518 So *K. Schmidt*, Gesellschaftsrecht, S. 1815.

519 Vgl. auch *Wagner*, ZZP 2004 (117. Band), 305 (342), der der Ansicht ist, dass es für den Gläubiger einer – vermeintlichen – GbR nicht zumutbar ist, „sich bereits ex ante, vor Beginn eines Rechtsstreits, auf den einen oder anderen Weg festzulegen bzw. die

Es bleibt somit festzuhalten, dass eine vollständige Ersetzung des § 736 ZPO durch eine analoge Anwendung des § 124 II HGB aufgrund eines Verstoßes gegen Art. 20 III GG eine unzulässige Rechtsfortbildung wäre. Eine solche Rechtsfortbildung ließe sich nur dann rechtfertigen, wenn der Gesetzgeber § 736 ZPO aufheben würde.[520]

(3) Ergebnis

Wenn man die Rechts- und Parteifähigkeit der GbR anerkennt, erscheint eine Fortgeltung des § 736 ZPO zwar problematisch, da die Vorschrift von der fehlenden Rechts- und Parteifähigkeit der GbR ausgeht. Sie ist – ohne Eingreifen des Gesetzgebers – allerdings weiterhin geboten, um den Gläubiger einer GbR nicht in unzumutbarer Weise zu benachteiligen. Eine analoge Anwendung des § 124 II HGB anstelle einer Fortgeltung des § 736 ZPO wäre zudem auch im Übrigen eine unzulässige Rechtsfortbildung, da trotz Anerkennung der Rechts- und Parteifähigkeit der Außen-GbR keine für die Annahme einer Analogie erforderliche Gesetzeslücke vorliegt. Die Ziele, die der BGH mit der Rechtsfortbildung – der Anerkennung der Rechts- und Parteifähigkeit der Außen-GbR – verfolgt, erfordern keine Analogie zu § 124 II HGB, sondern lassen sich auch durch entsprechende Auslegung des § 736 ZPO erreichen. Erforderlich ist aber eine teleologische Reduktion des Wortlautes des § 736 ZPO, weil ein Urteil gegen alle Gesellschafter nicht mehr *erforderlich* ist, sondern *genügt*, um in das Gesellschaftsvermögen einer rechts- und parteifähigen Außen-GbR zu vollstrecken, da dafür alternativ ebenso ein Urteil gegen die Gesellschaft genügt. Wünschenswert wäre ein klarstellender Eingriff des Gesetzgebers, damit der Rechtsanwender sich nicht über den klaren Wortlaut der Norm hinwegsetzen müsste.[521]

GbR gleichsam vorsorglich mitzuverklagen, um sich die Chance der Vollstreckung in das Gesellschaftsvermögen zu erhalten".

520 Vgl. *Prütting*, FS Wiedemann, 2002, 1177 (1195): Erforderlich sei „die vollständige Derogation von § 50 Abs. 2, 736 ZPO und eventuell zusätzlich von § 47 GBO […] um eine nachträgliche verdeckte Gesetzeslücke zu begründen, die sich dann über eine Analogie zu § 124 Abs. 1 und Abs. 2 HGB schließen ließe".

521 In der Literatur gab es in dieser Hinsicht bereits früher Vorschläge; *Hess*, ZZP 2004 (117. Band), 267 (303), plädiert etwa dafür, dass die aktuelle Regelung als Absatz 1 fortbestehen, jedoch durch einen zweiten Absatz ergänzt werden soll, der wie folgt zu fassen wäre: „Zur Zwangsvollstreckung in das Vermögen einer rechtsfähigen Personengesellschaft nach § 14 Abs. 2 S. 1 Bürgerliches Gesetzbuch genügt auch ein gegen die Gesellschaft ergangenes Urteil"; nunmehr sieht der sog. Mauracher Entwurf *de lege ferenda* eine Übernahme des § 124 II HGB ins Recht der GbR vor, näher dazu unter D. II., S. 170 f.

bb) Rechtskrafterstreckung als zusätzliche Funktion des § 736 ZPO

Nachdem die Berechtigung der Weitergeltung des § 736 ZPO nun festgestellt worden ist, stellt sich jetzt also die Frage, ob der Vorschrift nach seinem neuen Verständnis zusätzlich auch die Funktion einer Rechtskrafterstreckungsnorm entnommen werden kann. Der BGH[522] fordert für eine Anerkennung einer Vorschrift als Rechtskrafterstreckungsnorm, dass eine Rechtskrafterstreckung zumindest nach dem Sinn der Gesetzesvorschrift geboten ist. Es wurde schon mehrfach angemerkt, dass die bisherigen Stellungnahmen in Rechtsprechung und Literatur zu der Frage, ob § 736 ZPO neuerdings eine Rechtskrafterstreckungsfunktion entnommen werden kann, nicht ausreichend zwischen einer Rechtskrafterstreckung zulasten der Gesellschaft und derjenigen zugunsten der Gesellschaft unterscheiden. Die erforderliche Differenzierung soll nachfolgend veranschaulicht werden.

(1) Rechtskrafterstreckung zulasten der Gesellschaft

Wenn jetzt anerkannt ist, dass aus einem Titel gegen die Gesellschafter auch in das Vermögen der Gesellschaft vollstreckt werden kann, obwohl es sich nun um zwei unterschiedliche Parteien, also unterschiedliche Rechtssubjekte handelt, dann wird zu Recht angenommen, dass bei erfolgreicher Klage gegen die Gesellschaftergemeinschaft aus ihrer akzessorischen Haftung das Rechtsschutzbedürfnis für eine weitere Klage gegen die Gesellschaft fehlt, weil bereits ein rechtskräftiger, vollstreckungsfähiger Titel hinsichtlich des Gesellschaftsvermögens vorliegt.[523] Die Gesellschaft könnte auch nicht mit Erfolg die Vollstreckungsgegenklage (§ 767 ZPO), mit der Einwendung, die Gesellschaftsverbindlichkeit bestehe nicht, erheben. Damit handelt es sich dem Grunde nach aber um eine Rechtskrafterstreckung zulasten der Gesellschaft, da das Urteil gegen die Gesellschafter auch Rechtskraft gegenüber der Gesellschaft wirkt. Dies wird allgemein hingenommen; einen Verstoß gegen Art. 103 I GG scheint darin niemand zu erblicken. Es stellt sich jedoch die Frage, warum kein Verstoß gegen Art. 103 I GG vorliegt.

(a) Geltungsgrund und Vereinbarkeit mit Art. 103 I GG

Grundsätzlich scheint der Schutzbereich des Art. 103 I GG eröffnet zu sein, da bei einer erfolgreichen Klage gegen die Gesellschafter das Bestehen der

522 BGH NJW 2011, 2048 (Rn. 8).

523 Vgl. oben unter C., S. 100.

Gesellschaftsverbindlichkeit auch gegenüber der Gesellschaft, die als dritte Partei und eigenes Rechtssubjekt nicht gehört worden ist, rechtskräftig festgestellt worden ist. Es wurde bereits erwähnt,[524] dass der primäre Geltungsgrund des Art. 103 I GG die Gewährleistung einer materiell richtigen Entscheidung ist und dass für die Berücksichtigung der Interessen des Betroffenen nicht zwingend eine persönliche Anhörung erforderlich ist, vielmehr ausreichen kann, dass die gleichgerichteten Interessen von einer weiteren unmittelbar rechtlich betroffenen Partei repräsentiert werden. Wenn aber schon die Interessen der Gesellschafter durch die Gesellschaft prozessual repräsentiert werden,[525] dann werden die Interessen der Gesellschaft erst recht auch durch die Gesellschafter repräsentiert, da die Bildung und Betätigung der Gesellschaft ein Ausdruck der freien Entfaltung der Gesellschafter und Organe ist.[526] Art. 103 I GG kann in diesem Fall also teleologisch reduziert werden, sodass kein Eingriff in den Schutzbereich des Art. 103 I GG vorliegt. Der Geltungsgrund für die Rechtskrafterstreckung kann also wieder nur in der prozessualen Repräsentation der betroffenen Interessen – in diesem Fall werden die Interessen der Gesellschaft durch ihre Gesellschafter gewahrt – erblickt werden.

(b) Konsequenzen

Wenn der Geltungsgrund für die Rechtskrafterstreckung nach § 736 ZPO zulasten der Gesellschaft die prozessuale Repräsentation der Interessen der Gesellschaft durch ihre Gesellschafter ist, dann hat dies, soweit ersichtlich, bislang unbeachtete Konsequenzen zur Folge. Der BGH[527] hat nämlich zu Recht darauf hingewiesen, dass eine die Rechtskraft legitimierende Repräsentation der Gesellschaft durch ihre Gesellschafter nicht gewährleistet ist, wenn nach § 736 ZPO – mit der ganz herrschenden Meinung[528] – mehrere in getrennten Verfahren erwirkte Titel gegen alle Gesellschafter für eine Vollstreckung in das Gesellschaftsvermögen genügen soll.[529] Man könnte zwar meinen, dass die Interessen der Gesellschaft auch dann ausreichend gewahrt werden, wenn jeder

524 Vgl. oben unter B. I. 1. a) ee) (3) (e), S. 57 ff.

525 Vgl. oben unter B. I. 1. a) ee) (3) (c) und (d), S. 48 ff.

526 Vgl. auch *Weller*, ZZP 2011 (124. Band), 491 (498).

527 BGH NJW 2011, 2048 (Rn. 14).

528 BGH NJW 2011, 2048 (Rn. 14); *Heßler*, in: MüKo-ZPO, § 736 Rn. 9; *Lackmann*, in: Musielak/Voit, ZPO Kommentar, § 736 Rn. 4; *Schäfer*, in: MüKo-BGB, § 718 Rn. 53; *Seibel*, in: Zöller, ZPO Kommentar, § 736 Rn. 3.

529 A.A. *Lenenbach*, WM 2011, 385 (390), der dies für unschädlich hält; vgl. zur Kritik an dieser Ansicht oben unter C. I. 6, S. 112.

Gesellschafter sich einzeln verteidigt, zumal dann alle Gesellschafter ihren Beitrag zur Verteidigung der Gesellschaftsinteressen leisten konnten und der Gesellschaftsgläubiger auch erst alle Prozesse gewinnen muss.[530] Voraussetzung für eine zulässige prozessuale Repräsentation ist nach hier vertretener Auffassung[531] aber, dass der Repräsentant ein eigenes Recht geltend macht, Interessengleichheit zwischen Repräsentant und Repräsentiertem vorliegt und zudem aufgrund einer rechtlichen Sonderverbindung zwischen Repräsentant und Repräsentiertem gewährleistet ist, dass der Repräsentant die Interessen des Repräsentierten fair und angemessen schützt. Für die faire und angemessene Gewährleistung der Interessen des Repräsentierten ist aber erforderlich, dass er die Wahrung seiner Interessen jemand anderem anvertraut hat. Für die Gesellschaft als repräsentierte Partei, die von ihren Gesellschaftern vertreten wird, bedeutet das, dass es darauf ankommt, welchen Gesellschaftern sie durch den Gesellschaftsvertrag Geschäftsführungs- und Vertretungsbefugnisse eingeräumt, mithin die Wahrung ihrer Interessen anvertraut hat. Wenn man zunächst einmal mit dem Gesetz (§§ 709, 714 BGB) von einer Gesamtvertretungsbefugnis ausgeht, heißt das, dass die Gesellschafter nur gemeinschaftlich eine faire und angemessene Repräsentation der Interessen der Gesellschaft gewährleisten können. Wenn die Titel gegen die Gesellschafter jedoch in getrennten Verfahren erwirkt worden sind, lagen jeweils die Voraussetzungen einer die Rechtskraft legitimierenden prozessualen Repräsentation der Gesellschaft durch ihre Gesellschafter nicht vor. Wenn § 736 ZPO nach seinem neuen Verständnis die Rechtskrafterstreckung zulasten der Gesellschaft anordnet, muss die bisher herrschende Meinung ihren Standpunkt, dass mehrere in getrennten Verfahren erwirkte Titel gegen alle Gesellschafter für eine Vollstreckung in das Gesellschaftsvermögen genügen, aufgeben. Ohnehin ist fragwürdig, wie diese Ansicht – entgegen dem klaren Wortlaut[532] – jemals gerechtfertigt werden konnte. Sie beruft sich weitgehend auf ein Urteil des Reichsgerichts[533] zur Vorschrift des § 747 ZPO, während § 736 ZPO nur nebenbei erwähnt wird.[534] Nach Ansicht des Reichsgerichts ergibt sich weder aus § 747 ZPO noch aus § 736 ZPO, dass ein Urteil gleichzeitig gegen alle Erben bzw. Gesellschafter ergangen sein muss. Vielmehr seien Einzelprozesse nicht

530 Davon geht offenbar *Lenenbach*, WM 2011, 385 (390), aus – freilich begründet er seine Auffassung nicht.

531 Vgl. oben unter B. I. 1. a) ee) (3) (c) und (d), S. 48 ff.

532 Vgl. bereits oben unter C. I. 11. b) aa) (1), S. 128 f.

533 RGZ 68, 221 (222 f.).

534 Darauf wies bereits *Kornblum*, BB 1970, 1445 (1450), hin.

unzulässig, da man nach dem Gesetz getrennt gegen Gesamtschuldner vorgehen könne. Nur vereinzelt[535] wurde diese Interpretation der herrschenden Meinung während der alten Rechtslage dafür kritisiert, dass sie die gesamthänderische Verbundenheit der Gesellschaft vernachlässigte.

Nach Anerkennung der Parteifähigkeit der GbR gelten die Einwände gegen die herrschende Meinung umso mehr. Die Vollstreckung ins Gesellschaftsvermögen aufgrund einer Rechtskrafterstreckung zulasten der Gesellschaft kann nicht ohne faire und angemessene Repräsentation durch die Gesellschafter gerechtfertigt werden. Zwar können die Gesellschafter durch Bestimmungen im Gesellschaftsvertrag vom gesetzlichen Regelfall der Gesamtvertretungsberechtigung abweichen – dann wäre eine faire und angemessene Repräsentation der Interessen der Gesellschaft grundsätzlich bereits dann denkbar, wenn jedenfalls ein ergangenes Urteil gegen den bzw. die vertretungsbefugten Gesellschafter vorliegen würde. Dennoch bleibt ein Urteil gegen alle Gesellschafter erforderlich, da der Wortlaut des § 736 ZPO dies voraussetzt, insoweit also noch schärfere Voraussetzungen hinsichtlich einer die Rechtskraft legitimierenden prozessualen Repräsentation der Gesellschaft durch ihre Gesellschafter vorschreibt.[536] Im Übrigen ist auch nur eine solche Auslegung mit den §§ 325 ff. ZPO vereinbar, die klarstellen, dass nur das – einzelne – „(rechtskräftige) Urteil" Rechtskraftwirkungen gegenüber einer dritten Partei entfalten kann.[537]

Wenn aber ein ergangenes Urteil gegen *alle* Gesellschafter erforderlich ist, könnten die Gesellschafter auf die Idee kommen, durch einen Beitritt eines neuen Gesellschafters die Rechtskrafterstreckung zulasten der Gesellschaft und damit die Vollstreckung ins Gesellschaftsvermögen zu vereiteln.[538] Maßgeblicher Zeitpunkt für das Vorliegen einer wirksamen prozessualen Repräsentation sollte aber derjenige der Anhängigkeit der Klage sein. Wie schon bei dem Fall der vorherigen Klage gegen die Gesellschaft, wo die Rechtskrafterstreckung nach § 129 I HGB zulasten der (ausgeschiedenen) Gesellschafter davon abhängig gemacht wird, ob sie im Zeitpunkt der Anhängigkeit der Klage noch Mitglieder der Gesellschaft waren,[539] sollte auch bei der Klage gegen sämtliche

535 Vgl. *Kornblum*, BB 1970, 1445 (1450 f.); *Schünemann*, Grundprobleme der Gesamthandsgesellschaft, S. 224 ff.

536 Zu Recht merkt *Lenenbach*, WM 2011, 385 (388), daher an, dass sich die Prozessführungsbefugnis der Gesellschafter nicht (nur) aus §§ 709, 714 BGB bzw. dem Gesellschaftsvertrag ergibt, sondern unmittelbar (auch) aus § 736 ZPO.

537 Vgl. schon oben unter C. I. 6, S. 112.

538 Vgl. *Stangl*, NZG 2016, 568 (572).

539 Vgl. oben unter B. III. 2. a) dd), S. 89 ff.

Gesellschafter einer GbR die Rechtskrafterstreckung zulasten der Gesellschaft dementsprechend davon abhängig gemacht werden, dass jedenfalls im Zeitpunkt der Anhängigkeit der Klage die Voraussetzungen einer wirksamen prozessualen Repräsentation vorlagen. Der Gesellschaftsgläubiger hat nämlich bereits zu diesem Zeitpunkt darüber disponiert, mit einer Klage gegen sämtliche Gesellschafter auch in das Gesellschaftsvermögen vollstrecken zu können. Sein Vertrauen auf die Rechtskraftwirkung des § 736 ZPO ist ab diesem Zeitpunkt schutzwürdig. Die Gesellschafter dürfen dem Gläubiger nicht so ohne Weiteres durch Wechsel im Gesellschafterbestand die Durchsetzung bzw. Vollstreckung seiner Forderungen erschweren. Den Gesellschaftern ist das ohne Bedenken zumutbar, denn sie haben es in der Hand, den Vortrag des Gläubigers, dass es sich um sämtliche Gesellschafter handele, (substantiiert) zu bestreiten, damit dieser ggf. reagieren und seinen Vortrag sowie Klageantrag anpassen kann.

Das Tatbestandsmerkmal „alle Gesellschafter" ist demnach teleologisch dahin gehend auszulegen, dass damit alle Gesellschafter gemeint sind, die im Zeitpunkt der Anhängigkeit der Klage Mitglieder der Gesellschaft waren.

Zwar kann sich der Gesellschaftsgläubiger mangels Registerpublizität nie sicher sein, dass er wirklich alle Gesellschafter verklagt hat,[540] dies ist aber nicht unbillig, denn die Möglichkeit, gemäß § 736 ZPO durch einen Titel gegen alle Gesellschafter ins Gesellschaftsvermögen zu vollstrecken, stellt einen Bonus im Vergleich zur Rechtslage bei den Personenhandelsgesellschaften dar. Schließlich kann er immer noch direkt gegen die Gesellschaft vorgehen – so wie es gegenüber Personenhandelsgesellschaften wegen § 124 II HGB üblich ist. Außerdem hat das OLG Hamm[541] zutreffend auf den Beibringungsgrundsatz im Zivilprozess hingewiesen. Der Gesellschaftsgläubiger muss daher, wenn er auch ins Gesellschaftsvermögen vollstrecken können will, vortragen, dass er die Gesellschafter in ihrer Stellung als Gesellschafter der betroffenen GbR in Anspruch nimmt, und dass es sich dabei um sämtliche Gesellschafter der GbR handelt. Die Gesellschafter müssen dann als Repräsentanten der GbR substantiiert sowohl ihre Gesellschafterstellung als auch den Umstand, dass es sich um sämtliche Gesellschafter handele, bestreiten. Im Übrigen ist es dann unschädlich, wenn der Gesellschaftsgläubiger erst nach Anhängigkeit der Klage oder Klageerhebung weitere – ihm vorher unbekannte – Gesellschafter per Parteierweiterung nachträglich mitverklagt, sofern der nachträglich verklagte Gesellschafter im

540 So auch *Morawietz*, GbR im Zivilprozess, S. 132.

541 Vgl. OLG Hamm vom 14.09.2009 – 22 U 43/09, BeckRS 2009, 26873 und oben unter C. I. 1., S. 101 ff.

Zeitpunkt der Anhängigkeit der Klage Mitglied der GbR war. Wenn dann nach den Feststellungen des Gerichts des Gesellschafterprozesses feststeht, dass die Klage sich gegen sämtliche Gesellschafter der GbR richtet, handelt es sich dann im Grunde genommen um eine weitere objektive Erstreckung der Rechtskraft. Daher wird im Gesellschafterprozess wegen § 736 ZPO nicht nur die Vorfrage, dass die Gesellschaftsverbindlichkeit besteht,[542] sondern auch die weitere Vorfrage, dass es sich um sämtliche Gesellschafter der GbR handelt, rechtskräftig festgestellt. Nur so kann man der Gesellschaft, für den Fall, dass sie Vollstreckungsgegenklage (§ 767 ZPO) erhebt, wirksam die Einwendung nehmen, im Vorprozess habe es sich nicht um sämtliche Gesellschafter gehandelt.

Tritt einer neuer Gesellschafter der Gesellschaft erst nach Anhängigkeit, aber vor Beginn der Zwangsvollstreckung bei, sind die §§ 750 I, 727 ZPO zu beachten: Wegen § 750 I ZPO muss der Titel alle Gesellschafter, die zum Zeitpunkt des Beginns der Zwangsvollstreckung der Gesellschaft angehören, namentlich bezeichnen.[543] Um den gegen die bisherigen Gesellschafter erstrittenen Titel auch auf den neu eingetretenen Gesellschafter zu erstrecken, ist dann eine Umschreibung analog § 727 ZPO möglich.[544] Er ist insoweit entweder Rechtsnachfolger eines ausscheidenden Gesellschafters, wenn dieser seinen Anteil übertragen hat oder als dessen Gesamtrechtsnachfolger, oder er ist Rechtsnachfolger aller Gesellschafter hinsichtlich der auf ihn übergegangenen Beteiligungen, wenn er als weiteres Mitglied aufgenommen wurde.[545]

(2) Rechtskrafterstreckung zugunsten der Gesellschaft

Während sich eine Rechtskrafterstreckung zulasten der Gesellschaft zumindest nach dem neuen Verständnis und Sinn des § 736 ZPO also unmittelbar aus dieser Vorschrift ergibt, gilt dies für eine Rechtskrafterstreckung zugunsten der Gesellschaft nicht. § 736 ZPO kann nicht unmittelbar entnommen werden, dass eine Vollstreckung ins Gesellschaftsvermögen – wofür nach Anerkennung der Rechts- und Parteifähigkeit der GbR auch ein Titel gegen die Gesellschaft reicht – ausgeschlossen ist, wenn kein Titel gegen alle Gesellschafter erlangt werden konnte. Dies war allerdings die Konstellation, die der BGH[546]

542 Vgl. dazu oben unter C. I. 11. a) cc), S. 122 ff.

543 *Kindl*, in: Saenger, ZPO Kommentar, § 736 Rn. 3; *Lackmann*, in: Musielak/Voit, ZPO Kommentar, § 736 Rn. 4; *Seibel*, in: Zöller, ZPO Kommentar, § 736 Rn. 5.

544 BGH NJW 2011, 615 (Rn. 7 ff.); *Kindl*, in: Saenger, ZPO Kommentar, § 736 Rn. 3; *Seibel*, in: Zöller, ZPO Kommentar, § 736 Rn. 5.

545 *Seibel*, in: Zöller, ZPO Kommentar, § 736 Rn. 5.

546 BGH NJW 2011, 2048.

im Ausgangsfall zu entscheiden hatte. Es wurde schon erwähnt, dass die Aussagen des BGH die Vermutung nahelegen, dass er sich nicht ausreichend mit den Interessen der betroffenen Parteien auseinandergesetzt hat, auch weil er nicht zwischen der Rechtskrafterstreckung zulasten und derjenigen zugunsten der Gesellschaft differenziert.[547] Da es sich im vorliegenden Fall um eine Rechtskrafterstreckung zugunsten der Gesellschaft gehandelt hätte, lag es sowohl im Interesse der Gesellschaft als auch im Interesse der Gesellschafter, dass das von ihnen erstrittene Urteil auch für die Gesellschaft wirkt. Daher profitiert im vorliegenden Fall der Gläubiger von einer Ablehnung der Rechtskrafterstreckung, indem er eine doppelte Gewinnchance hinsichtlich der Feststellung der Gesellschaftsschuld und damit eine doppelte Vollstreckungschance hinsichtlich des Gesellschaftsvermögens erhält. Die Frage, ob der Gläubiger in dieser Hinsicht unter Abwägung der sich gegenüberstehenden Interessen überhaupt schutzwürdig ist, soll nachfolgend erörtert werden.

Teilweise wird befürwortet, dass der unterlegenen Partei aus dem Erstprozess grundsätzlich keine zweite Chance gegen einen Dritten eingeräumt werden sollte, weil das Interesse an der zweiten Chance auch grundsätzlich nicht schutzwürdig sei.[548] In dieser Allgemeinheit würde das freilich zu weit gehen, denn dann hätte der Gläubiger immer nur eine einmalige Gewinnchance, der ein doppeltes Verlustrisiko gegenüberstehen würde.[549] Dennoch stellt sich die Frage, ob eine Ablehnung einer Rechtskrafterstreckung zugunsten der Gesellschaft mit dem Grundsatz der prozessualen Chancengleichheit[550] vereinbar ist. Zu berücksichtigen ist dabei auch, dass es dem in § 425 BGB angeordneten Grundsatz entspricht, dass ein Urteil gegen einen Gesamtschuldner nicht Rechtskraft für und gegen die anderen Gesamtschuldner wirkt.

(a) Vereinbarkeit mit § 425 BGB (analog)

Für das Verhältnis der Gesellschafter untereinander und zum Gläubiger gelten die §§ 421 ff. BGB und damit auch § 425 BGB, wonach ein Urteil gegen einen Gesellschafter grundsätzlich keine Rechtskraft für und gegen die anderen Gesellschafter wirkt. Für die Rechtskrafterstreckung zulasten der Gesellschaft nach § 736 ZPO wurde jedoch angenommen, dass *ein* Urteil gegen alle Gesellschafter ergangen sein muss. Es stellt sich nun die Frage, ob ein solches Urteil

547 Vgl. oben unter C. I. 4., S. 106 ff.

548 Vgl. etwa *Grunsky*, Grundlagen des Verfahrensrechts, S. 537.

549 Vgl. auch *Oberhammer*, OHG im Zivilprozeß, S. 102 ff.

550 Vgl. dazu bereits oben unter B. I. 1. a) ee) (3) (e), S. 57 ff.

gegen die Gesellschaftergemeinschaft auch Rechtskraft für die Gesellschaft wirken kann, mithin ob § 425 BGB auch im Verhältnis zwischen Gesellschaftergemeinschaft und Gesellschaft gilt. Der BGH[551] hat in seinem Grundsatzurteil klargestellt, dass bei der GbR für das Verhältnis zwischen Gesellschafts- und Gesellschafterhaftung das gleiche gilt wie bei der OHG: Danach handelt es sich bei der Gesellschafterhaftung um eine akzessorische, sodass laut BGH die §§ 421 ff. BGB nicht unmittelbar Anwendung finden, weil „kein echtes Gesamtschuldverhältnis" bestehe. Allerdings sei zu prüfen, ob „unter Berücksichtigung der jeweils verschiedenartigen Interessen der Beteiligten der Rechtsgedanke der §§ 420 ff. BGB im Einzelfall zur Anwendung kommt oder nicht". Der BGH ist dabei der Ansicht, dass die entsprechende Anwendung der Gesamtschuldregeln für die Gesellschaft als originär Verpflichtete im Verhältnis zur Gesellschafterhaftung grundsätzlich angebracht sei. Wenn die Gesellschafter sich im Rahmen ihrer persönlichen Haftung etwa auf individuelle Einreden i.S.v. § 425 BGB berufen könnten, wäre es demnach laut BGH nicht gerechtfertigt, wenn sich auch die Gesellschaft darauf berufen könnte. Wenn der BGH mit „individuelle Einreden i.S. des § 425 BGB" auch die Einzelwirkung des rechtskräftigen Urteils meint, würde das klageabweisende Urteil gegen die Gesellschaftergemeinschaft analog § 425 BGB demnach nicht auch für die Gesellschaft wirken.[552] Allerdings gilt gemäß § 425 I BGB die Einzelwirkung für die in § 425 II BGB umschriebenen Tatsachen nur, „soweit sich nicht aus dem Schuldverhältnis ein anderes ergibt". Im umgekehrten Fall – erst Klage gegen die Gesellschaft, dann die Klage gegen einen oder mehrere Gesellschafter – ist anerkannt, dass § 129 I HGB als Sondervorschrift eine Ausnahme zu dem Grundsatz aus § 425 BGB gebietet.[553] Eine weitere Sondervorschrift könnte nun auch in § 736 ZPO erblickt werden, aus der sich für das Schuldverhältnis insoweit also etwas anderes ergeben könnte.[554]

---

551 BGH NJW 2001, 1056 (1061).

552 Wenn der BGH damit hingegen meint, dass die Klage des Gläubigers gegen die Gesellschafter aufgrund von individuellen Einreden der Gesellschafter – und nicht etwa mangels Bestehen der Gesellschaftsschuld – abgewiesen worden ist, dann ist dies nach hier vertretener Ansicht bereits beim Umfang der objektiven Rechtskraft zu berücksichtigen, vgl. unter C. I. 11. a) cc), S. 122 ff.; *Lenenbach*, WM 2011, 385 (390), will in diesem Fall § 736 ZPO teleologisch reduzieren; vgl. auch noch unter C. I. 11. b) bb) (2) (c), S. 145 f.

553 BGH NJW-RR 1993, 1266 (1267); freilich liegt auch hier mangels Gleichstufigkeit von Gesellschafts- und Gesellschafterschuld schon kein „echtes" Gesamtschuldverhältnis vor.

554 Vgl. zur früheren Rechtslage bereits *Kornblum*, BB 1970, 1445 (1450 f.).

Wenn sich aus dieser Vorschrift, wie zuvor dargelegt, nach neuem Verständnis eine Rechtskrafterstreckungsnorm ableiten lässt, und zwar für den Fall, dass die Gesellschaftergemeinschaft in einem einzigen Verfahren in Anspruch genommen wird, dann ergibt sich für solche Klagen gegen die Gesellschaftergemeinschaft etwas anderes i.S.v. § 425 I BGB.

Somit kann § 425 BGB auch einer Rechtskrafterstreckung zugunsten der Gesellschaft aus § 736 ZPO nicht im Weg stehen, wenn die Klage des Gläubigers gegen die Gesellschaftergemeinschaft mangels Bestehen der Gesellschaftsverbindlichkeit einheitlich abgewiesen wird.

(b) Vereinbarkeit mit Art. 3 I GG

Fraglich ist des Weiteren, ob eine Ablehnung einer Rechtskrafterstreckung zugunsten der Gesellschaft mit dem Grundsatz der prozessualen Chancengleichheit vereinbar wäre oder ob dieser Grundsatz nicht vielmehr eine solche Rechtskrafterstreckung gebietet.

Nach dem Grundsatz der prozessualen Chancengleichheit muss das Risiko am Verfahrensausgang für die Verfahrensbeteiligten gleichmäßig verteilt werden.[555] Neben Kläger und Beklagten – hier also Gesellschaftsgläubiger und Gesellschaftergemeinschaft – muss auch die Gesellschaft als nicht im Prozess gehörte Partei für das Risiko- und Chancengleichgewicht berücksichtigt werden. Dieses könnte ohne Anwendung des § 736 ZPO auch zugunsten der Gesellschaft gestört werden. Der Gesellschaftsgläubiger hätte mit einer Klage gegen die Gesellschaftergemeinschaft die Chance, in diesem Prozess endgültig zu obsiegen, während die Gesellschaftergemeinschaft die Möglichkeit hat, das Begehren des Gesellschaftsgläubigers endgültig abzuwehren – einer erneuten Inanspruchnahme der Gesellschafter aus ihrer akzessorischen Haftung analog § 129 I HGB stünde die Rechtskraft des klageabweisenden Urteils aus dem gegen sie geführten Prozess entgegen.[556] Bei erfolgreicher Klage gegen die Gesellschaftergemeinschaft bekäme der Gesellschaftsgläubiger allerdings eine zusätzliche Vollstreckungsmöglichkeit in das Vermögen der Gesellschaft; diese Möglichkeit würde bei Klageabweisung aber nicht verloren gehen: Ohne Rechtskrafterstreckung zugunsten der Gesellschaft bekäme der Gesellschaftsgläubiger eine zweite Chance gegen die Gesellschaft. Hinsichtlich des Gesellschaftsvermögens hätte der Gläubiger also eine doppelte Gewinnchance. Aus Sicht der Gesellschaft stellt sich dies folgendermaßen dar: Die Gesellschaft müsste sich einen verlorenen

555 Vgl. dazu bereits oben unter B. I. 1. a) ee) (3) (e), S. 57 ff.
556 BGH NJW 2011, 2048 (Rn. 15).

Prozess ihrer Gesellschafter zurechnen lassen, könnte umgekehrt aber nicht von einem gewonnenen Prozess der Gesellschafter profitieren – die Folge wäre also ein doppeltes Abwehrerfordernis gegenüber dem Begehren des Gläubigers. Der Sieg der Gesellschafter im Gesellschafterprozess würde also partiell entwertet werden, wenn der Gläubiger zur Befriedigung seiner Forderung unter Umständen immer noch auf das Vermögen der Gesellschaft zugreifen könnte.

Das Risiko- und Chancengleichgewicht wäre ohne die Möglichkeit einer Rechtskrafterstreckung auch zugunsten der Gesellschaft also grundsätzlich gestört. Entscheidet sich der Gesellschaftsgläubiger für die Klage gegen die Gesellschaftergemeinschaft, um bei Erfolg auch zusätzlich in das Gesellschaftsvermögen vollstrecken zu können, ist es grundsätzlich interessengerecht, ihm die Möglichkeit, ins Gesellschaftsvermögen zu vollstrecken, auch endgültig abzuschneiden, sollte seine Klage gegen die Gesellschaftergemeinschaft abgewiesen werden. Voraussetzung ist dann, dass die Klage des Gläubigers gegen die Gesellschafter – der Situation bei der Rechtskrafterstreckung zulasten der Gesellschaft entsprechend – in einem Urteil einheitlich abgewiesen wird.

(c) Klageabweisung aufgrund persönlicher Einwendungen der Gesellschafter

Problematisch ist eine Rechtskrafterstreckung nach § 736 ZPO zugunsten der Gesellschaft, wenn die Klage gegen die Gesellschafter – anders als im Ausgangsfall – nicht mangels Bestehens der Gesellschaftsverbindlichkeit abgewiesen wird, sondern aufgrund persönlicher Einwendungen der Gesellschafter. Relevant wird dies, wenn die Klage gegen die Gesellschafter, die in diesem Prozess wegen der Möglichkeit individueller Einreden einfache Streitgenossen sind,[557] einheitlich abgewiesen wird; hat die Klage auch nur gegen einen Gesellschafter Erfolg, liegen die Voraussetzungen für eine Rechtskrafterstreckung zugunsten der Gesellschaft schon nicht vor.

Das OLG Hamm[558] nimmt freilich an, dass sich dieses Problem bei einer Klage gegen sämtliche Gesellschafter gar nicht stelle, da die einheitliche Abweisung der gegen alle Gesellschafter gerichteten Klage nur darauf beruhen könne, dass der Anspruch gegen die Gesellschaft insgesamt als nicht bestehend angesehen werde. Dies erscheint zwar wahrscheinlich, jedoch kann nicht ausgeschlossen werden, dass im Einzelfall jeder Gesellschafter seine akzessorische Haftung aufgrund einer persönlichen Einwendung ausschließen kann.

---

557 *Morawietz*, GbR im Zivilprozess, S. 117.
558 OLG Hamm vom 14.09.2009 – 22 U 43/09, BeckRS 2009, 26873.

Lenenbach[559] will § 736 ZPO in diesem Fall teleologisch reduzieren, weil dann die Legitimationskette reiße, die eine Rechtskraftwirkung für (und gegen) die Gesellschaft rechtfertige. Damit würde man laut *Lenenbach* dieselbe Situation, wenn auch in spiegelverkehrter Konstellation, wie bei § 129 I HGB haben: Die Gesellschaft könnte sich demnach nicht auf die Einwendungen der Gesellschafter berufen, jedoch auf eigene – gegen das Bestehen der Gesellschaftsverbindlichkeit vorliegende – Einwendungen. Der Vergleich passt jedoch nicht: Im Falle des § 129 I HGB, also wenn die Gesellschaft zuerst verklagt wird, kann sich die Gesellschaft nur mit eigenen Einwendungen verteidigen, die die Gesellschafter dann nicht mehr vorbringen dürfen. Im Falle des – teleologisch reduzierten – § 736 ZPO, also wenn die Gesellschafter zuerst verklagt werden, können diese sich nicht nur mit eigenen, sondern auch mit Einwendungen der Gesellschaft verteidigen. Oder anders betrachtet: Wenn dem Gesellschafter im Rahmen des § 129 I HGB Einwendungen der Gesellschaft genommen werden, dann resultiert das aus einer Rechtskrafterstreckung zu seinen Lasten, während für die Gesellschaft im Rahmen des § 736 ZPO der Verlust der Einwendungen der Gesellschafter die Konsequenz einer fehlenden Rechtskrafterstreckung zu ihren Gunsten wäre.

Nach hier vertretener Ansicht[560] muss die Erhebung persönlicher Einwendungen daher bereits beim Umfang der objektiven Rechtskraft berücksichtigt werden. Eine rechtskräftige Feststellung über das Bestehen der Gesellschaftsverbindlichkeit – als notwendige Voraussetzung für eine Rechtskrafterstreckung – kommt im Gesellschafterprozess danach nur in solchen Fällen in Betracht, in denen eine Klage des Gläubigers nicht aufgrund von persönlichen Einwendungen der Gesellschafter abgewiesen worden ist, also bei erfolgreicher Klage (dann Rechtskrafterstreckung zulasten der Gesellschaft) oder Klageabweisung mangels Bestehen der Gesellschaftsverbindlichkeit (dann Rechtskrafterstreckung zugunsten der Gesellschaft).

cc) Ergebnis

§ 736 ZPO kann nach neuem Verständnis unter bestimmten Voraussetzungen die Anordnung einer Rechtskrafterstreckung entnommen werden. Die Voraussetzungen für eine Anerkennung der Vorschrift als Rechtskrafterstreckungsnorm liegen vor, denn eine Rechtskrafterstreckung ist zumindest nach dem neuen Sinn dieser Vorschrift geboten.

---

559 WM 2011, 385 (390).

560 Vgl. oben unter C. I. 11. a) cc), S. 122 ff.

Nach Anerkennung der Rechts- und Parteifähigkeit der GbR ermöglicht § 736 ZPO eine Rechtskrafterstreckung zulasten der Gesellschaft, die durch eine prozessuale Repräsentation der Interessen der Gesellschaft durch die Gesellschafter gerechtfertigt ist. Erforderlich ist nunmehr jedoch – entgegen der bisher herrschenden Meinung –, dass *ein* ergangenes Urteil gegen alle Gesellschafter vorliegt; auch diese Feststellung wird vom Umfang der objektiven Rechtskraft erfasst. Wird diese Voraussetzung nicht erfüllt, bleibt zur Vollstreckung in das Gesellschaftsvermögen ein Titel gegen die Gesellschaft als solche erforderlich – insoweit entspricht die Rechtslage dann derjenigen, die für Personenhandelsgesellschaften gilt.

Aufgrund des Grundsatzes der prozessualen Chancengleichheit muss auch eine Rechtskrafterstreckung zugunsten der Gesellschaft in Betracht kommen; jedenfalls dann, wenn die Klage gegen sämtliche Gesellschafter einheitlich abgewiesen wird und die Klageabweisung mangels Bestehen der Gesellschaftsverbindlichkeit erfolgte. Der Gesellschaftsgläubiger wird sich dann in einem Folgeprozess gegen die Gesellschaft nicht darauf berufen können, dass die Klage im Vorprozess aufgrund persönlicher Einwendungen der Gesellschafter abgewiesen worden sei oder dass im Vorprozess gar nicht sämtliche Gesellschafter beteiligt gewesen seien.

12. Prozesstaktische Überlegungen im Übrigen – insbesondere: Kontermöglichkeiten der Gesellschafter/Gesellschaft

Die bisherigen Ausführungen zu C. haben dargelegt, dass ein Urteil gegen die Gesellschaftergemeinschaft einer GbR unter bestimmten Voraussetzungen nach § 736 ZPO Rechtskraft für und gegen die GbR wirkt. In dem vom BGH[561] entschiedenen Ausgangsfall hätte die Klage des Gesellschaftsgläubigers gegen die GbR daher wegen entgegenstehender Rechtskraft als unzulässig abgewiesen werden müssen.[562] Fraglich ist, welche prozesstaktischen Hilfs- bzw. Kontermöglichkeiten den Gesellschaftern bzw. ihrer Gesellschaft verbleiben, wenn man § 736 ZPO – wie der BGH – als Rechtskrafterstreckungsnorm ablehnt. Unter dieser Prämisse müssen – ausgehend von einem Anwaltsprozess – die Prozessbevollmächtigten der Gesellschafter bzw. ihrer Gesellschaft besonderen Einfallsreichtum beweisen. Aus der Sicht der Gesellschafter erscheint die fehlende

561 BGH NJW 2011, 2048.

562 Im Ergebnis zutreffend daher das OLG Hamm vom 14.09.2009 – 22 U 43/09, BeckRS 2009, 26873.

Rechtskrafterstreckung nämlich unbefriedigend, wenn man die Interessenlage mit der des Gesellschaftsgläubigers vergleicht. Wenn die Klage des Gläubigers gegen die Gesellschafter Erfolg hat, kann er in deren Vermögen sowie in das Vermögen der Gesellschaft vollstrecken; wenn seine Klage abgewiesen wird, kann er noch einmal gegen die Gesellschaft vorgehen und auf diesem Wege – sofern Gesellschaftsvermögen vorhanden ist – Befriedigung erlangen. Für die Gesellschafter bedeutet das umgekehrt, dass sie sich ggf. zwei Mal gegen den Gläubiger verteidigen müssen – einmal, um die eigene Haftung zu vermeiden und einmal, um die der Gesellschaft zu verhindern. Insbesondere bei hoher Erfolgsaussicht, die Klage des Gläubigers gegen die Gesellschafter mangels Bestehens der Gesellschaftsverbindlichkeit abzuwehren, oder auch schlicht, um die Gefahr eines zweiten Prozesses gegen die Gesellschaft zu verhindern, liegt es im Interesse der Gesellschafter, die Prozesstaktik des Gläubigers – sich durch vorherige Klage gegen die Gesellschafter eine zweite Chance gegen die Gesellschaft zu bewahren – zu kontern. Ausgehend von dieser Prämisse hat sich bisher – soweit ersichtlich – nur *Stangl*[563] intensiver mit den Konsequenzen für die Beratungspraxis auseinandergesetzt. Er betont, dass das BGH-Urteil „in Fachkreisen weithin unkommentiert" geblieben sei[564] und die Literatur sich bisher „kaum mit den Konsequenzen dieses Urteils für die prozessrechtliche Beratung" beschäftigt habe.[565] Er erörtert als alternative Prozessstrategie des Gesellschaftsgläubigers[566] eine „gegen-akzessorische" Strategie: Eine Klageerhebung gegen die Gesellschaft erfolge nur dann, wenn er zuvor im Erstprozess gegen die Gesellschafter unterliegen sollte.[567] So könne er sich „eine zusätzliche Prozesschance erspielen, ohne die Durchschlagskraft des Erstprozesses zu schmälern". Zwar sei der Einwand, dass der Nutzen eines solchen zweiten Prozesses in aller Regel reine Theorie bleibe,[568] beachtlich, da das Gericht des Zweitprozesses schon aus prozessökonomischen Erwägungen meist auch ohne formale Rechtskrafterstreckung das Ergebnis des Erstprozesses übernehmen werde.[569] Ein Vorteil sei jedoch, dass

563 NZG 2016, 568 (569 ff.).

564 *Stangl*, NZG 2016, 568.

565 *Stangl*, NZG 2016, 568 (569).

566 Vgl. zu den Empfehlungen der Rechtsprechung und Literatur bereits oben unter C., S. 99 f.

567 *Stangl*, NZG 2016, 568 (569).

568 Diesen Einwand bringt *Stangl*, NZG 2016, 568 (570), selber ins Spiel.

569 Ergänzend sei angemerkt, dass diese Strategie voraussetzt, dass ein höheres Prozesskostenrisiko einkalkuliert wird, da zwei verlorene Prozesse für den Gläubiger teurer

der Anwalt des Gläubigers in dieser Konstellation damit kalkulieren könne, dass prozessuale Versäumnisse aus dem Erstprozess im Zweitprozess keine Rolle spielen werden, und dass er dort umfänglich neu vortragen könne.[570] Dahinter verberge sich ein nicht geringes „Drohpotenzial" für Vergleichsverhandlungen, da die Andeutung eines weiteren langwierigen Zweitprozesses die Vergleichsbereitschaft der Gegenseite teils signifikant erhöhen könne. Die Attraktivität dieser Strategie hänge letztendlich aber davon ab, inwieweit Gesellschafter und Gesellschaft bereits im Erstprozess das Risiko eines Zweitprozesses relativieren oder ausgleichen können.

Es stellt sich also insbesondere die Frage, wie die Gesellschafter es bewerkstelligen können, bereits im Gesellschafterprozess eine verbindliche Entscheidung über das Bestehen der Gesellschaftsverbindlichkeit – auch mit Wirkung für die Gesellschaft – zu erwirken. In dieser Hinsicht sollen daher im Folgenden die Kontermöglichkeiten der Gesellschafter, die *Stangl* erörtert, näher dargelegt werden, bevor eine eigene Gegenstrategie dargestellt wird.

a) Nebenintervention und Streitverkündung

Nebenintervention der Gesellschaft und Streitverkündung aufseiten der Gesellschafter helfen laut *Stangl*[571] als klassische Verteidigungsstrategien nicht weiter, da die Interventionswirkung des § 68 ZPO nicht dem Interesse der Parteien entspreche, denn diese würde nur zwischen Gesellschafter und Gesellschaft, aber nicht auch gegenüber dem Gläubiger wirken. Daher müsste die Gesellschaft aufseiten des Gläubigers beitreten. Ein rechtliches Interesse am Obsiegen des Gläubigers könne die Gesellschaft aber nicht glaubhaft machen (vgl. §§ 66 I, 71 I 2 ZPO), da bei Obsiegen des Gläubigers gegen die Gesellschafter eine Vollstreckung ins Gesellschaftsvermögen und zudem Regressansprüche der Gesellschafter drohen würden. Daher könne der Gläubiger eine solche „aufgedrängte" Nebenintervention notfalls in einem Zwischenstreit über die Zulässigkeit über die Nebenintervention abwehren. Sollte trotzdem einmal eine Nebenintervention gelingen, dürfte das Gericht des Zweitprozesses hieraus keine Bindung zulasten des Gläubigers ableiten, da § 68 ZPO ausschließlich zugunsten der Hauptpartei wirke.

---

werden als ein – gemeinsam gegen Gesellschafter und Gesellschaft geführter – verlorener Prozess; darauf muss der Mandant hingewiesen werden.

570 *Stangl*, NZG 2016, 568 (570); auch hier sei ergänzend angemerkt, dass sich der Anwalt des Gläubigers Haftungsrisiken aussetzt, wenn ihm prozessuale Versäumnisse zur Last gelegt werden können.

571 NZG 2016, 568 (570).

b) „Vereinte Widerklage" von Gesellschaft und Gesellschaftern

Ferner erörtert *Stangl*[572] die Möglichkeit einer „vereinten Widerklage", das heißt eines gemeinsamen Feststellungsantrags von Gesellschaft und Gesellschaftern, der auf die Feststellung gerichtet ist, dass die Gesellschaftsverbindlichkeit nicht bestehe. Er meint, das Prozessrecht kenne eine solche „vereinte Widerklage" nicht. Die Gesellschafter könnten zwar eine negative Zwischenfeststellungswiderklage über das Bestehen der Gesellschaftsverbindlichkeit erheben, die Gesellschaft könne aber nicht als Streitgenossin dieser Widerklage neben die Gesellschafter treten. Da die Gesellschaft bisher nicht beklagte Partei sei, würde sie mit einem entsprechenden Antrag erstmalig als Klägerin gegen den klagenden Gesellschaftsgläubiger in den Erstprozess treten. Solche Anträge seien also nicht als Widerklage, sondern als gewöhnliche neue Klageerhebungen zu verstehen – verknüpft mit der unverbindlichen Anregung, das Gericht möge die beiden Prozesse nach § 147 ZPO verbinden.[573]

c) Isolierte negative Feststellungsklage der Gesellschaft

Die Ablehnung einer „vereinten Widerklage" führt bei *Stangl*[574] zu dem Schluss, dass dem Anwalt der Gesellschaft zu raten ist, eine isolierte negative Feststellungsklage gegen den Gesellschaftsgläubiger zu erheben, um eine nachträgliche Verkoppelung der Prozesse nach den §§ 147 f. ZPO zu erreichen. Wenn für die Klage der Gesellschaft dasselbe Gericht zuständig ist, das auch über die Klage des Gesellschaftsgläubigers gegen die Gesellschafter entscheidet, könne der Anwalt der Gesellschaft eine Prozessverbindung gem. § 147 ZPO anregen – auch wenn sich die Verbindung nicht stets durchsetzen lassen werde, da die ZPO die Entscheidung über die Verbindung ins Ermessen des Gerichts stelle. Wenn für die Klage der Gesellschaft ein anderes Gericht zuständig ist, dann könne der Anwalt bei dem Gericht des Erstprozesses auf eine Aussetzung des gegen die Gesellschafter gerichteten Verfahrens gem. § 148 ZPO hinwirken, da die Entscheidung über das Bestehen der Gesellschaftsverbindlichkeit vorgreiflich zu der im Gesellschafterprozess anstehenden Entscheidung über die akzessorische Haftung der Gesellschafter sei.

---

572 NZG 2016, 568 (570).
573 *Stangl*, NZG 2016, 568 (571).
574 NZG 2016, 568 (571).

d) Stellungnahme

Nach einer (kritischen) Bewertung der Vorschläge *Stangls*, soll eine noch effektivere Gegenstrategie der Gesellschafter vorgestellt werden, nämlich die negative Zwischenfeststellungswiderklage in gewillkürter Prozessstandschaft.

aa) Kritik an den Vorschlägen Stangls

Zutreffend stellt *Stangl*[575] fest, dass den Gesellschaftern eine Nebenintervention der Gesellschaft – auf eine Streitverkündung kommt es in dieser Konstellation nicht an, da die Gesellschafter als Organe der Gesellschaft deren Beitritt selbst in der Hand hätten – nicht weiterhelfen würde, da die Interventionswirkung des § 68 ZPO nur zwischen Gesellschafter und Gesellschaft, aber nicht auch gegenüber dem Gläubiger wirken würde. Er hat auch zutreffend dargelegt, dass ein Beitritt der Gesellschaft aufseiten des Gläubigers fernliegend erscheint.

Relevanz hätten Streitverkündung und Nebenintervention daher nur für etwaige Regressansprüche des in Anspruch genommenen Gesellschafters, soweit die Gesellschaft zuvor noch nicht rechtskräftig hinsichtlich des Bestehens der Gesellschaftsverbindlichkeit verurteilt worden ist. In dieser Konstellation kann der Gesellschafter im Gesellschafterprozess der Gesellschaft und den Mitgesellschaftern den Streit verkünden, um im Folgeprozess die Interventionswirkung des § 68 ZPO (i.V.m. § 74 ZPO) für sich in Anspruch zu nehmen, damit die Streitverkündeten nicht mehr einwenden können, die Vorfrage nach dem Bestehen der Gesellschaftsverbindlichkeit sei im Vorprozess zu Unrecht bejaht worden.[576]

Soweit *Stangl* den Anwälten der Gesellschafter dazu rät, für die Gesellschaft eine isolierte negative Feststellungsklage zu erheben, um nach den §§ 147 f. ZPO auf eine gemeinsame Verhandlung bzw. Entscheidung hinzuwirken, so erscheinen beide Varianten prozessökonomisch zwar sinnvoll, allerdings hängen die Erfolgsaussichten – dass es zu einer gemeinsamen Entscheidung gegenüber Gesellschaftern und Gesellschaft kommt –, wie *Stangl* selber einräumt, vom Einzelfall ab, insbesondere weil es im Ermessen des Gerichts liegt, ob es eine Prozessverbindung oder Aussetzung anordnet. Eleganter, und aus Sicht der Gesellschafter und Gesellschaft interessanter, wäre eine Möglichkeit, bei der die Gesellschafter es selbst in der Hand haben, die Wirkungen des gegen sie

---

575 Vgl. NZG 2016, 568 ff.

576 *Kubis*, Regreß des Personenhandelsgesellschafters, S. 140; *Oberhammer*, OHG im Zivilprozeß, S. 94; *Weller*, ZZP 2011 (124. Band), 491 (502 f.).

geführten Erstprozesses auf die Gesellschaft auszuweiten – eine Möglichkeit, die *Stangl* selber als „optimal“ für die Gesellschafter bezeichnet.[577] Soweit er dabei die Möglichkeit einer „vereinten Widerklage“ ablehnt, ist ihm darin zuzustimmen, dass das Prozessrecht eine solche Möglichkeit nicht kennt. Er verkennt jedoch die Möglichkeit einer negativen Zwischenfeststellungswiderklage der Gesellschafter in gewillkürter Prozessstandschaft für die Gesellschaft. Deren Voraussetzungen und Wirkungen sollen nachfolgend dargelegt werden.

bb) Negative Zwischenfeststellungswiderklage der Gesellschafter in gewillkürter Prozessstandschaft

Um den Umfang der objektiven Rechtskraft zu erweitern, sieht der Gesetzgeber als Mittel die Zwischenfeststellungsklage vor.[578] Den Gesellschaftern geht es aber nicht darum, den Umfang der objektiven Rechtskraft zu erweitern, sondern um Rechtskrafterstreckung – damit eine rechtskräftige Feststellung über das Bestehen der Gesellschaftsverbindlichkeit auch gegenüber der Gesellschaft erzielt werden kann. Eine einfache (negative) Zwischenfeststellungswiderklage entspricht daher nicht dem Interesse der Gesellschafter. Eine Rechtskrafterstreckung käme nur in Betracht, wenn die Gesellschafter als Prozessstandschafter der Gesellschaft, und das im Rahmen einer negativen Zwischenfeststellungswiderklage, auftreten könnten. Fraglich ist, ob und wenn ja, unter welchen Voraussetzungen dies zulässig ist. Die Grundsätze der gewillkürten Prozessstandschaft gelten auch dann, wenn ein Gesellschafter ermächtigt wird, ein Recht der Gesellschaft im eigenen Namen geltend zu machen.[579] Zudem ist eine Feststellungsklage, wie auch eine Zwischenfeststellungsklage, in Prozessstandschaft grundsätzlich möglich,[580] auch wenn die gewillkürte Prozessstandschaft für Feststellungsklagen bislang kaum Bedeutung erlangt hat, da diese auch ohne Prozessführungsermächtigung bei rechtlichem Interesse von einem Dritten erhoben werden kann, da für die (Zwischen)Feststellungsklage nicht erforderlich ist, dass das ihren Gegenstand bildende Rechtsverhältnis zwischen den Parteien des Prozesses besteht.[581] Die Prozessstandschaft bezweckt dann primär den

577 Vgl. *Stangl*, NZG 2016, 568 (570).

578 Vgl. oben unter C. I. 11. a) aa), S. 118 f.

579 Vgl. BGH NJW 1988, 1585 ff.; BGH NJW 2016, 2492 (Rn. 19).

580 BGH vom 30.03.1953 – IV ZR 241/52, BeckRS 1953, 31375603; BGH NJW-RR 2002, 1377 (1378); *Roth*, in: Stein/Jonas, ZPO Kommentar, § 256 Rn. 34.

581 BGH vom 30.03.1953 – IV ZR 241/52, BeckRS 1953, 31375603; BGH NJW 2011, 2195 (Rn. 20).

Schutz des Rechtsträgers und der Standschafter muss darlegen, dass er an diesem Schutz ein Interesse hat.[582] Dann kommt aber auch eine Rechtskrafterstreckung auf den Rechtsträger in Betracht.[583] Diese dient zwar eigentlich primär dem Schutz des Gegners,[584] allerdings spricht nichts dagegen, dass sie auch im Interesse des Rechtsträgers liegt, sofern die Voraussetzungen einer gewillkürten Prozessstandschaft vorliegen.[585]

(1) Prozessführungsermächtigung durch die Gesellschaft

Zunächst ist erforderlich, dass die verklagten Gesellschafter von der Gesellschaft zur Prozessführung im eigenen Namen über ein Recht der Gesellschaft ermächtigt worden sind. Unproblematisch ist jedenfalls eine ausdrückliche Ermächtigung, denn als Vertreter der Gesellschaft können die Gesellschafter sich selbst zur Prozessführung ermächtigen. Die Ermächtigung kann aber auch konkludent erteilt worden sein, was gegebenenfalls durch Auslegung zu ermitteln ist, wenn ein Gesellschafter ein Recht der Gesellschaft geltend macht.[586] Eine solche Ermächtigung ist insbesondere dann anzunehmen, wenn die Klage durch alle Gesellschafter erhoben wird.[587] Ausreichend kann aber auch sein, dass der oder die zur Vertretung der Gesellschaft berechtigten Gesellschafter die Ermächtigung gegenüber einem, mehreren oder allen Gesellschaftern aussprechen.

(2) Schutzwürdiges rechtliches Interesse

Die Prozessführung durch die Gesellschafter müsste im Interesse der Gesellschafter und der Gesellschaft liegen; zudem dürften keine schutzwürdigen Belange des Gesellschaftsgläubigers entgegenstehen.[588]

(a) Rechtliches Interesse der Gesellschafter

Nach ständiger Rechtsprechung des BGH[589] ist für eine gewillkürte Prozessstandschaft neben der Ermächtigung auch ein eigenes schutzwürdiges Interesse

582 *Roth*, in: Stein/Jonas, ZPO Kommentar, § 256 Rn. 34.
583 *Roth*, in: Stein/Jonas, ZPO Kommentar, § 256 Rn. 127 und *Althammer*, in: Stein/Jonas, ZPO Kommentar, § 325 Rn. 63.
584 *Althammer*, in: Stein/Jonas, ZPO Kommentar, § 325 Rn. 63.
585 Vgl. auch BGH vom 30.03.1953 – IV ZR 241/52, BeckRS 1953, 31375603.
586 BGH NJW-RR 2002, 1377 (1378).
587 So *Müther*, MDR 2002, 987 (990).
588 Vgl. *Althammer*, in: Zöller, ZPO Kommentar, Vor § 50 Rn. 40.
589 BGH NJW 2000, 738; BGH NJW 2012, 3032 (Rn. 15); BGH NJW 2017, 486 (Rn. 5).

des Ermächtigten erforderlich. Dieses sei gegeben, wenn die Entscheidung Einfluss auf die eigene Rechtslage des Ermächtigten hat, was auch durch ein wirtschaftliches Interesse begründet werden kann.[590] Lange Zeit wurde bislang im Einzelfall beurteilt, wann ein schutzwürdiges Interesse anzunehmen war, allerdings hat der BGH[591] dieses Erfordernis in jüngerer Zeit präzisiert: Danach müsse sich das Eigeninteresse des Ermächtigten auf das Recht beziehen, zu dessen Geltendmachung er ermächtigt worden ist, also auf die Verwirklichung des dem Ermächtigenden zustehenden Rechts. Daher genüge nicht irgendein wirtschaftliches Interesse, vielmehr müsse sich auch dieses aus der Beziehung zum fremden Recht ergeben.

Der Gesellschafter einer GbR hat wegen seiner akzessorischen Haftung (§§ 128 ff. HGB analog) ein rechtliches Interesse an der Feststellung über das Bestehen der Gesellschaftsverbindlichkeit. Hinzu kommt ein wirtschaftliches Interesse der Gesellschafter, da sie am Gesellschaftsvermögen partizipieren, was die Kehrseite zur persönlichen Mithaftung darstellt, sodass sich das wirtschaftliche Interesse aus der Beziehung zum fremden Recht – hier dem Bestehen der Gesellschaftsverbindlichkeit – ergibt. Für die Klage eines GmbH-Gesellschafters in gewillkürter Prozessstandschaft für die GmbH hat der BGH[592] ein schutzwürdiges wirtschaftliches Interesse anerkannt, jedenfalls wenn er aufgrund seiner hohen Beteiligung an der Einziehung der Forderungen nahezu ebenso interessiert ist wie die GmbH selbst. Ein derartiges wirtschaftliches Interesse dürfte auch bei Gesellschaftern einer Personengesellschaft anzunehmen sein, da die Prozessführung Einfluss auf ihren Gewinn- oder Auseinandersetzungsanspruch haben kann.[593] Selbst wenn der Gesellschaftsgläubiger nämlich mit seiner Klage gegen die Gesellschafter keinen Erfolg hat, könnte er – mangels Rechtskrafterstreckung zugunsten der Gesellschaft – noch erfolgreich gegen die Gesellschaft vorgehen und so das Gesellschaftsvermögen schmälern, was mittelbar wieder die Gesellschafter trifft. Nur wenn man also eine Rechtskrafterstreckung zugunsten der Gesellschaft bereits kraft Gesetzes bejaht, dürfte es an einem Rechtsschutzbedürfnis – und damit an einem rechtlich schutzwürdigen Interesse der Gesellschafter – für eine negative Zwischenfeststellungswiderklage in gewillkürter Prozessstandschaft fehlen. Andernfalls dürften keine Zweifel an einem rechtlich schutzwürdigen Interesse bestehen. Der BGH[594] scheint – jedenfalls

590 BGH NJW 2017, 486 (Rn. 5).
591 BGH NJW 2017, 486 (Rn. 10) m. Anm. *Gruber*.
592 BGH NJW-RR 1987, 57 (58).
593 So auch *Müther*, MDR 2002, 987 (990).
594 BGH NJW 1988, 1585 (1587); zuletzt bestätigt in BGH NJW 2016, 2492 (Rn. 19).

im Aktivprozess – auch keine Bedenken zu haben, denn er geht davon aus, dass es „im Regelfall nicht zweifelhaft sein" wird, „daß der zur Klage ermächtigte gesamtvertretungsberechtigte Gesellschafter das von der Rechtsprechung ständig geforderte eigene schutzwürdige Interesse an der klageweisen Verfolgung des Anspruchs oder der Forderung der Gesellschaft besitzt".

Im Ergebnis haben die Gesellschafter also ein schutzwürdiges Interesse an der Geltendmachung der negativen Zwischenfeststellungswiderklage über das Bestehen der Gesellschaftsverbindlichkeit in gewillkürter Prozessstandschaft für die Gesellschaft.

(b) Rechtliches Interesse der Gesellschaft

Ein schutzwürdiges Interesse des Rechtsträgers – hier also der Gesellschaft – wird in der Regel nicht selbstständig geprüft, sondern bei einem schutzwürdigen Interesse des Ermächtigten ebenfalls angenommen.[595] Tatsächlich sind keine Anhaltspunkte ersichtlich, die gegen ein rechtliches Interesse der Gesellschaft an der Prozessstandschaft sprechen, da diese gerade deshalb erfolgen soll, um eine rechtskräftige Entscheidung über das Bestehen der Gesellschaftsverbindlichkeit auch gegenüber der Gesellschaft zu erreichen.

(c) Fehlen schutzwürdiger Belange des Gesellschaftsgläubigers

Die Prozessstandschaft muss für den Gesellschaftsgläubiger zumutbar sein, es dürfen also keine schutzwürdigen Belange des Gläubigers entgegenstehen. Dies ist prozessrechtlich grundsätzlich bereits dadurch gewährleistet, dass das Feststellungsurteil bei Obsiegen des Gläubigers auch Rechtskraft gegenüber der Rechtsinhaberin wirkt, und dass ihm während des Verfahrens ihr gegenüber die Einrede der Rechtshängigkeit (§ 261 III Nr. 1 ZPO) zusteht.[596]

Auch im Übrigen sind entgegenstehende schutzwürdige Belange des Gesellschaftsgläubigers nicht ersichtlich. Zwar verliert er im Falle einer Niederlage im Feststellungsprozess seine Möglichkeit, später auch noch gegen die Gesellschaft als solche vorzugehen, das Interesse des Gläubigers, eine zweite Chance gegen die Gesellschaft als solche zu wahren, ist allerdings nicht schutzwürdig. Es wird lediglich früher Rechtsklarheit geschaffen, was zwar primär im Interesse der Gesellschafter liegen dürfte, dem Gläubiger aber ebenfalls zuzumuten ist.

Daher liegt auch dieses Erfordernis vor.

---

595 *Althammer*, in: Zöller, ZPO Kommentar, Vor § 50 Rn. 40.

596 Vgl. etwa BGH NJW 1988, 1585 (1586); *Althammer*, in: Zöller, ZPO Kommentar, Vor § 50 Rn. 51; *Müther*, MDR 2002, 987 (990).

(d) Zwischenergebnis

Die Prozessführung durch die Gesellschafter liegt im Interesse der Gesellschafter und der Gesellschaft, und es stehen auch keine schutzwürdigen Belange des Gesellschaftsgläubigers entgegen.

(3) Übertragbarkeit des geltend zu machenden Rechts

Die gewillkürte Prozessstandschaft setzt außerdem grundsätzlich die Übertragbarkeit des geltend zu machenden Rechts voraus. In der vorliegenden Konstellation will die Gesellschaft jedoch nicht, dass die Gesellschafter eine (abtretbare) Forderung einklagen; diese sollen lediglich das Recht der Gesellschaft, mittels negativer Feststellungsklage festzustellen, dass eine Gesellschaftsverbindlichkeit nicht besteht, ausüben. Es geht also nicht um eine Forderung, die die Gesellschaft abtreten könnte; dies könnte nur der Gesellschaftsgläubiger. Die Übertragbarkeit der Prozessführungsbefugnis im Rahmen einer gewillkürten Prozessstandschaft setzt aber nicht notwendig voraus, dass eine übertragbare Forderung vorliegt, vielmehr soll die Überlassungsfähigkeit der Rechtsausübung genügen.[597]

Gegen die Überlassungsfähigkeit der Rechtsausübung bestehen hier jedoch keine Bedenken: Es stellt kein Problem dar, wenn die Gesellschafter im eigenen Namen für die Gesellschaft Feststellung begehren, dass die Gesellschaftsverbindlichkeit nicht besteht. Davon geht offenbar auch der BGH[598] in einem Urteil vom 03.07.2002 aus: Dort wurden im Rahmen einer (positiven) Feststellungsklage eines BGB-Gesellschafters in gewillkürter Prozessstandschaft über das Bestehen eines Mietverhältnisses mit der Vermieter-GbR keine Bedenken bezüglich der Übertragbarkeit des geltend zu machenden Rechts geäußert; dann dürfte bei einer negativen (Zwischen-)Feststellungsklage nichts anderes gelten.

Demnach ist das geltend zu machende Recht auch übertragbar.

(4) Offenlegung der Prozessführungsermächtigung

Als letzte Voraussetzung einer wirksamen gewillkürten Prozessstandschaft ist noch die Offenlegung der Prozessführungsermächtigung zu nennen.[599] Eine Ausnahme wird dann gemacht, wenn für alle Beteiligten kein Zweifel besteht, dass der Rechtsstreit im Wege gewillkürter Prozessstandschaft geführt wird.

---

597 BGH NJW 2017, 486 (Rn. 7); *Althammer*, in: Zöller, ZPO Kommentar, Vor § 50 Rn. 42; *Lindacher/Hau*, in: MüKo-ZPO, Vor § 50 Rn. 77; *Weth*, in: Musielak/Voit, ZPO Kommentar, § 51 Rn. 30.

598 BGH NJW-RR 2002, 1377 (1378).

599 Vgl. nur BGH NJW 1988, 1585 (1587).

Diese Voraussetzung dient vor allem dem Schutz der Gegenpartei, damit diese Gelegenheit erhält, sich auf diese besondere Art des prozessualen Vorgehens einzustellen.

Diese scheinbar rein formelle Hürde ist für den Feststellungsprozess in der hier geschilderten Konstellation aber von entscheidender Bedeutung. Es wurde nämlich bereits erwähnt, dass sich der Kläger im Feststellungsprozess – neben einer Prozessführungsbefugnis im Rahmen einer gewillkürten Prozessstandschaft – auch auf ein eigenes rechtliches Interesse hinsichtlich des Bestehens eines Drittrechtsverhältnisses berufen kann.[600] Kann sich aber der Kläger auf ein solches eigenes rechtliches Interesse an der Klage im Feststellungsprozess berufen, dann klagt er nicht für fremde Rechnung wie ein Prozessstandschafter, sondern kraft eigenen Rechts und für eigene Rechnung.[601] Dann aber wirkt das Urteil – nach allgemeinen Grundsätzen – nur zwischen den Parteien des Prozesses; eine Rechtskrafterstreckung auf den Rechtsinhaber scheidet aus.[602] Um die Rechtswirkungen der gewillkürten Prozessstandschaft und damit insbesondere die Rechtskrafterstreckung gegenüber dem Rechtsträger zu erreichen, muss die Prozessführungsermächtigung im Rahmen der gewillkürten Prozessstandschaft nach außen hin erteilt sein und der Kläger muss auch aufgrund dieser erteilten Ermächtigung im Rechtsstreit auftreten.[603] Nur dann treten die Rechtswirkungen der gewillkürten Prozessstandschaft ein. Da der Rechtsträger im Falle der gewillkürten Prozessstandschaft nicht nur das ihm nachteilige Urteil gegen sich gelten lassen muss, sondern er sich auch auf ein ihm durch den Ermächtigten erwirktes günstiges Urteil gegenüber dem Prozessgegner der Feststellungsklage berufen kann, ist es für die gegnerische Partei wesentlich, dass sie den Umfang der Rechtskraftwirkung von Anfang an erkennen kann, um ihre Prozessführung danach auszurichten.[604]

Für die negative Zwischenfeststellungswiderklage der Gesellschafter über das Bestehen der Gesellschaftsverbindlichkeit bedeutet dies Folgendes: Die Gesellschafter könnten eine (Zwischen-)Feststellungsklage auch aufgrund eines eigenen rechtlichen Interesses bzw. wegen Vorgreiflichkeit der Gesellschaftsverbindlichkeit für die eigene Gesellschafterhaftung erheben, da das Rechtsverhältnis zwischen Gesellschaftsgläubiger und Gesellschaft wegen der §§ 128 f. HGB in ihren Rechtsbereich

600 Vgl. oben unter C.I. 12. d) bb), S. 152.
601 BGH vom 30.03.1953 – IV ZR 241/52, BeckRS 1953, 31375603.
602 BGH vom 30.03.1953 – IV ZR 241/52, BeckRS 1953, 31375603.
603 BGH vom 30.03.1953 – IV ZR 241/52, BeckRS 1953, 31375603.
604 BGH vom 30.03.1953 – IV ZR 241/52, BeckRS 1953, 31375603.

hineinreicht. Um Abgrenzungsschwierigkeiten zu vermeiden, ist es für die Gesellschafter notwendig, dass sie sich grundsätzlich ausdrücklich auf die Prozessführungsermächtigung und die gewillkürte Prozessstandschaft berufen, wenn sie eine Rechtskrafterstreckung gegenüber der Gesellschaft herbeiführen wollen.

(5) Ergebnis

Wenn die Gesellschafter bereits im Gesellschafterprozess, also bevor der Gläubiger Klage gegen die Gesellschaft als solche erhoben hat, eine rechtskräftige Entscheidung auch mit Wirkung für die Gesellschaft herbeiführen wollen, dann können sie eine negative Zwischenfeststellungswiderklage in gewillkürter Prozessstandschaft erheben. Da sie allerdings nur ein Interesse daran haben, die Rechtskraftwirkung ausschließlich zugunsten der Gesellschaft herbeizuführen, sollten sie den Feststellungsantrag nur hilfsweise – zum Klageabweisungsantrag – für den Fall der Klageabweisung (mangels Bestehen der Gesellschaftsverbindlichkeit) stellen. Ein solches Vorgehen ist zulässig, weil es sich um eine innerprozessuale Bedingung handelt[605] und ist im Übrigen bereits deshalb ratsam, um kein unnötiges Prozesskostenrisiko einzugehen.

Voraussetzung für eine negative Zwischenfeststellungswiderklage in gewillkürter Prozessstandschaft ist zunächst, dass die Gesellschafter zur Prozessführung ermächtigt werden, was zwar insbesondere bereits dann anzunehmen ist, wenn die Klage durch alle Gesellschafter erhoben wird; für eine Rechtskrafterstreckung ist aber erforderlich, dass sich die Gesellschafter grundsätzlich auch ausdrücklich auf die Prozessführungsermächtigung und die gewillkürte Prozessstandschaft berufen. Im Übrigen haben die Gesellschafter auch ein schützenswertes rechtliches Interesse an der Prozessstandschaft, da sie akzessorisch für die Gesellschaftsschulden haften und zudem wirtschaftlich am Gesellschaftsvermögen partizipieren; schützenswerte Belange des Gläubigers stehen dem nicht entgegen.

13. Zusammenfassung

Die Ausführungen unter C. haben gezeigt, dass entgegen der Auffassung des BGH die Fortgeltung des § 736 ZPO nach Anerkennung der Rechts- und Parteifähigkeit der Außen-GbR in bestimmten Fällen zu einer Rechtskrafterstreckung führt. Dies gilt bei erfolgreicher Klage gegen sämtliche Gesellschafter

---

605 Vgl. allgemein zur Zulässigkeit von Hilfs- bzw. Eventualwiderklagen *Schultzky*, in: Zöller, ZPO Kommentar, § 33 Rn. 33.

einer GbR sowie bei Klageabweisung mangels Bestehen der Gesellschaftsverbindlichkeit nach Inanspruchnahme sämtlicher Gesellschafter. Lehnt man eine solche Rechtskraftwirkung des § 736 ZPO ab, haben die Gesellschafter aber zumindest ein rechtlich schutzwürdiges Interesse daran, eine entsprechende Rechtskraftwirkung zugunsten der Gesellschaft durch Erhebung einer negativen Zwischenfeststellungswiderklage in gewillkürter Prozessstandschaft für die Gesellschaft herbeizuführen. Die Interessen des Gesellschaftsgläubigers werden dadurch nicht unzumutbar beeinträchtigt. Eine solche Lösung würde die Entscheidung über den Umfang der Rechtskraftwirkungen im Gesellschafterprozess in die Hände der Parteien legen, was angesichts der Dispositions- und Verhandlungsmaxime im Zivilprozess vertretbar erscheint. Der Nutzen der Zwischenfeststellungsklage würde um eine weitere Funktion erweitert werden. Denn letztendlich würde die negative Zwischenfeststellungswiderklage in gewillkürter Prozessstandschaft dazu führen, dass die GbR und ihre Gesellschafter eine Rechtsschutzlücke zu ihren Lasten – die eine Fortgeltung des § 736 ZPO ohne Anerkennung einer Rechtskrafterstreckungsfunktion mit sich bringen würde – schließen, indem sie dem Gläubiger die Möglichkeit nehmen, nach erfolgloser Klage gegen die Gesellschafter auch noch die Gesellschaft zu verklagen.

II. Rechtslage bei der OHG

Nachdem nun festgestellt worden ist, unter welchen Voraussetzungen eine Klage gegen die Gesellschafter einer GbR hinsichtlich des Bestehens der Gesellschaftsverbindlichkeit für und gegen die Gesellschaft wirkt, stellt sich die Frage, wie die Rechtslage bei der OHG ist. Die Rechtskrafterstreckungsnorm § 736 ZPO hilft bei einer Klage gegen die Gesellschafter einer OHG nicht weiter, denn für die OHG gilt § 124 II HGB. Ohnehin erscheint eine „gegen-akzessorische Strategie“[606] bei Beteiligung einer OHG mangels Anwendung des § 736 ZPO nicht besonders attraktiv für den Gesellschaftsgläubiger zu sein, da wegen § 124 II HGB ein Titel gegen die Gesellschafter nicht zur Vollstreckung ins Gesellschaftsvermögen berechtigt.[607] Vielmehr erscheint umgekehrt eine „akzessorische Strategie“ wegen § 129 I HGB ratsam zu sein, da bei erfolgreicher Klage gegen die Gesellschaft auch gegenüber den Gesellschaftern das Bestehen der Gesellschaftsverbindlichkeit feststeht. Wenn der Gesellschaftsgläubiger jedoch an seiner zweiten Klagechance festhalten möchte, kommt auch gegenüber OHG-Gesellschaftern

606 Vgl. näher dazu oben unter C. 12., S. 147 ff.
607 Vgl. *Stangl*, NZG 2016, 568 (569 f.).

eine „gegen-akzessorische Strategie" in Betracht – auch wenn er mit einem Titel gegen die Gesellschafter nur in deren Privatvermögen und nicht zugleich ins Gesellschaftsvermögen vollstrecken könnte. Daher stellt sich auch bei Beteiligung einer OHG bzw. ihrer Gesellschafter auf der Passivseite die Frage, ob eine Rechtskrafterstreckung auf die Gesellschaft nach vorheriger Klage gegen die Gesellschafter möglich ist. Für die Anerkennung einer wechselseitigen Rechtskrafterstreckung auch bei OHG-Beteiligung könnte die Überlegung sprechen, dass der Gesellschaftsgläubiger wegen § 129 I HGB nur eine einfache Gewinnchance hinsichtlich der Feststellung der Gesellschaftsschuld hätte, wenn er zuerst gegen die Gesellschaft vorgehen würde; zu klären bleibt also, ob dies anders sein soll, wenn er zuerst nur gegen die Gesellschafter vorgeht.

Erforderlich ist wieder, dass zumindest nach dem Sinn einer Gesetzesvorschrift die Rechtskrafterstreckung geboten ist.[608] Der BGH[609] ist zwar der Ansicht, dass § 129 I HGB nicht entnommen werden könne, dass ein Urteil eines Gesellschaftsgläubigers gegen die Gesellschafter über deren persönliche Haftung hinsichtlich einer Gesellschaftsverbindlichkeit auch gegenüber der Gesellschaft Wirkung entfaltet. Eine tiefer gehende Analyse des BGH bleibt jedoch aus, denn er beschränkt sich auf die Behauptung, dass § 129 I HGB Ausdruck und Folge der akzessorischen Gesellschafterhaftung sei, weshalb die Vorschrift nach vorheriger Klage gegen die Gesellschafter keine Anwendung gegenüber der Gesellschaft finden soll, weil diese nicht für die Schuld der Gesellschafter akzessorisch hafte. Es wurde jedoch bereits festgestellt, dass nicht die Akzessorietät der Gesellschafterhaftung der Geltungsgrund für die in § 129 I HGB angeordnete Rechtskrafterstreckung ist, sondern die prozessuale Repräsentation der Gesellschafterinteressen durch die Gesellschaft.[610] Unter diesem Gesichtspunkt kommt nun eine Analogie zu § 129 I HGB im Sinne einer reziproken Anwendung in Betracht, um dieselbe Rechtskraftwirkung auch im umgekehrten Fall zu erzielen. Ob eine solche reziproke Anwendung möglich und geboten ist, soll nachfolgend geklärt werden.

1. Umfang der objektiven Rechtskraft

Zunächst stellt sich – wie bei der GbR – die Frage, ob die Feststellung der Gesellschaftsverbindlichkeit im Prozess gegen die Gesellschafter überhaupt zum Gegenstand der Rechtskraft gehört. Die Ausführungen zur GbR[611] können

608 BGH NJW 2011, 2048 (Rn. 8).
609 Vgl. – für die GbR – BGH NJW 2011, 2048 (Rn. 8 f.)
610 Vgl. oben unter B. I. 1. a) ee) (3) (c) und (d), S. 48 ff.
611 Vgl. oben unter C. I. 11. a) cc), S. 122 ff.

dabei nicht ohne Weiteres auch auf die OHG übertragen werden. Maßgeblicher Gesichtspunkt bei der GbR für die Annahme einer telelogischen Extension des § 322 I ZPO, also eine Erstreckung der objektiven Rechtskraft auch auf die Vorfrage über das Bestehen der Gesellschaftsverbindlichkeit, war, dass andernfalls ein Wertungswiderspruch mit dem fortgeltenden § 736 ZPO droht. Ein solcher Wertungswiderspruch droht bei der OHG nicht, da die §§ 124 II, 129 IV HGB klar regeln, dass für die Zwangsvollstreckung in die jeweiligen Vermögensmassen auch separate Titel nötig sind – ein Titel gegen die Gesellschaft zur Vollstreckung ins Gesellschaftsvermögen sowie ein Titel gegen die Gesellschafter zur Vollstreckung in deren Privatvermögen. Dadurch erscheint die Rechtfertigung einer objektiven Rechtskrafterstreckung bei der Klage gegen die OHG-Gesellschafter schwieriger. Nur wenn man sich hilfsweise mit der Argumentation zufriedengibt, dass bei einer Klage gegen sämtliche OHG-Gesellschafter *de facto* auch eine Feststellung über die Gesellschaftsverbindlichkeit erfolgt, wenn der Klage stattgegeben wird oder sie mangels Bestehen der Gesellschaftsverbindlichkeit abgewiesen wird, kann man davon ausgehen, dass im Gesellschafterprozess auch eine rechtskräftige Feststellung über das Bestehen der Gesellschaftsschuld getroffen wird. Unter dieser Prämisse soll daher nachfolgend erörtert werden, ob die Voraussetzungen für eine reziproke Anwendung des § 129 I HGB im Übrigen vorliegen.

2. § 129 I HGB reziprok?

Fraglich ist, ob eine vergleichbare Interessenlage und eine planwidrige Regelungslücke vorliegen, um eine reziproke Anwendung des § 129 I HGB zu rechtfertigen. Die Norm wäre dann so zu verstehen, dass auch ein gegen die Gesellschafter ergangenes rechtskräftiges Urteil die Wirkung hat, dass die Gesellschaftsschuld als solche auch der Gesellschaft gegenüber festgestellt ist. Eine entsprechende Rechtskrafterstreckung würde es dann – aus Gründen der prozessualen Chancengleichheit – aber auch geben, wenn festgestellt worden ist, dass die Gesellschaftsschuld nicht besteht, sofern die Klageabweisung mangels Bestehen der Gesellschaftsverbindlichkeit erfolgte.

a) Vergleichbare Interessenlage

Für die Frage, ob die Interessenlage zwischen der direkten Anwendung des § 129 I HGB (Rechtskrafterstreckung gegenüber den Gesellschaftern nach Klage gegen die Gesellschaft) und der reziproken (Rechtskrafterstreckung gegenüber der Gesellschaft nach Klage gegen die Gesellschafter) vergleichbar ist, kommt es einmal mehr auf den Geltungsgrund dieser Rechtskrafterstreckung an. Dieser liegt in der prozessualen Repräsentation der Gesellschafterinteressen durch die Gesellschaft.[612] Es ist also danach zu fragen, ob im spiegelverkehrten Fall die Interessen der Gesellschaft durch die Gesellschafter prozessual repräsentiert werden. Dies kann unproblematisch angenommen werden, wenn – wie bei der Anwendung des § 736 ZPO bei der GbR[613] – ein Urteil gegen die Gesellschaftergemeinschaft ergangen ist, denn da die Interessen der Gesellschaft und der Gesellschafter grundsätzlich gleichgerichtet sind, werden die Interessen der Gesellschaft im Prozess gegen alle Gesellschafter ebenfalls repräsentiert.[614] Wenn im Prozess gegen die Gesellschaft die prozessuale Repräsentation durch die oder einen vertretungsberechtigten Gesellschafter erfolgt, dürfte zudem nichts anderes gelten, wenn ein Gläubiger zwar nicht alle Gesellschafter verklagt hat, zumindest aber den- oder diejenigen, die auch zur Vertretung der Gesellschaft berechtigt sind, denn faktisch würde das einem Prozess gegen die Gesellschaft entsprechen.[615]

Im Ergebnis kann daher eine vergleichbare Interessenlage bejaht werden.

b) Planwidrige Regelungslücke

Problematisch ist hingegen, ob eine planwidrige Regelungslücke besteht. Eine Lücke kann womöglich darin erblickt werden, dass der Gesellschaftsgläubiger, selbst wenn er im Vorprozess sämtliche Gesellschafter gemeinsam in Anspruch genommen und verloren hat, noch einmal gegen die Gesellschaft als solche vorgehen kann, also eine zweite Chance bekommt, was aus prozessökonomischen Erwägungen und angesichts des Zwecks der Rechtskraft, im Interesse der Parteien und im öffentlichen Interesse für Rechtsfrieden und Rechtsgewissheit zu sorgen, ungerechtfertigt erscheint.[616] Aber selbst wenn man darin eine Regelungslücke erblickt, so stellt sich immer noch die Frage nach der Planwidrigkeit dieser Lücke. Etwaige Äußerungen, die darauf hindeuten könnten, dass diese Konstellation bedacht wurde, sind in den Gesetzgebungsmaterialien nicht ersichtlich. Aus einem Schweigen des Gesetzes und des Gesetzgebers allein kann jedoch noch keine planwidrige Lücke entnommen werden.[617] Nun ist fraglich, ob der Gesetzgeber dies hingenommen

612 Vgl. oben unter B. I. 1. a) ee) (3) (c) und (d), S. 48 ff.

613 Vgl. oben unter C. I. 11. b) bb), S. 136 ff.

614 So – für die GbR – auch *Weller*, ZZP 2011 (124. Band), 491 (498).

615 Insoweit würde sich die Rechtslage zur GbR unterscheiden, denn da setzt § 736 ZPO das Erfordernis, dass ein Urteil gegen *alle Gesellschafter* vorliegt, vgl. dazu oben unter C. I. 11. b) bb) (1) (b), S. 137 ff.

616 Vgl. – für die GbR – OLG Hamm vom 14.09.2009 – 22 U 43/09, BeckRS 2009, 26873; *Weller*, ZZP 2011 (124. Band), 491 (503).

617 Vgl. *Larenz/Canaris*, Methodenlehre, S. 191.

und nicht erwähnungsbedürftig fand oder ob er es schlicht nicht bedacht hat, dass die Gläubiger einer Gesellschaft unter Umständen zuerst gar nicht gegen diese vorgehen – auch nicht kumulativ neben den Gesellschaftern –, sondern zunächst nur gegen die Gesellschafter, und dass ggf. bereits in diesem Prozess eine etwaige rechtskräftige Feststellung über das Bestehen der Gesellschaftsverbindlichkeit erfolgt. Es liegt jedoch nahe, dass dem Gesetzgeber diese Konstellation nicht entgangen ist. Zum einen wegen § 128 HGB, wonach es den Gläubigern der Gesellschaft eben ermöglicht wird, (nur) gegen die Gesellschafter vorzugehen. Zum anderen wegen der Absicht und des Bewusstseins des Gesetzgebers, das Verhältnis der Haftung der Gesellschafter zu der Haftung der Gesellschaft zu klären:[618] Um die rechtliche Selbstständigkeit der Gesellschaft anzuerkennen, wurde der heutige § 129 HGB geschaffen, der aber eben nur einseitig – und nicht gegenseitig – Einwendungsausschlüsse und Rechtskraftwirkungen regelt.

Bleibt die Planwidrigkeit der Lücke offen, stellt sich die Frage, ob sich womöglich aufgrund eines unabweisbaren Bedürfnisses für den Rechtsverkehr oder aus der Natur der Sache dennoch die Notwendigkeit für eine reziproke Anwendung des § 129 I HGB ergibt.[619] Aus der Natur der Sache kann sich etwa das Erfordernis für eine Rechtsfortbildung ergeben, um dem Gebot, Gleiches gleich und Ungleiches ungleich zu behandeln, gerecht zu werden.[620] Nun ließe sich argumentieren, dass es *de facto* keinen Unterschied machen kann, ob ein Gesellschaftsgläubiger zuerst gegen die Gesellschaft als solche aufgrund einer Gesellschaftsverbindlichkeit vorgehen will oder zuerst gegen die Gesellschafter – unter Umständen sogar gegen alle –, die ebenjene Gesellschaft vertreten. Im ersten Fall ist § 129 I HGB – samt Rechtskraftwirkung – einschlägig, im zweiten Fall nicht. Aus prozesstaktischen Erwägungen könnte es dann für den Gläubiger reizvoll sein, zunächst nur gegen die Gesellschafter vorzugehen, um sich, im Falle einer Niederlage vor Gericht, die zweite Chance gegen die Gesellschaft zu bewahren. Auch wenn dies aus prozessökonomischer Sicht unbefriedigend wirkt,[621] lässt sich daraus aber noch kein unabweisbares Bedürfnis für den Rechtsverkehr, was eine reziproke Anwendung des § 129 I HGB angeht, herleiten. Vielmehr hat die so vom Gesetzgeber getroffene Entscheidung lediglich zur Folge, dass der Gesellschaftsgläubiger seine prozesstaktischen Überlegungen entsprechend an die geltende Rechtslage anpassen

---

618 Vgl. *Hahn/Mugdan*, Materialien zum HGB, S. 267.

619 Zu den Voraussetzungen und Grenzen der gesetzesübersteigenden Rechtsfortbildung vgl. *Larenz/Canaris*, Methodenlehre, S. 245 ff.

620 Vgl. *Larenz/Canaris*, Methodenlehre, S. 237.

621 So – für die GbR – auch *Weller*, ZZP 2011 (124. Band), 491 (503).

muss. Eine – prozessökonomisch unbefriedigende – „gegen-akzessorische“ Strategie des Gesellschaftsgläubigers erhält zwar seine zweite Klagechance gegen die Gesellschaft. Eine solche Strategie muss unter Umständen aber teuer erkauft werden: Selbst wenn der Gläubiger im Gesellschafterprozess erfolgreich ist, müsste er die Gesellschaft in einem zweiten Prozess verklagen, um in deren Vermögen vollstrecken zu können[622] – dabei wäre mangels Rechtskrafterstreckung nicht sicher, ob auch diese Klage erfolgreich sein wird. Hinzu kommt ein erhöhtes Prozesskostenrisiko, wenn ein zweiter, separater Prozess geführt werden muss, nachdem der erste Prozess verloren wurde. Ohne eine dem § 736 ZPO entsprechende Regelung stellt die „gegen-akzessorische“ Strategie gegenüber OHG-Gesellschaftern daher prozesstaktisch keine besonders attraktive Option dar. Vielmehr scheint die „akzessorische Strategie“ wegen § 129 I HGB günstiger zu sein.

Demnach bleibt es dabei, dass der Gesetzgeber sich wohl bewusst dafür entschieden hat, die Wirkungen des § 129 I HGB nur in eine Richtung – und nicht wechselseitig – anzuerkennen.

Eine planwidrige Regelungslücke liegt im Ergebnis also nicht vor.

c) Ergebnis

Trotz vergleichbarer Interessenlage und guten Argumenten aus prozessökonomischer Sicht kommt eine reziproke Anwendung des § 129 I HGB mangels planwidriger Regelungslücke nicht in Betracht. Es ist anzunehmen, dass der Gesetzgeber sich bewusst dazu entschieden hat, eine Rechtskrafterstreckung nur in eine Richtung – der Gesellschaftsprozess bindet die Gesellschafter – anzuerkennen.

3. Kontermöglichkeiten der Gesellschafter/Gesellschaft

Auch wenn die „gegen-akzessorische“ Strategie gegen die OHG und ihre Gesellschafter mangels Anwendung des § 736 ZPO weniger attraktiv ist als bei der GbR, mag ein Gesellschaftsgläubiger sich einmal für eine solche Strategie entscheiden. Dann haben die OHG-Gesellschafter aber grundsätzlich ebenso wie die BGB-Gesellschafter ein Interesse daran, eine Rechtskrafterstreckung zugunsten der OHG durch Erhebung einer negativen Zwischenfeststellungswiderklage in gewillkürter Prozessstandschaft herbeizuführen.[623]

---

622 Vgl. auch *Stangl*, NZG 2016, 568 (569).

623 Vgl. zur GbR oben unter C. I. 12. d) bb), S. 152 ff.

4. Zusammenfassung

Im Gegensatz zur Rechtslage bei der GbR kann ein Urteil gegen die Gesellschafter einer OHG nicht ohne Weiteres auch gegenüber der Gesellschaft Rechtskraftwirkung entfalten. Mangels Anwendbarkeit des § 736 ZPO im Recht der OHG käme eine Rechtskrafterstreckung allenfalls durch eine reziproke Anwendung des § 129 I HGB in Betracht, allerdings fehlt es an der hierfür notwendigen planwidrigen Regelungslücke. Wenn die Gesellschafter jedoch daran interessiert sind, dass über das Bestehen der Gesellschaftsverbindlichkeit bereits im Gesellschafterprozess mit Wirkung für die Gesellschaft entschieden wird, können sie unter bestimmten Voraussetzungen eine negative Zwischenfeststellungswiderklage in gewillkürter Prozessstandschaft erheben, um eine Rechtskrafterstreckung zugunsten der OHG herbeizuführen.

III. Rechtslage bei der KG

Im Prinzip lässt sich die Rechtslage bei der OHG[624] entsprechend auf die KG übertragen. Freilich ist aber zu berücksichtigen, dass ein Kommanditist, der etwa alleine in Anspruch genommen wird, mangels Vertretungsbefugnissen nicht so ohne Weiteres als Prozessstandschafter der KG auftreten kann. Er müsste ausdrücklich von den Komplementären dazu ermächtigt werden, was jedoch ungewöhnlich sein dürfte, wenn der Kommanditist – wie so oft – lediglich als Geldgeber fungiert. Da er am Gesellschaftsvermögen partizipiert, hätte er aber jedenfalls ein eigenes, schutzwürdiges Interesse an der Prozessführung. Theoretisch kann also jeder Gesellschafter der KG – eben auch ein Kommanditist – im Rahmen einer negativen Zwischenfeststellungswiderklage als gewillkürter Prozessstandschafter für die KG auftreten.

---

624 Vgl. oben unter C. II., S. 159 ff.

D. Schluss

Zum Abschluss sollen zunächst die wesentlichen Thesen noch einmal zusammengefasst werden, bevor ein Fazit gezogen und ein Ausblick in die nähere Zukunft gegeben wird.

I. Zusammenfassung der Thesen

1) Der abstrakt-generelle Geltungsgrund der in § 129 I HGB angeordneten Rechtskrafterstreckung liegt weder in der akzessorischen Haftung der Gesellschafter für Gesellschaftsverbindlichkeiten noch in den Einflussmöglichkeiten der Gesellschafter im Gesellschaftsprozess; vielmehr ist die Rechtskrafterstreckung deshalb gerechtfertigt, weil die Interessen der Gesellschafter im Gesellschaftsprozess vom vertretungsberechtigten Organ repräsentiert werden. Eine teleologische Reduktion des § 129 I HGB im Falle fehlender Einflussmöglichkeiten des Gesellschafters kommt damit nicht in Betracht. Dies gilt nicht nur für OHG-Gesellschafter bzw. Komplementäre einer KG, sondern ohne weitere Einschränkungen auch für Kommanditisten und BGB-Gesellschafter.
2) Bei unredlicher Prozessführung der Gesellschaft kommt eine Einschränkung der Rechtskraftwirkung des § 129 I HGB in Betracht. Voraussetzung ist, dass der Gesellschaftsgläubiger wusste, dass das vertretungsberechtigte Organ der Gesellschaft bestimmte Einwendungen bewusst nicht erhoben hat – er also ein objektiv unrichtiges Urteil bei Bösgläubigkeit des Repräsentanten ausnutzt. Dies gilt erst recht auch für den Fall, dass der Gesellschaftsgläubiger in kollusivem Zusammenwirken mit dem vertretungsberechtigten Organ der Gesellschaft ein fehlerhaftes Urteil – gezielt zum Nachteil eines oder mehrerer von der Vertretung ausgeschlossener Gesellschafter – erschlichen hat. In diesen Fällen ist sein Vertrauen auf eine Rechtskrafterstreckung nach § 129 I HGB nicht schutzwürdig, vielmehr ist dann eine Rechtskraftdurchbrechung nach § 826 BGB geboten.
3) Tritt ein Gesellschafter – dies gilt unterschiedslos für alle Gesellschafter – einer Gesellschaft erst nach rechtskräftig ergangenem Urteil gegen diese bei, so entfaltet das Urteil nach § 129 I HGB i.V.m. § 130 HGB auch ihm gegenüber Rechtskraftwirkung. Zwar wurden die Interessen des neue ingetretenen Gesellschafters im Gesellschaftsprozess nicht prozessual repräsentiert, jedoch

lässt sich die Rechtskrafterstreckung mit den Erkundigungsmöglichkeiten des Gesellschafters vor dem Beitritt rechtfertigen.

4) Scheidet ein Gesellschafter vor Anhängigkeit der Klage des Gesellschaftsgläubigers gegen die Gesellschaft aus dieser aus, entfällt die Rechtskrafterstreckung mangels prozessualer Repräsentation der Gesellschafterinteressen im Gesellschaftsprozess. In diesem Fall ist eine teleologische Reduktion des § 129 I HGB geboten. Dies gilt grundsätzlich unterschiedslos für alle Gesellschafter. Für die GbR ist aber zu berücksichtigen, dass für den Gesellschaftsgläubiger mangels Registerpublizität die Möglichkeit, festzustellen, wer zu welchem Zeitpunkt Gesellschafter war, eingeschränkt ist. Zum Schutz des Gläubigers bietet sich eine Umkehr der Darlegungslast an: Der Gesellschafter muss substantiiert darlegen, dass er im Zeitpunkt der Anhängigkeit der Klage gegen die Gesellschaft bereits aus dieser ausgeschieden war.
5) Im Prozess gegen sämtliche Gesellschafter einer GbR erwächst bei erfolgreicher Klage des Gesellschaftsgläubigers oder bei einer Klageabweisung, wenn diese aufgrund von Einwendungen der Gesellschaft erfolgt ist, nicht nur die Schlussfrage – ob die Gesellschafter akzessorisch haften oder nicht – in Rechtskraft, sondern auch die Feststellung über das Bestehen bzw. Nichtbestehen der Gesellschaftsverbindlichkeit. In diesen Fällen ist – auch als Konsequenz der Weitergeltung des § 736 ZPO nach Anerkennung der Rechts- und Parteifähigkeit einer Außen-GbR – eine teleologische Extension des § 322 I ZPO geboten.
6) Wenn man die Rechts- und Parteifähigkeit der Außen-GbR anerkennt, erscheint eine Fortgeltung des § 736 ZPO zwar problematisch, sie ist allerdings ohne Eingriff des Gesetzgebers weiterhin geboten, um den Gläubiger einer GbR nicht in unzumutbarer Weise zu benachteiligen. Eine analoge Anwendung des § 124 II HGB anstelle einer Fortgeltung des § 736 ZPO wäre eine unzulässige Rechtsfortbildung.
7) Nach Anerkennung der Rechts- und Parteifähigkeit der Außen-GbR und Weitergeltung des § 736 ZPO ermöglicht diese Vorschrift hinsichtlich des Bestehens der Gesellschaftsverbindlichkeit eine Rechtskrafterstreckung zulasten der Gesellschaft, die durch eine prozessuale Repräsentation der Interessen der Gesellschaft durch die Gesellschafter gerechtfertigt ist. Erforderlich ist nunmehr jedoch – entgegen der bisher herrschenden Meinung –, dass *ein* ergangenes Urteil gegen alle Gesellschafter, die im Zeitpunkt der Anhängigkeit der Klage Mitglieder der GbR waren, vorliegt. Auch diese Feststellung gehört dann zum Umfang der objektiven Rechtskraft. Aufgrund des Grundsatzes der prozessualen Chancengleichheit muss aber auch eine Rechtskrafterstreckung zugunsten der Gesellschaft in Betracht

kommen; jedenfalls dann, wenn die Klage gegen sämtliche Gesellschafter einheitlich abgewiesen wird und die Klageabweisung mangels Bestehen der Gesellschaftsverbindlichkeit erfolgte.

8) Bei einer Klage gegen die Gesellschafter einer Personenhandelsgesellschaft kommt eine Rechtskrafterstreckung hinsichtlich des Bestehens der Gesellschaftsverbindlichkeit auf die Gesellschaft mangels Anwendbarkeit des § 736 ZPO – für die Personenhandelsgesellschaften gilt § 124 II HGB – grundsätzlich nicht in Betracht. Eine solche Rechtskrafterstreckung ließe sich allenfalls durch eine reziproke Anwendung des § 129 I HGB rechtfertigen, jedoch scheidet eine solche Analogie – trotz vergleichbarer Interessenlage und guten Argumenten aus prozessökonomischer Sicht – mangels planwidriger Regelungslücke aus.
9) Wenn die Gesellschafter – unter der Prämisse, dass eine Rechtskrafterstreckung auf die Gesellschaft nach vorheriger Klage gegen die Gesellschafter abgelehnt wird – daran interessiert sind, dass über das Bestehen der Gesellschaftsverbindlichkeit bereits im Gesellschafterprozess mit Wirkung für die Gesellschaft entschieden wird, können sie sich mit der Erhebung einer negativen Zwischenfeststellungswiderklage in gewillkürter Prozessstandschaft für die Gesellschaft helfen, um eine Rechtskrafterstreckung auf diese Weise herbeizuführen.

II. Fazit/Ausblick

Die Untersuchung hat gezeigt, dass im Verhältnis der Gesellschaft zu ihren Gesellschaftern und umgekehrt grundsätzlich die prozessuale Repräsentation der jeweils nicht am Erstprozess beteiligten Partei maßgeblich für eine Rechtskrafterstreckung hinsichtlich der Feststellung über das Bestehen der Gesellschaftsverbindlichkeit ist. Nach Anerkennung der Rechts- und Parteifähigkeit der GbR ist für diese auch im Hinblick auf Fragen zur Haftung der Gesellschafter sowie zur Rechtskrafterstreckung im Verhältnis der Gesellschaft zu ihren Gesellschaftern und umgekehrt das Recht der Personenhandelsgesellschaften weitgehend maßgeblich. Für einen gravierenden Unterschied zwischen der GbR und den Personenhandelsgesellschaften sorgt allerdings die Fortgeltung des § 736 ZPO. Es wurde gezeigt, dass die Fortgeltung teils ungewollte und unvorhergesehene prozessuale Folgen mit sich bringt, wie etwa auch die hier befürwortete Funktion als Rechtskrafterstreckungsnorm, dass diese Funktion aber ohne Eingriff des Gesetzgebers aus verfassungsrechtlicher Sicht geboten ist. Insoweit könnte künftig jedoch auch der sog. Mauracher Entwurf für ein Gesetz zur Modernisierung des Personengesellschaftsrechts (MoPeG) vom

20.04.2020,[625] der auf 211 Seiten Änderungen an 39 Gesetzen vorsieht und als Diskussionsgrundlage für Gespräche mit den Ländern und Verbänden sowie der Fachöffentlichkeit dienen soll, teilweise für Abhilfe schaffen.[626] Der Entwurf ist unter anderem auch die Reaktion auf den Systemwechsel im GbR-Recht, den der BGH[627] durch sein Grundsatzurteil zur Rechts-und Parteifähigkeit der Außen-GbR im Jahr 2001 einleitete. Ein wesentlicher Gesichtspunkt des Entwurfs ist die Einführung eines Gesellschaftsregisters ähnlich dem Handelsregister für BGB-Gesellschaften (§§ 707 ff. BGB-E). Die Eintragung soll im Gegensatz zur Regelung bei den Personenhandelsgesellschaften jedoch grundsätzlich freiwillig sein. Folglich wird die Rechtsfähigkeit der GbR auch nicht an die Registrierung geknüpft. Begründet wird diese Entscheidung im Wesentlichen damit, dass eine Eintragungspflicht den vielfältigen Erscheinungsformen der GbR nicht gerecht werde.[628] Die Gesellschafter sollen selber entscheiden können, ob sie sich etwaige Vorteile der Registerpublizität zunutze machen wollen. Eine eingetragene GbR (kurz „eGbR") kann im Rechtsverkehr auch als solche mit diesem Namenszusatz auftreten (§ 707a III BGB-E[629]). Für gewisse Rechtsgeschäfte soll die Eintragung aber doch zwingende Voraussetzung sein, so etwa für den Erwerb von Grundstücksrechten (§ 47 II GBO-E). Ferner sollen den §§ 128-130 HGB inhaltlich entsprechende Regelungen für die GbR im BGB normiert werden (§§ 721 ff. BGB-E). Dem Ansatz folgend, dass die GbR die Grundform aller Gesellschaftsformen ist, soll der Normenkomplex auf die OHG und die KG über die allgemeinen Verweisungsnormen anwendbar bleiben. Schließlich ist für die hiesige Untersuchung bedeutsam, dass § 736 ZPO neu gefasst werden soll durch den §§ 124 II, 129 IV HGB entsprechende Regelungen (§ 736 I, II ZPO-E[630]).

---

625 Abrufbar auf der Internetseite des Bundesministeriums für Justiz und für Verbraucherschutz unter: https://www.bmjv.de/SharedDocs/Downloads/DE/News/PM/Modernisierung_PersonengesellschaftsR.html.

626 In der Zwischenzeit – nach Einreichung der Dissertation zur Entscheidung über die Annahme – wurden auf Basis des Mauracher Entwurfs ein Referentenentwurf vom 19.11.2020 sowie ein Regierungsentwurf vom 20.01.2021 auf der Internetseite des Bundesministeriums für Justiz und für Verbraucherschutz veröffentlicht, abrufbar unter: https://www.bmjv.de/SharedDocs/Gesetzgebungsverfahren/DE/Personengesellschaftsrecht.html.

627 BGH NJW 2001, 1056.

628 Vgl. nunmehr den Gesetzesentwurf der Bundesregierung – MoPeG, S. 144 f.

629 § 707a II BGB-E nach dem Regierungsentwurf.

630 Abweichend zum Mauracher Entwurf sieht der Regierungsentwurf eine Übernahme dieser Vorschriften in das BGB (§ 722 I, II BGB-E) vor; § 736 ZPO soll jedoch nicht gestrichen werden, sondern Vollstreckungserleichterungen bei Bestehen älterer Titel

Die neue Regelung soll dann für alle Personengesellschaften gleichermaßen gelten. Als maßgebliches Argument für die Streichung des geltenden § 736 ZPO wird angeführt, dass im formalisierten Zwangsvollstreckungsverfahren nicht der materielle Schuldgrund des Vollstreckungstitels geprüft werden könne.[631] Im Übrigen sei es dem Gläubiger zumutbar, sich einen separaten Titel gegen die Gesellschaft zu beschaffen, um ins Gesellschaftsvermögen vollstrecken zu können.

Die mit dem Entwurf befasste Expertenkommission hatte keinen konkreten Zeitpunkt für das Inkrafttreten des Gesetzes vorgeschlagen.[632] Da die Eintragung in das Gesellschaftsregister auch nach der Gesetzesänderung nur freiwillig wäre, würden viele der Probleme, die aufgrund mangelnder Registerpublizität bestehen, teilweise auch in Zukunft bestehen bleiben. Aufgrund der weiterhin vielfältigen Erscheinungsformen der GbR erscheint einerseits eine Streichung des § 736 ZPO aus Gläubigersicht bedenklich;[633] andererseits würde ein Eingriff des Gesetzgebers für die gewünschte Rechtssicherheit und -klarheit sorgen und wäre dem Gläubiger damit letztendlich auch zumutbar. Die Rechtskraft- und Rechtskrafterstreckungsproblematik rund um den geltenden § 736 ZPO würde sich durch Angleichung an die §§ 124 II, 129 IV HGB entschärfen. Bedeutsam bliebe aber in jedem Fall das prozesstaktische Mittel der Zwischenfeststellungsklage der Gesellschafter in gewillkürter Prozessstandschaft für die Gesellschaft. So können ein oder mehrere Gesellschafter im Falle einer „gegen-akzessorischen" Strategie des Gesellschaftsgläubigers – wenn dieser sich etwa Kosten oder sonstigen Aufwand sparen bzw. eine zweite Chance gegen die Gesellschaft wahren

---

ermöglichen: Wenn eine GbR in das (neue) Gesellschaftsregister eingetragen sei und die Zwangsvollstreckung aufgrund eines bereits für oder gegen die nicht registrierte Gesellschaft erwirkten Titels durchgeführt werden soll, so soll eine Umschreibung des Vollstreckungstitels nicht erforderlich sein; dem Vollstreckungsgericht sei lediglich nachzuweisen, dass der im Titel angegebene Name, sowie Sitz und Anschrift der Gesellschaft mit den Angaben aus dem Gesellschaftsregister übereinstimmt und dass alle im Titel genannten Gesellschafter mit den Gesellschaftern der im Gesellschaftsregister eingetragenen Gesellschaft identisch sind.

631 Vgl. nunmehr den Gesetzesentwurf der Bundesregierung – MoPeG, S. 194 f.; vgl. näher zu diesem Einwand unter C. I. 11. b) aa) (2), S. 129 ff.

632 Nach dem Regierungsentwurf ist ein Inkrafttreten des Gesetzes nunmehr zum 01.01.2023 anvisiert, damit die Gesellschafter die Möglichkeit haben, ihre Gesellschaftsverträge anzupassen, und die Länder Zeit haben, die technisch-organisatorischen Voraussetzungen für die Einrichtung des Gesellschaftsregisters zu schaffen.

633 Vgl. näher dazu unter C. I. 11. b) aa) (2), S. 129 ff.

möchte – die Rechtskraft hinsichtlich des Bestehens der Gesellschaftsverbindlichkeit auf das Verhältnis zwischen Gesellschaft und Gläubiger erstrecken.

Für die Rechtskrafterstreckung zwischen einer Personengesellschaft und ihren Gesellschaftern nach einem Passivprozess der Gesellschaft oder ihrer Gesellschafter bzw. für das prozesstaktisch zweckmäßigste Vorgehen des Gesellschaftsgläubigers lässt sich daher folgende Faustformel festhalten: Wenn der Gläubiger „auf Nummer sicher" gehen bzw. die höchsten Vollstreckungschancen erreichen möchte, wird er zweckmäßigerweise sowohl Gesellschaft als auch Gesellschafter verklagen. Auf die Rechtskrafterstreckung im Verhältnis der Gesellschaft zu ihren Gesellschaftern kommt es dann nicht an. Der Preis für ein solches Vorgehen ist ein höheres Prozesskostenrisiko und ein höherer Aufwand im (Erst)Prozess. Wenn der Gläubiger Kosten sowie Aufwand im Erstprozess sparen möchte, und sich zugleich im Erfolgsfall den Zugriff auf das Privatvermögen der Gesellschafter – ungeachtet deren persönlicher Einwendungen – sichern möchte, entscheidet er sich für eine akzessorische Strategie mithilfe von § 129 I HGB. Im Erfolgsfall steht grundsätzlich auch gegenüber nicht am Gesellschaftsprozess beteiligten Gesellschaftern das Bestehen der Gesellschaftsverbindlichkeit fest. Der Nachteil dieser Strategie ist zum einen, dass der Gläubiger bei einer Prozessniederlage seinen vermeintlichen Anspruch auch gegenüber den Gesellschaftern endgültig verliert, und zum anderen, dass ein Zweitprozess gegen die Gesellschafter erforderlich wäre, um in deren Vermögen vollstrecken zu können, was wiederum Zeit kostet – insofern könnte sich der Mehraufwand bei gleichzeitiger Inanspruchnahme von Gesellschaft und Gesellschaftern in zeitlicher Hinsicht lohnen. Sofern der Gläubiger aber keine persönlichen Einwendungen der Gesellschafter zu befürchten hat, wird sich dieser Zweitprozess schnell und erfolgreich abwickeln lassen. Schließlich könnte sich der Gläubiger auch für die „gegen-akzessorische" Strategie mit den erwähnten Vorteilen (Kostenersparnis; weniger Aufwand; zweite Prozesschance gegen die Gesellschaft) entscheiden, etwa wenn der Kredit eines oder mehrerer Gesellschafter – es könnte sich dabei ebenfalls um eine Gesellschaft handeln – ausreichend erscheint, um Befriedigung der Forderung zu erlangen. Im Falle der Niederlage könnte er sich mangels reziproker Anwendung des § 129 I HGB eine Hintertür offenlassen, um gegen die Gesellschaft selbst ein weiteres Mal vorgehen zu können. Mit dieser zweiten Prozesschance in der Hinterhand könnte er auch seine Position für Vergleichsverhandlungen während des Erstprozesses stärken.[634] In diesem Fall käme die Zwischenfeststellungsklage der Gesellschafter in

634 *Stangl*, NZG 2016, 568 (570).

gewillkürter Prozessstandschaft für die Gesellschaft ins Spiel. Wenn auch nur ein Gesellschafter zuerst vom Gesellschaftsgläubiger in Anspruch genommen wird, könnte die Gesellschaft diesen Gesellschafter zur Prozessstandschaft ermächtigen, wobei z.B. auch der Anwalt der Gesellschaft dabei die Prozessführung übernehmen könnte. Sollte sich diese Prozesstaktik als Kontermittel etablieren, würde die „gegen-akzessorische" Strategie an Reiz und Bedeutung verlieren, weil bei nur einmaliger Gewinnchance die akzessorische Strategie, also die Klage allein gegen die Gesellschaft, die größten Vollstreckungschancen im Erfolgsfall bietet, da die Gesellschaftsverbindlichkeit gegenüber sämtlichen Beteiligten als festgestellt gilt.

Literaturverzeichnis

Baumann, Horst/Rößler, Sabine, Haftung des einer GbR beitretenden Gesellschafters für Altschulden analog § 130 HGB?, in: NZG 2002, S. 793–797.

Baumbach/Hopt, Handelsgesetzbuch, 39. Aufl., 2020.

Berger, Christian, Die subjektiven Grenzen der Rechtskraft bei der Prozeßstandschaft: ein Beitrag zur Lehre von der Rechtskrafterstreckung infolge Prozeßführungsbefugnis über ein fremdes Recht, 1992.

Bettermann, Karl August, Die Vollstreckung des Zivilurteils in den Grenzen seiner Rechtskraft, 1948.

Blomeyer, Arwed, Zivilprozeßrecht – Erkenntnisverfahren, 2. Aufl., 1985.

Boehme, Matthias, Neue Grundsätze zur Haftung des Beitretenden für alte GbR-Schulden, in: NZG 2003, S. 764–766.

Boujong, Karlheinz/Ebenroth, Carsten Thomas/Joost, Detlev/Strohn, Lutz (Hrsg.), Handelsgesetzbuch, Band 1, 4. Aufl., 2020.

Brandes, Helmut, Verjährung von Gesellschafts- und Gesellschafterschuld im Recht der Personengesellschaften, in: Festschrift für Walter Stimpel zum 68. Geburtstag, 1985, S. 105–123.

Calavros, Constantin, Urteilswirkungen zu Lasten Dritter, 1978.

Canaris, Claus-Wilhelm, Die Übertragung des Regelungsmodells der §§ 125–130 HGB auf die Gesellschaft bürgerlichen Rechts als unzulässige Rechtsfortbildung contra legem, in: ZGR 2004, S. 69–125.

Dauner-Lieb, Barbara, § 130 HGB: Weitere Rechtsfortbildung im Recht der BGB-Gesellschaft?, in: Festschrift für Peter Ulmer zum 70. Geburtstag am 2. Januar 2003, S. 73–85.

Derleder, Peter, Die Aufgabe der monistischen Struktur der Gesellschaft bürgerlichen Rechts durch Verleihung der Rechtsfähigkeit, in: BB 2001, S. 2485–2493.

Foerste, Ulrich, Zur Rechtskraft in Ausgleichszusammenhängen, in: ZZP 1995 (108. Band), S. 167–191.

Foerste, Ulrich, Die Ausnutzung unrichtiger Urteile als sittenwidrige Schädigung, in: Gründen und Stiften – Festschrift zum 70. Geburtstag des Jenaer Gründungsdekans und Stiftungsrechtlers Olaf Werner, 2009, S. 426–443.

Gemmer, Henrik, Die Baumbach'´sche Kostenformel im Zivilurteil, in: JuS 2012, S. 702–704.

Gesmann-Nuissl, Dagmar, Die Rechts- und Parteifähigkeit sowie Haftungsverfassung der Gesellschaft bürgerlichen Rechts nach dem Urteil des BGH, II ZR 331/00 =00 = WM 2001, 408, in: WM 2001, S. 973–979.

Grunsky, Wolfgang, Grundlagen des Verfahrensrechts, 2. Aufl., 1974.

Haas, Ulrich/Müller, Henning, Anmerkung zu „OLG Düsseldorf: Einwendungen des Kommanditisten gegen persönliche Haftung“, in: DStR 2002, S. 643–644.

Habersack, Matthias, Die Anerkennung der Rechts- und Parteifähigkeit der GbR und der akzessorischen Gesellschafterhaftung durch den BGH, in: BB 2001, S. 477–483.

Habersack, Mathias/Schäfer, Carsten (Hrsg.), Das Recht der OHG – Kommentierung der §§ 105 bis 160 HGB, Sonderausgabe, 2010.

Hadding, Walther, Zum Rückgriff des ausgeschiedenen haftenden Gesellschafters einer OHG oder KG, in: Festschrift für Walter Stimpel zum 68. Geburtstag, 1985, S. 139–163.

Hadding, Walther, Zur Rechtsfähigkeit und Parteifähigkeit der (Außen-)Gesellschaft bürgerlichen Rechts sowie zur Haftung ihrer Gesellschafter für Gesellschaftsverbindlichkeiten – Zugleich Besprechung des Urteils BGH WM 2001, 408, in: ZGR 2001, S. 712–743.

Hahn, Karl/Mugdan, Benno (Hrsg.), Die gesamten Materialien zu den Reichs-Justizgesetzen, Band 2, Materialien zur Zivilprozeßordnung, Abteilung 1, 2. Aufl., 1881; Band 6, Materialien zum Handelsgesetzbuch, 1897.

Heck, Philipp, Gesetzesauslegung und Interessenjurisprudenz, in: AcP 1914 (112. Band), S. 1–313.

Heil, Hans-Jürgen, Parteifähigkeit der GbR – der Durchbruch der Gruppenlehre?, in: NZG 2001, S. 300–305.

Hellwig, Konrad, Anspruch und Klagerecht – Beiträge zum Bürgerlichen und zum Prozessrecht, 1924.

Henssler, Martin/Strohn, Lutz (Hrsg.), Gesellschaftsrecht, 4. Aufl., 2019.

Hess, Burkhard, Grundfragen und Entwicklungen der Parteifähigkeit, in: ZZP 2004 (117. Band), S. 267–304.

Huber, Ulrich, Rechtskrafterstreckung bei Urteilen über präjudizielle Rechtsverhältnisse, in: JuS 1972, S. 621–628.

Jaeger, Ernst, Die offene Handelsgesellschaft im Zivilprozesse, in: Festgabe der Leipziger Juristenfakultät für Dr. Rudolph Sohm, 1915, S. 1–79.

Kleinheisterkamp, Thomas, Prozeßführung über gepfändete Geldforderungen, 2001.

Klimke, Dominik, Einwendungsverzicht und Rechtskrafterstreckung bei Personengesellschaften – Zum Anwendungsbereich des § 129 Abs. 1 HGB, in: ZGR 2006, S. 540–562.

Klunzinger, Eugen, Grundzüge des Gesellschaftsrechts, 15. Aufl., 2009.

Koller, Ingo/Kindler, Peter/Roth, Wulf-Henning/Drüen, Klaus-Dieter (Hrsg.), Handelsgesetzbuch – Kommentar, 9. Aufl., 2019.

Kornblum, Udo, Die Rechtsstellung der BGB-Gesellschaft und ihrer Gesellschafter im Zivilprozeß – Erkenntnisverfahren und Zwangsvollstreckung, in: BB 1970, S. 1445–1454.

Koussoulis, Stelios, Beiträge zur modernen Rechtskraftlehre, 1986.

Kubis, Dietmar, Der Regreß des Personenhandelsgesellschafters aus materiellrechtlicher und verfahrensrechtlicher Sicht, 1988.

Lange, Oliver, Die Haftung des Gesellschafters einer GbR für Altverbindlichkeiten, in: NZG 2002, S. 401–407.

Larenz, Karl/Canaris, Claus-Wilhelm, Methodenlehre der Rechtswissenschaft, 3. Aufl., 1995.

Lenenbach, Markus, Die verdeckte Repräsentation der BGB-Gesellschaft bei einer Klage gegen alle Gesellschafter nach § 736 ZPO, in: WM 2011, S. 385–390.

Lüke, Wolfgang, Die Beteiligung Dritter im Zivilprozeß: eine rechtsvergleichende Untersuchung zu Grundfragen der subjektiven Verfahrenskonzentration, 1993.

Lutz, Reinhard, Die Gesellschaft bürgerlichen Rechts im Zivilprozess – Aktuelle Rechtsprobleme, in: GWR 2012, S. 30–33.

Maunz, Theodor/Dürig, Günter (Hrsg.), Grundgesetz Kommentar, Band 6Band 6, 92. Lieferung (Stand: August 2020).

Morawietz, Matthias, Die rechts- und parteifähige Gesellschaft bürgerlichen Rechts im Zivilprozess, 2011.

Münchener Handbuch des Gesellschaftsrechts, Herausgegeben von Hans Gummert und Lutz Weipert, Band 1, 5. Aufl., 2019.

Münchener Kommentar zum Bürgerlichen Gesetzbuch, Herausgegeben von Franz Jürgen Säcker, Roland Rixecker, Hartmut Oetker, Bettina Limperg, Band 1, 8. Aufl., 2018; Band 7, 8. Aufl., 2020.

Münchener Kommentar zum Handelsgesetzbuch, Herausgegeben von Karsten Schmidt, Band 2, 4. Aufl., 2016; Band 3, 4. Aufl., 2019.

Münchener Kommentar zur Zivilprozessordnung, Herausgegeben von Wolfgang Krüger und Thomas Rauscher, Band 1, 6. Aufl., 2020; Band 2, 6. Aufl., 2020.

Müther, Peter-Hendrik, Zivilprozessuale Probleme der „neuen" BGB-Gesellschaft, in: MDR 2002, S. 987–991.

Musielak, Hans-Joachim/Voit, Wolfgang, Grundkurs ZPO, 13. Aufl., 2016.

Musielak, Hans-Joachim/Voit, Wolfgang (Hrsg.), Zivilprozessordnung – Kommentar, 17. Aufl., 2020.

Oberhammer, Paul, Die offene Handelsgesellschaft im Zivilprozeß, 1998.

Oetker, Hartmut (Hrsg.), Kommentar zum Handelsgesetzbuch, 6. Aufl., 2019.

Otte, Karsten, Umfassende Streitentscheidung durch Beachtung von Sachzusammenhängen: Gerechtigkeit durch Verfahrensabstimmung?, 1998.

Palandt, Bürgerliches Gesetzbuch, 79. Aufl., 2020.

Preuß, Nicola, Regreßansprüche des ausgeschiedenen Gesellschafters einer Personenhandelsgesellschaft gegen die Gesellschaft, in: ZHR 160 (1996), S. 163–179.

Prütting, Hanns, Die Parteifähigkeit der Gesellschaft bürgerlichen Rechts als Methodenproblem, in: Festschrift für Herbert Wiedemann zum 70. Geburtstag, 2002, S. 1177–1197.

Reischl, Klaus, Die objektiven Grenzen der Rechtskraft im Zivilprozeß, 2002.

Röhricht, Volker/Graf von Westphalen, Friedrich/Haas, Ulrich (Hrsg.), Kommentar zu Handelsstand, Handelsgesellschaften, Handelsgeschäften, besonderen Handelsverträgen und Internationalem Vertragsrecht (ohne Bilanz-, Transport- und Seerecht), 5. Aufl., 2019.

Saenger, Ingo (Hrsg.), Zivilprozessordnung Handkommentar, 8. Aufl., 2019.

Savigny, Friedrich Carl von, System des heutigen römischen Rechts, Band 6, 2. Neudr. der Ausgabe, 1847.

Schack, Haimo, Drittwirkung der Rechtskraft?, in: NJW 1988, S. 865–873.

Schäfer, Carsten, Offene Fragen der Haftung des BGB-Gesellschafters, in: ZIP 2003, S. 1225–1234.

Schmidt, Karsten, Die BGB-Außengesellschaft: rechts- und parteifähig – Besprechung des Grundlagenurteils II ZR 331/00 vom 29.1.2001, in: NJW 2001, S. 993–1003.

Schmidt, Karsten, Haftung des Gesellschafters oder Einzelkaufmanns für Altverbindlichkeiten nach haftungsbeschränkender Umwandlung, in: NJW 1981, S. 159–161.

Schmidt, Karsten, Schwierigkeiten mit dem Prozessrecht der GbR, oder: Steine statt Brot? – Zum Stand der Rechtsfortbildung im formellen Recht, in: NJW 2008, S. 1841–1844.

Schmidt, Karsten, Gesellschaftsrecht, 4. Aufl., 2002.

Scholz, Kai-Steffen, Die BGB-Gesellschaft nach dem Grundsatzurteil des BGH vom 29.1.2001, in: NZG 2002, S. 153–163.

Schünemann, Wolfang B., Grundprobleme der Gesamthandsgesellschaft unter Berücksichtigung des Vollstreckungsrechts, 1975.

Schwab, Karl Heinz, Rechtskrafterstreckung auf Dritte und Drittwirkung der Rechtskraft, in: ZZP 1964 (77. Band), S. 124–160.

Segna, Ulrich, Neues zur Haftung des Eintretenden für Altverbindlichkeiten der GbR: Das partielle Ende des Vertrauensschutzes für Altfälle, in: NJW 2006, S. 1566–1569.

Sinaniotis, Lambros, Prozeßstandschaft und Rechtskraft, in: ZZP 1966 (79. Band), S. 78–98.

Stangl, Roland, Klagen gegen den Akzessorietätsverlauf – Prozesstaktiken und Prozessrisiken bei einer GbR, in: NZG 2016, S. 568–572.

Staudinger, Kommentar zum Bürgerlichen Gesetzbuch, Buch 3: Sachenrecht, §§ 883–902 (Allgemeines Liegenschaftsrecht 2), Neubearbeitung 2013; Buch 3: Sachenrecht, §§ 985–1011 (Eigentum 3), Neubearbeitung 2013.

Stein, Friedrich/Jonas, Martin (Hrsg.), Kommentar zur Zivilprozessordnung, Band 3, 23. Aufl., 2016; Band 4, 23. Aufl., 2018; Band 7, 22. Aufl., 2002.

Vollkommer, Max, Der Grundsatz der Waffengleichheit im Zivilproßeß – eine neue Prozeßmaxime? –, in: Festschrift für Karl Heinz Schwab zum 70. Geburtstag, 1990, S. 503–520.

Wach, Adolf, Zur Lehre von der Rechtskraft, 1899.

Wagner, Gerhard, Grundprobleme der Parteifähigkeit, in: ZZP 2004 (117. Band), S. 305–374.

Weller, Matthias, Zur Rechtskrafterstreckung zwischen der Gesellschaft des bürgerlichen Rechts und ihren Gesellschaftern, in: ZZP 2011 (124. Band), S. 491–503.

Wertenbruch, Johannes, Die Haftung von Gesellschaften und Gesellschaftsanteilen in der Zwangsvollstreckung, 2000.

Wertenbruch, Johannes, Der Abschluss des „Überseering"-Verfahrens durch den BGH – Folgerungen, in: NZG 2003, S. 618–620.

Wertenbruch, Johannes, Die Parteifähigkeit der GbR – die Änderungen für die Gerichts- und Vollstreckungspraxis, in: NJW 2002, S. 324–329.

Wertenbruch, Johannes, Das Vollstreckungs- und Insolvenzrecht der GbR in der Reform des Personengesellschaftsrechts – Abschied von § 736 ZPO?, in: ZIP 2019, S. 2082–2091.

Wiedemann, Herbert, Anmerkung zu BGH, Urteil v. 29.1.2001 – II ZR 331/00, in: JZ 2001, S. 661–664.

Wieser, Eberhard, Rechtsfähige BGB-Gesellschaft – Neue Rechtslage nach der BGH-Entscheidung, in: MDR 2001, S. 421–423.

Wieser, Eberhard, Die Interventionswirkung nach § 68 ZPO, in: ZZP 1966 (79. Band), S. 246–294.

Wolf, Manfred, Rechtliches Gehör und die Beteiligung Dritter am Rechtsstreit, in: JZ 1971, S. 405–409.

Zeuner, Albrecht, Die objektiven Grenzen der Rechtskraft im Rahmen rechtlicher Sinnzusammenhänge: zur Lehre über das Verhältnis von Rechtskraft und Entscheidungsgründen im Zivilprozeß, 1959.

Zöller, Richard (Hrsg.), Zivilprozessordnung Kommentar, 33. Aufl., 2020.

www.ingramcontent.com/pod-product-compliance
Ingram Content Group UK Ltd.
Pitfield, Milton Keynes, MK11 3LW, UK
UKHW021939290926
8980IPUK00016B/1711

9 783631 851333